콘텐츠 정책과 응용인문학

콘텐츠 정책과 응용 인문학

Contents Policy and Applied Humanities

이호규 성동환 안유진 김정은 김헌식
김정우 조은하 이영기 박상우 김혜인

푸른사상
PRUNSASANG

:: 머리말

문화산업에 대한 정의와 문화산업의 발전을 위한 정책은 세계 각국이 모두 다르다. 그러나 문화산업이 자국의 사회생활과 경제발전에 심대한 영향을 미친다는 사실은 대부분의 나라가 공통적으로 인식하는 바이다. 영국의 경제학자 존 호킨스(John Howkins)는 2001년 발간한 그의 저서 『창조경제(The Creative Economy)』에서 "전 세계의 창조경제산업은 매일 220억 달러를 창출해 내고 있으며, 5%의 성장속도를 보이고 있다"고 설파하였다. 문화산업이 사회생활에 얼마나 깊은 영향을 미치고 있는가를 쉽게 짐작할 수 있는 말이다. 일례로 미디어문화산업의 발전은 인간의 시야를 극대로 확대시켰으며, 인간의 인지능력을 증강시켰고, 인간 상호의 정보 교류와 정감의 소통방식을 새로운 차원으로 전화시키고 있다.

박근혜 정부는 핵심국정목표를 창조경제로 설정하였지만, 창조경제에 대한 모호한 정의로 인해서 설왕설래가 많은 것도 사실이다. 그러나 존 호킨스는 "창의성은 반드시 경제적인 활동은 아니지만 경제적 가치나 거래 가능한 상품을 만들어 낼 수도 있다. 창조경제의 원 재료는 사람이며 새롭고 독창적인 아이디어로 경제적 자본과 상품을 창조하는 끼를 말한다"고 정의하였다.

결국 창조경제의 가장 핵심이 바로 문화산업 내지 문화콘텐츠산업으로 불리는 창의산업이라고 할 수 있다. 창의산업은 아이디어를 활용한 부가가치의 창조로, 문화의 원형적 요소를 첨단과학기술과 융합하여 새로운 경제적 부가가치를 만들어내는 것이며, 그것의 핵심은 독창적이고 창조적 아이디어이다. 그리고 이러한 아이디어의 창출은 인재의 육성과 그러한 인재가 창의성을 발휘할 수 있는 자유와 다양성이 담보되는 사회환경의 조성으로만 가능하다. 획일화되고 전제화된 구호만 난무하는 사회환경에서는 어떤 창의적인 사고와 예술의 발달도 기대할 수 없는 것이다.

인간의 사상적 자유와 다양성이 보장되지 못하면 어떤 문화융성이나 문화창달도 이룰 수 없다는 것은 인류의 역사가 증명한다. 세계가 로마로 통했던 로마제국의 융성도 자유혼과 다양성의 보장에 있었고, 중국 봉건왕조 중에서 최고의 번영을 구가하였던 당나라의 문화융성도 사상과 종교의 자유, 그리고 인종에 대한 편견을 배제한 다양성의 담보에 있었음은 부정할 수 없는 역사적 사실이다.

우리나라의 문화콘텐츠산업이 괄목할 만한 성과를 이룬 것은 자랑할 만한 사실이다. 실제로 대중문화를 핵심으로 하는 '한류'는 동남아시아를 비롯하여 전 세계에 한국이라는 나라를 새롭게 인식시키는 계기가 되었고, 특히 중국에서의 '한류'의 유행은 5천년 한중 문명사에서 최초로 우리나라의 문화를 중국에 수출하였다는 점에서 그 의의가 매우 심대하다. 뿐만 아니라 영화와 인터넷 게임 등은 이미 세계적 수준에 도달하였다고 해도 과언은 아니다. 영국, 미국, 오스트리아, 일본, 덴마크, 네덜란드, 싱가포르 등과 더불어 우리나라는 문화산업 발전의 모범국가로 인정받고 있다.

이는 1997년 이후부터 역대 정부가 문화산업의 중요성을 인식하고 정부 차원의 지원과 협조를 제공하였던 결과이며, 더불어 IT기술의 눈부신 발전, 아시아의 전통적인 유교문화라고 하는 공통성의 활용, 국민들의 문화에 대한 인식 제고 등이 한국 문화산업의 신속 발전의 토대가 되었다고 할 수 있다. 그러나 한국문화산업의 지속적인 발전을 위해서는 아직도 풀어야 할 난제들이 허다하다. 첫째는 문화산업을 평가하고 이론을 제공해야 할 전문적인 인재 배양이 정체상태에 놓여 있다는 점이다. 전국 대학에 상당수 문화콘텐츠 전공학과가 설립되어 있고, 일부 대학원에서도 문화콘텐츠 전공이 개설되어 있어 인재 양성을 위한 노력을 경주하고 있기는 하지만, 문화산업에 대한 이론적 토대를 제공하고 나아가 국제적 수준에 부합되는 인재의 배출은 아직도 턱없이 부족하다고 할 수 있다. 전문인재의 배양 없이 문화산업의 지속적인 발전을 도모한다는 것은 사상누각이요, 연목구어일 따름이다.

다음으로는 우리나라의 문화산업 구조가 불균형적이라는 것이다. 영화나 텔레비전, 그리고 게임 등은 비교적 빠른 속도의 발전을 가져왔지만 그 이외 문화산업의 다른 부분은 아직도 세계 수준에 턱없이 못 미치는 실정이다. 문화산업이 다방면에 걸쳐 균형적인 발전을 가져오지 못하면 미래 문화산업의 시장체제가 불균형을 초래하여 문화산업의 지속적인 발전을 담보할 수 없다.

특히 문화산업의 중요한 원형적 요소인 전통문화유산을 문화자원으로 활용하는 체계가 대단히 미흡하다. 우리나라는 유구한 역사를 가진 나라로 세계 어떤 나라와 비교해도 결코 뒤지지 않는 풍부한 문화유산을 가지고 있다. 정부의 문화유산 보호나 활용을 위한 노력도 강화되고 있고, 일반인들의 문화유산에 대한 인식도 날로 제고되고 있긴 하지만, 문화유산가치의 개발은 아직도 초보적 단계에 머물러 있을 뿐 아니라 이론적 토대도 거의 정립되어 있지 못한 실정이라고 할 수 있다.

본서는 문화예술콘텐츠학회가 발간하는 학회지 『콘텐츠문화』에 실린 논문 중에서 우리나라 문화콘텐츠 산업의 발전을 위해 비교적 시의성이 강하고 문화콘텐츠 이론의 정립에 일조할 수 있다고 판단되는 논문을 가려 뽑아서 한 권의 단행본으로 묶은 것이다. 이는 본 학회가 추구하는 문화콘텐츠의 인문학적, 예술적 이론 토대를 확립하는 데 기여한다는 창립목적을 수행하기 위함이기기도 하고, 더 나아가 우리나라 문화산업의 발전을 위해 일조를 담당하고자 하는 소명의식의 발로이기도 하다. 문화예술콘텐츠학회는 미력하나마 앞으로도 이러한 노력을 지속적으로 경주할 것이다.

2014년 봄

문화예술콘텐츠학회 회장 선정규

제2부 콘텐츠의 응용과 적용

제1부

콘텐츠의 현황과 전망

한류 예술산업의 세계화 동향과 전망

K-POP, 국내 배우의 할리우드 진출을 중심으로

이 호 규

남서울예술종합학교 교수

한류 예술산업의 세계화 동향과 전망

K-POP, 국내 배우의 할리우드 진출을 중심으로

1. 서론

1.1. 연구의 배경과 목적

21세기를 살아가는 현대인들에게 '세계화(globalization)'는 보편적이고 익숙한 개념이다. 기실 인류는 유구한 세월에 걸쳐 다양한 수단을 가지고 서로 간 교류를 이어왔으며 넓은 의미에서 '세계화 현상'은 현대인들만의 전유물은 아니다. 하지만 현 시대의 세계화는 이전 세대가 상상조차 할 수 없을 정도로 크고 빠르게 진행되고 있으며 이러한 추세는 국가 간 경계를 허무는 것은 물론 과거에 이루어지던 물물교환의 형태를 벗어나 서로의 문화를 공유하는 문화교류의 형태로 나타나기에 이르렀다.

이것은 정보통신기술과 과학기술의 발전으로 말미암아 더욱 과속화되고 있는데 이로써 인류는 민주주의, 제도, 문화, 이데올로기 등의 무형적 힘의 영향하에 놓이게 되었으며 이러한 현상은 세계화란 거대한 흐름에 의해 주도되고 있다.

이진영(2006)은 정보화 · 세계화 시대에는 정보, 문화, 가치 등과 같은 무형의 자원이 급속히 전파되며 이들에 의해 국익을 좌우할 수 있는 능력이 증가한다고 밝힌 바[1] 있는데 문화교류를 통한 국가 이미지 제고 및 그로 인한 경제 효과는 무수히 많은 연구들에 의해 입증된 바 있다.

이처럼 세계화 · 정보화 시대가 가져다 준 변화의 흐름은 국익 차원에서 논의될 정도로 막강한 영향력을 지니게 되었으며 우리나라의 경우 문화교류의 세계화는 '한류(韓流)'라는 단어로 정의된다고 해도 과언이 아니다. 따라서 본 연구에서는 최근 반향을 불러일으키고 있는 K-POP 열풍과 국내 배우의 할리우드 진출을 중심으로 한류예술산업의 세계화 동향을 조사 · 분석하고 그것을 토대로 한류가 나아갈 방향과 앞으로의 전망을 파악해보도록 하겠다.

1.2. 연구방법 및 범위

1.2.1. 연구의 방법

본 연구는 K-POP 열풍과 국내배우의 할리우드 진출을 중심으로 신한류산업의 세계화와 전망을 알아보기 위한 연구이다. 본 연구는 한류의 발생 배경과 확산 과정을 조사 · 분석해본 연구의 이론적 틀을 마련하였다. 또한 한류(韓流) 확산에 따른 국익 차원의 문화 · 경제적 효과에 대한 논의는 물론 이러한 국가적 이익을 더욱 극대화하기 위해 한류가 가진 문제점과 불안 요소 등을 면밀히 파악, 신한류 확산을 위한 제언에 활용했다.

---

1 이진영, 「세계화 시대 한국의 소프트 파워 : 한류확산 연구」, 전남대학교 석사학위 논문, 2006, 4쪽.

이것은 한류의 파급 효과와 영향력이 큰 만큼 한류 수용국가의 정부들이 자국의 문화를 보호 · 육성하기 위해 한류를 견제하는 움직임을 보이는 가운데 정치적 사안과 맞물려 혐한 기류의 조짐 또한 불거져 나오는 것에 대한 대처로 이후 한류의 확산 및 국가 이미지 제고에도 긍정적 효과를 줄 수 있을 것으로 기대된다.

1.2.2. 연구의 범위

본 연구는 크게 다섯 부분으로 구성되며 그 내용은 다음과 같다.

먼저 제1장은 서론으로 연구의 배경과 목적, 연구방법 및 범위로 이루어졌으며 논문에 대한 간략한 소개로 이루어져 있다.

제2장은 이론적 고찰로서 한류(韓流)의 개념 및 유형을 정의하고 이어 아시아 국가를 대상으로 확산되었던 초창기 한류 확산의 단계를 국가별로 살펴보았다. 이것은 한류가 전 세계로 뻗어나가는 과정에서 그 성장 동력을 파악하기 위한 것으로 국가별 한류 확산의 파악은 일부 국가에 한정된 한류가 아닌, 전 세계를 아우르는 진정한 세계화를 이루는 데 밑바탕이 될 것으로 기대한다.

다음으로는 한류 확산이 가져다 준 효과를 문화적 · 경제적 측면에서 파악했으며 이것은 한류가 국가 경제의 일익을 담당하는 것은 물론 국가 이미지 제고의 차원에서도 유의미한 영향을 미친다는 것의 근거로 작용한다고 볼 수 있다.

이어서 제3장에서는 이른바 신한류 예술산업이라 불리는 K-POP 열풍과 국내 배우의 할리우드 진출 과정을 항목별로 분류해 살펴보았다.

먼저 K-POP과 관련해서는 K-POP의 국가별 확산 과정과 현 실태를 조사 · 분석했으며 국내 배우의 할리우드 진출과 관련해서는 진출 과정과 현재 할리우드에 진출한 국내 배우의 국내외 위상을 한류와의 관계망 속에서 살펴보았다.

또한 제4장에서는 앞에서 다룬 내용들을 근거로 신한류 확산을 위한 제언으로 구성했으며 소셜미디어를 활용한 K-POP의 확산방안과 그 외 영상산업의 활성화를 통한 국내 배우의 할리우드 진출방안에 대해 고찰해보았다.

마지막 제5장은 본 연구의 결론으로 앞서 논의된 부분들을 요약하고 한류의 확산 과정에 대한 고찰을 통해 한류의 지속방안에 대해 살펴보았다.

2. 이론적 고찰

2.1. 한류의 개념

2.1.1. 한류의 개념

한류(韓流)는 중국에서 처음 생겨난 말로 1999년 중국의 베이징(北京) 청년보에서 한국의 대중문화와 연예인들에 빠져 있는 젊은이들의 유행을 가리키는 말이었다. 이때 한류는 음이 같은 한류(寒流)의 뜻을 함유하고 있었는데 차가운 해류라는 뜻처럼 한류(韓流)는 부정적인 의미를 담고도 있었다.

지난 99년 문화관광부는 한국 가요를 홍보할 목적으로 음반을 만들었는데 이때 중국어 버전에 '韓流-Song from Korea'라고 타이틀을 달았다. 당시 홍보용 음반의 타이틀을 논의하는 기획 회의에서 북경영화대학 연출과 교수가 중국 젊은이들 사이에서 불기 시작한 한국 대중문화에 대한 유행을 총칭하는 '한류(寒流)'라는 신조어에서 '寒'을 '韓'으로 바꾸자는 제안을 했고 그 이후 중국에서는 한류(韓流)라는 단어가 본격적으로 쓰이기 시작했다.

한편, 이때 중국에 소개된 한국 대중문화는 H.O.T, 안재욱, 유승준의 노래가 담긴 한국 가요음반을 비롯해 영화, TV 드라마, 연극, 공연, 패션, 음식, 게임, 애니메이션 등으로 확산되었고 이에 따라 한류(韓流)라는 용어는 비단 중국에서뿐만 아니라 동아시아 사회에서 한국 대중문화가 유행하는 현상을 총칭하는 의미를 갖기에 이르렀다.

우리는 한류의 주축을 이루고 있는 문화들의 성격을 어떻게 규정할 것인가? 한류를 단순히 하나의 시대적 배경으로 보고, 전 지구적인 문화의 동질화라는 맥락에서 한류를 이해할 것인가? 아니면 미국적 상업문화의 맥락에서 아시아 문화의 특성들이 중요한 힘으로 작동하고 있다고 볼 수 있는가? 지역화라는 점을 고려할 때 동아시아를 하나의 분석 단위로 설정할 수 있는가? 이와 같은 질문들을 통해 한류를 낳게 한 새로운 문화적 감수성과 욕구들의 실체를 드러냄으로써 한류 현상의 현 주소를 파악하고, 한국 대중문화의 세계화 전망과 관련하여 정부 정책 및 산업적 차원에서 단순하고 막연한 낙관론이나 비관론이 아니라 보다 구체적이고 생산적인 방안 마련이 가능하리라고 본다.

이처럼 한류(韓流)는 일시적 현상이 아닌 장기적이고 지속적인 속성을 가진 하나의 문화 흐름이 되었고 이러한 추세는 미래사회의 아젠다 속에 당당히 편입, 경제는 물론 문화 흐름에도 긍정적인 영향을 미치고 있다. 하지만 한류 열풍으로 인한 효과가 큰 만큼 그 이면에는 우리 사회가 개선하고 고쳐야 하는 문제점 또한 분명 존재한다. 따라서 한류를 지속적으로 발전시키기 위해서는 이면에 가려진 문제점들을 파악하고 이에 대처할 수 있는 방안의 수립이 필요하다고 하겠다.

중국에서 시작된 한류는 홍콩, 타이완, 베트남, 필리핀, 인도네시아, 태국 등의 동남아시아 전역과 더불어 일본에까지 지역적으로 확산되었다. 2000년 이후에는 단순히 대중문화의 장르별 또는 지역적 확산에 머

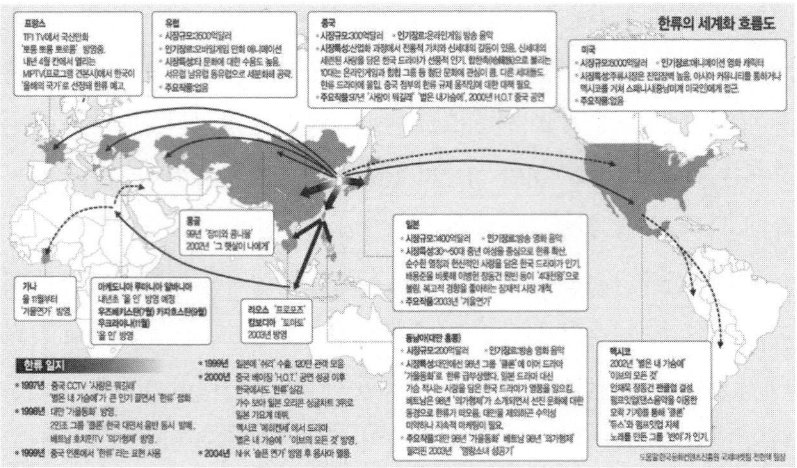

〈그림 1〉 한류의 세계화 흐름도

출처: 한국문화컨텐츠진흥원 국제마켓팀

무르지 않고, 김치, 라면, 고추장, 김, 자동차, 가전제품 등의 한국 관련 제품에 대한 인지도를 높이게 되었다. 또한 중화권 및 동남아 지역에서 2005년도 '대장금 테마파크' 답사여행으로 11만 3천여 명의 관광객이 다녀가고 현재도 답사여행 성격의 해외 관광객이 증가하는 등 한국관광산업의 화두로 떠오르고 있다.

현재 한류는 한국 대중문화의 일시적 유행에서 벗어나 중국, 동남아시아 지역에서 대중문화의 한 장르로 자리를 잡았으며, 이러한 문화적 현상에서 더 나아가 한국이라는 국가브랜드 이미지를 높이는 민간외교의 역할과 관광수지 적자 개선 등 경제적 효과까지 영향력을 미치고 있다.

최근까지 한국은 미국, 유럽, 일본 등 외부에서 문화를 수용하기만 했지 외부에 문화적 영향을 미치는 경우는 없었다. 이는 한국 문화사의 거대한 사건이며 역사이기도 하다. 이제 한류를 시대에 맞는 문화적 현상으로 받아들일 뿐만 아니라 그 중요성 면에서도 21세기를 주도할 '문화관광산업' 분야에 있어, 우리 문화에 대한 국제적 관심이 집중되는 역사적인 기회를 잘 활용하여야 한다.

2.1.2. 한류의 유형

한류(寒流 한리우)

한류(寒流)는 현재 중국을 비롯한 중화권에서 불고 있는 한국 대중문화의 유행 현상을 일컫는 말로서 댄스 음악, 드라마 등이 중심을 이루면서 게임, 영화, 패션, 음식 등으로 그 범위가 확산되고 있다.[2] 1992년 한 · 중 국교 수립 이후 한국의 대중문화가 중국으로 진출하기 시작한 것은 1998년으로 당시 국내 드라마 〈사랑이 뭐길래〉가 CCTV에 처음 방송되면서 붐이 형성되었다. 물론 그 이전에도 중국에서는 한국 축구와 바둑이 인기를 얻고 있었지만 지금과 같이 광범위하게 그리고 급속히 확산되지는 않았다는 점에서 다르다.

신한류(新寒流 신한리우)

신한류(新寒流)는 국내에서 현지의 한류 열풍을 적극 수용하고 활용할 뿐만 아니라 보다 차원 높게 재가공하여 관광, 쇼핑, 패션 등 연관 산업 분야에서 실질적 성과를 창출하는 새로운 조류, 풍조를 말한다. 한류가 중국 · 동남아 국가 현지에서 일고 있는 한국 대중문화 열풍인 데 비해 국내에서 새로이 불고 있는 현상을 신한류라 하며 한국의 가수와 공연을 보기 위해 또는 드라마 촬영지를 답사하기 위해 한국을 찾는 열풍을

2 신윤환, 「동아시아의 '한류' 현상 : 비교분석과 평가」, 『동아연구』 제42집, 서강대학교 동아연구소, 2002, 8쪽.

말한다.[3]

한국관광공사에 따르면 2017년까지 1천700만 명의 외국인 관광객이 한국을 방문할 것이라고 예상한다. 2013년 한국을 방문한 외국인 관광객의 수는 지난해보다 13% 증가한 1,250만 명, 관광수익은 11% 증가한 156억 달러(한화 약 16조5천억 원)이다.

앞에서도 언급했듯 한류 열풍은 비단 엔터테인먼트 산업뿐만 아니라 관련 산업에도 불기 시작한 지 오래인데 한국을 방문하는 한류 관광객이 선호하는 한류 유형에는 음식이 78.9%로 1위로 나타났고 이어 TV 드라마(62.4%), 영화(40.4%), 패션(38.5%)의 순으로 나타났다.

이렇듯 한류 열풍은 대중음악, 영화, 드라마를 기본으로 하고 여기서 파생된 관광, 상품 구매의 영역까지 확대되었으며 각각의 영역들은 현재 서로 상호작용하며 한류를 이끌어가고 있다.

한류에 대한 평가

동아시아 지역에서 한국 대중문화가 인기를 끌고 있는 한류 현상에 대한 평가는 엇갈린다. 다만 대중문화 저변에 노출되는 한국적 스타일, 한국적 사고, 생활양식 등으로 인해 대중문화에 대한 관심이 '한국'이라는 국가에 대한 관심으로 확산되는 경향이 생겨나고 있으므로 이를 어떻게 발전시킬 것인지가 한류 발전의 관건이라 하겠다.[4]

한류 1기와 한류 2기를 거쳐 욘사마 열풍 이후 한국 드라마 수입 감소와 〈대장금〉 이후 드라마 수출의 성장률 둔화 등으로 한류 위기의 점화

---

3 채지영, 「신한류 발전을 위한 정책방안 연구」, 한국문화 관광연구원, 2011.

4 최대용, 「한류의 발전과 국가브랜드」, "뉴미디어 시대, 한류의 전망과 과제", 2011, 148쪽.

역할을 한 것이 K-POP이라는 신 한류 장르를 개발한 것이다.[5] 하지만 이에 대해서는 K-시네마 혹은 게임산업이라는 견해도 있다.

이처럼 한류 성공의 주역이 무엇이냐는 상반된 평가가 팽팽하게 대립하고 있으며 양쪽의 견해가 모두 나름대로의 타당성을 가지고 있다.[6] 하지만 동아시아의 많은 젊은이들이 지금 한국산 대중문화에 열광하고 있다는 사실만은 누구도 부인할 수 없는 현실이다. 적어도 이제까지 한국의 문화가 해외에서 이렇게까지 폭발적인 인기를 누리며 광범위한 관심의 대상이 되었던 적은 없었다는 말이다. 그렇다면 이처럼 거센 한류 바람이 지속되는 이유는 무엇인가?

한류는 현재 대중음악을 넘어 드라마, 영화, 연극이나 공연, 패션, 게임 등 한국 문화 전반을 포괄하는 것으로 그 외연적 개념이 확장되었다. 이러한 현상은 디지털 미디어 시대가 도래하면서 스마트 미디어를 기반으로 한 실용콘텐츠 생산, 글로벌네트워킹을 통한 전 세계적 문화적 확산이 그 원인이다. 즉 디지털 시대로 접어들면서 서구 음악사업은 어려움을 겪고 있지만 따라하기 쉽고 리듬감이 좋은 K-POP은 오히려 유튜브를 통해 외국 팬들에게 다가서며 전 세계에 어필하고 있다.[7] K-POP은 유튜브를 중심으로 한 무료음악 서비스의 폭발적 성장에 기반하여 확산되고 영어 문화권, 이슬람 문화권, 아랍 문화권, 히스패닉 문화권에 고루 퍼졌으며, 특히 아시아 시장의 통합에 결정적 역할을 하고 있다. 이는 기획사, 방송사의 영향보다는 디지털 시대를 접한 이용자들의 자발성에 근거하여 전 세계적으로 확산된 것이다. 결국 페이스북, 유튜브를

5 박장순, 「한류의 생성과, 발전, 위기와 신한류 현상」, "뉴미디어시대, 한류의 전망과 과제", 2011, 29쪽.

6 경제 · 인문사회연구회, 「'한류'에 있어서의 인문학의 활용방안」, 2007.

7 한국콘텐츠진흥원, 「문화예술 트랜드 분석 및 전망」, 2012, 47쪽.

비롯한 SNS에서의 음악 서비스가 폭발적으로 확대됨에 따라 국내 대형 엔터테인먼트사들도 글로벌 플랫폼을 염두해둔 서비스를 시작한 것이다.[8] 한류스타에 대한 커버문화가 확산이 되고 글로벌 네트워킹을 통해 전 세계 어디에서나 실시간으로 소비되고 확대 재생산되고 있다. 이로 인해 한류 팬층도 디지털 환경에 익숙한 10~20대로 급격하게 확장되고 보다 쉽게 스타와 대화하고 소통하는 것이 가능해졌다. 최근 전 세계적으로 주목받은 싸이(PSY)의 〈강남스타일〉도 방송의 힘을 빌리지 않고 스마트 미디어 기기 확산과 인터넷을 통한 국내와 해외에 수평전파 효과를 톡톡히 본 셈이다.

2.2. 중국의 한류 확산의 단계

한류 열풍은 일시적인 현상에 그치지 않고 점점 그 영향권을 넓혀가고 있다. 이것은 우리 사회의 역량 강화 및 경제 발전에 힘입은 바가 크며 앞으로도 한류는 우리나라 경제에 있어 막대한 이득을 가져다 주고 있다.

하지만 그러기 위해서는 치밀한 계획과 실행력이 필요하며 한류 열풍의 밝은 청사진이 가능하기 위해서는 현 실태를 객관적이고도 냉정하게 바라볼 수 있는 통찰력이 필수적으로 요구된다. 따라서 본 연구에서는 한류의 주요 무대인 중국을 대상으로 한류 열풍의 발전단계를 조사 · 분석함으로써 한류 열풍의 원동력을 파악하고 나아가 최근 새롭게 불기 시작한 신한류(新韓流)의 나아갈 방향을 모색해보도록 하겠다.

---

8 변미영, 「K-pop이 주도하는 신한류 : 현황과 과제」, 『KOCCA포커스』 제31호, 2011, 20쪽.

2.2.1. 중국

한류가 중국에 본격적으로 등장한 것은 1998년 그룹 '클론'이 대만에 소개되면서부터이다. 이들은 파워풀한 댄스로 중국인들의 호감을 얻었고 이후 안재욱, H.O.T, 베이비복스 등 국내에서 선풍적인 인기를 끈 대중가수들의 중국 진출이 활발해지면서 한류는 빠르게 확산되었다. 또한 가수 장나라는 중국 내에서 천후(天后)라는 호칭을 받기도 했는데 이 말의 뜻은 '중국 최고의 여자 연예인'이라는 뜻이다.

중국 시청자 게시판에 오른 한국의 드라마들은 시기적으로는 대략 1990년대 중반 이후 제작된 작품부터 2013년 작까지 혼재되어 있었다. 이는 1996년 한국에서 방영되었던 〈목욕탕집 남자들〉이나 2002년작 〈겨울연가〉에 이르기까지 다양한 시기에 제작된 드라마들이 중국 중앙방송과 지역 위성방송 등 다양한 채널을 통해 반복적으로 방영되고 있기 때문에 나타나는 현상이라고 볼 수 있다. 예를 들자면 중국 시청자들은 한 채널에서 2002년 작 〈겨울연가〉를 보는 동시에 다른 채널에서 1996년 작 〈첫사랑〉을 볼 수 있다. 또한 중국에서 드라마 편성은 한국의 미니시리즈나 주말 연속극처럼 일주일에 2회 방영되는 형태가 아니라, 월요일에서 금요일 또는 토요일까지 매일 방영되고, 하루에 방영되는 분량도 평균 2회에서 4회까지에 이른다. 따라서 중국 시청자들이 한국의 미니시리즈물 한 편을 보는 데는 2주일 정도밖에 걸리지 않고, 이 때문에 한국 드라마를 적극적으로 찾아보는 시청자의 경우는 단시간에 상당히 많은 수의 드라마를 시청하는 것이 가능한 것이다. 이는 한류를 보다 쉽고 빠르게 수용하는 이유다.[9]

중국의 시청자들은 중국 드라마의 주제가 지나치게 거창하거나 내용

9 「한류, 아시아를 넘어 세계로」, 한국문화산업교류재단, 2009, 30쪽.

이 교훈적인 반면, 한국의 드라마들은 매우 소박하고 현실과 밀접한 이야기라고 말한다. 〈목욕탕집 남자들〉이나 〈보고 또 보고〉와 같은 경우는 중산층 가정의 다양한 인간유형들이 현실 속에서 만들어내는 사소한 사건들과 갈등의 연속이라는 점에서 중국의 수용자들에게 현실감을 주기에 충분하다.

중국의 시청자들은 한국 드라마 속에서 그려지는 라이프스타일과 문화적 취향들을 동경하지만 이러한 요소들은 단지 이상적인 차원에 머무르지 않는다. 중국의 젊은 시청자들이 갖고 있는 문화적 욕구와 관심사들에 잘 부합하고 있으며 그들이 실질적으로 되고 싶거나 갖고 싶은 것의 준거로서 자리매김하고 있음을 볼 수 있다.[10] 예컨대 〈가을동화〉에서 송혜교가 입었던 체크 스커트나 원빈의 검은 양복과 흰 와이셔츠, 〈겨울연가〉 주인공 배용준의 노란 파마머리와 목도리, 〈로망스〉에서 김하늘의 머리는 현대적이고 새로운 취향의 지표들이지만, 이들은 한결같이 시청자들이 손을 내밀면 언제나 쉽게 성취할 수 있다는 인식을 심어주는 것들이다.

한국의 드라마가 이러한 매니아 시청층을 넘어서서 얼마나 대중성을 획득하고 있는가에 대해서는 시청률 조사를 비롯한 다양한 방식의 연구가 더 많이 필요할 것이다. 즉, 중국 문화수용자들이 한국의 드라마를 통해 주체적으로 경험하고 확인하는 즐거움이 초국가적인 보편적 구조 때문이라고 하는 설명이나 둘째 문화적 근접성으로부터 기인한다는 설명은 모두 부적절한 것으로 보인다. 한류에 대한 호감은 한국에 대한 호감이라기보다는 한국 엔터테인먼트 산업이 생산해낸 독특한 대중문화에 한정된 것으로, 한류 팬들은 한국 대중문화의 한 소비자이고 문화콘

10 한홍석, 「한류현상으로 본 중국에서의 한국 대중문화 수용」, 국제지역학회, 2005.

텐츠 상품 자체에 매력을 느끼고 소비하는 경향이 강하다.

2.3. 한류 확산에 따른 문화적 · 경제적 효과

2.3.1. 문화적 효과

일본은 오랫동안 동아시아 사회에서 문화적 · 경제적 위치의 중심에 있었다. 따라서 일본은 주변 국가의 대중문화를 수용하려고 하기보다는 자신들이 만든 상품을 수출하는 데 주력한 것이 사실이다.

하지만 1990년대 일본 사회에서는 이른바 '아시아로의 회귀(return to asia)' 라는 담론이 확산되기 시작했고 이어 2004년 한국 드라마 〈겨울연가〉가 선풍적인 인기를 얻으며 일본은 본격적으로 타 아시아 국가의 대중문화를 받아들이기 시작했다.

또한 이를 기점으로 한국의 대중문화가 일본 사회에 대거 유입, 자연스럽게 한류 현상이 일어나기 시작했고 일본은 이전과는 달리 아시아를 독자적인 문화상품을 생산해낼 수 있는 존재로 인식하기에 이르렀다.[11]

문화산업이 엄청난 규모의 부가가치를 창출하는 데 있어서 핵심적인 메커니즘은 바로 '윈도우 효과'(window effect)'라고 불리우는 독특한 특성이다. 문화산업의 본질적인 핵심은 소위 '콘텐츠'에 있다. 콘텐츠는 간단히 말해서 인간에게 심리적인 즐거움, 만족감, 감동을 주는 그 무엇이라고 할 수 있다. 콘텐츠의 가장 중요한 특징은 그 형태를 자유자재로 바꿀 수 있다는 점이다. 전통적인 제조업의 경우 한 번 생산된 제품이 형태를 바꾸면서 계속해서 가치를 재창조하는 일은 찾아보기 힘

11 김경미, 「한류로 인한 문화적 친근감이 한국어 학습 효과에 미친 영향 연구: TV 드라마를 이용한 일본인 학습자를 중심으로」, 서강대학교 석사학위 논문, 2007, 20쪽.

들었다. 그러나 K-POP이라는 영역에서 개발된 콘텐츠는 음반, 컴퓨터 게임, 팬시용품, 캐릭터, 출판, 비디오, 광고, 관광 및 테마파크 등 다양한 영역으로 확산되면서 연쇄적으로 부가가치를 창출할 수 있다. 한류의 새로운 문화아이콘 K-POP은 한류의 새로운 콘텐츠로 급부상하고 있으며, 프랑스 파리 루브르박물관 앞에서 이루어졌던 SM콘서트 추가 공연 플래시몹 시위나 세계 각지에서 일어나는 K-POP 커버댄스 페스티벌 등은 한국의 대중문화가 세계적인 주목을 받고 있음을 단적으로 보여준다.

2.3.2. 경제적 효과

한류를 통한 경제 효과를 분석하는 데는 세 가지 측면에 걸쳐 살펴볼 수 있다. 첫 번째로 한국 문화상품 수출 증가라는 직접적 효과의 측면에서 살펴볼 수 있는데 이 효과는 문화산업의 성장 동력이다. 또한 두 번째로 한류 열풍을 활용한 각종 한국 관련 상품의 수출 증대 효과를 꼽을 수 있는데 이것은 국가 브랜드의 제고 및 한국산 소비재에 대한 선호 형성 등의 효과를 가지는 것으로 나타났다. 이외 한국 관광을 포함한 기타 서비스 산업에 미치는 부수적 효과의 차원에서 살펴보면 한류 열풍으로 인해 한국 기업의 활동 편의성이 증대되었으며 방문 관광객 수의 증가 등의 효과가 나타나는 것으로 파악되었다.[12]

영화 · 드라마 · 음악 · 게임 · 캐릭터 등 문화콘텐츠산업은 박근혜정부가 강조하는 창조경제의 핵심 중 하나로 손꼽힌다. 이에 정부는 콘텐츠산업으로 창조경제를 견인해 국민소득 3만 달러 시대를 실현한다는

12 박진배, 「동아세아제국에서의 한류가 한국 수출에 미친 성과와 영향 :문화 컨텐츠를 중심으로」, 단국대학교 석사학위 논문, 2007, 12~13쪽.

정책비전인 '콘텐츠산업 진흥계획'을 발표하기도 했다. 대한민국은 지난해 싸이의 〈강남스타일〉 신드롬에서 콘텐츠산업에 있어서 국경이라는 장벽이 상당히 낮아져 있음을 실감했다. 싸이의 성공으로 우리의 콘텐츠도 품질만 좋으면 세계시장에서 성공할 수 있다는 가능성을 확인할 수 있었던 셈이다. 하지만 지금까지 글로벌콘텐츠는 세계적으로 널리 소비될 수 있는 콘텐츠라는 의미에서 보급, 유통, 판매를 위한 글로벌화라는 의미에서 봐야 할 것이다.

〈그림 2〉 음원시장에서의 〈강남스타일〉의 수익률

출처: MBC뉴스데스크

다시 말하자면 싸이의 〈강남스타일〉은 세계시장을 겨냥한 야심적인 프로젝트는 아니었을지라도 글로벌화에 성공하였다. 〈대장금〉 등 해외시장에서 크게 각광받은 드라마들도 글로벌화에는 성공했겠지만, 글로벌콘텐츠라고 할 만한 수익을 창출한 것은 아니다. 결국 경제적으로 보

면 글로벌화에 성공한 한국산 콘텐츠는 온라인게임 정도이다.[13]

국내 콘텐츠산업이 글로벌 시장에서 통용될 만한 좋은 콘텐츠를 제작해서 해외시장으로 수출하기는 쉽지 않다. 미국과 일본만이 콘텐츠산업 거의 전 장르에서 글로벌콘텐츠를 만들어 전 세계에 유통시키는 정도다. 일본은 게임이나 방송용 애니메이션, 음악 등 일부 장르에서 글로벌 콘텐츠를 만들기도 한다.

그런데 콘텐츠의 소비에는 가격 외에 소비자 개인의 취향은 물론이고 인문사회학적인 배경까지도 영향을 미친다. 그래서 콘텐츠를 수출하는 일은 제품을 수출하는 것보다 더 어렵다. 그래서 지금까지 한국 콘텐츠는 주로 한국 시장을 목표로 하고, 중국 콘텐츠는 주로 중국 시장을 타겟 마켓으로 삼았다. 영화의 경우 미국 할리우드 영화사를 제외하고는 거의 대부분 자국시장용으로 제작한다. 수출은 일종의 덤인 셈이다. 물론 모든 장르의 제작자가 자국시장만을 목표로 콘텐츠를 만든다는 것은 아니지만, 대체적으로 그렇다.

한국문화산업교류재단에 따르면 2008년부터 2010년까지 한류에 의해 발생한 생산 유발 효과는 총 13조 9,367억 원에 이르는 것으로 나타났으며 이는 한류의 경제적 효과가 자동차, 반도체 분야와 비교했을 때도 국가경제의 일익을 담당하는 데 부족함이 없다고 볼 수 있다.

한류의 태동이며 영상콘텐츠의 중심이였던 1997년부터 2000년대 중반은 '한류 1.0'이라 불리며, 한류가 확산되면서 아이돌스타 중심의 콘텐츠가 대부분이었던 2000년대 중반부터 2010년대 초반까지는 '한류 2.0 시대'라 일컫는다. 그 후 이제는 한류의 다양화와 세계화에 문화예술과

---

13 「K팝의 성공 요인과 기업의 활용전략」, 『삼성경제연구소 CEO Information』 제841호, 2012.

전통문화, 그 밖의 한국적인 것들로 한국 문화를 세계와 공감할 수 있는 여건을 범정부 차원에서 나서 그 흐름을 이어가고 있다. 2010년대 초반 이후부터 지금을 '한류 3.0시대'라 부른다.[14]

이제는 드라마, K-POP에서 K-Culture로 핵심장르를 아시아를 넘어 세계와 공유하고자 한다. 그렇다면 어떻게 한류 효과를 최대한 활용하고 경제적으로 확산시켜 나갈 수 있는가. 첫째 해답은 한류의 향후 확산을 위해 인터넷 등의 미디어 활용을 강화하는 것이다. 둘째는 외면했던 우리의 전통문화를 한류콘텐츠에 활용해 무용, 음악, 궁중예술 등 민속예술의 요소들을 포함하여 한국 전통문화의 이미지를 강화하는 것이 필요하다. 셋째는 유튜브를 통한 온라인 매체의 활용으로 K-POP 등을 알리는 데는 성공했지만 영어 자료 홍보나 체계가 부족하기 때문에 한류의 활동범위를 확장하기 위해서는 인터넷에 보다 많은 영어 정보 제공 노력이 필수적이다.

다음 표를 살펴보면 다른 콘텐츠에 비해 유독 영화가 해가 갈수록 마이너스 증감률을 보이고 있다. 이는 수요자들이 영화보다 한류 드라마와 한류 음악, 관광에 더 편중된 현상을 보이는 것도 있겠지만, 무엇보다 지난해까지는 한국 시나리오의 소재 한계, 자국의 영화산업 보호, 영화콘텐츠의 경쟁력 상실, 일방적 한류 전파도 경쟁력이 다소 상실됐다고 볼 수 있다. 또한 국산영화의 품질이 낮아지면서 금세 할리우드 작품들의 아시아권 시장점유율이 증가한 결과다. 오히려 음악은 전문성 및 독창적 예술성 확보, 유튜브, 지속 가능한 쉽게 공감하는 글로벌 콘텐츠의 제작으로 온라인 게임만큼 한국을 대표하는 장르로 급성장하고 있다.

14 「한류: K-POP에서 K-Culture로」, 『문화체육관광부 동향 연구보고서』, 2012.

〈표 1〉 한류에 의한 생산유발 효과

(단위: 백만 원, %)

분야	2008	2009	2010	비중	전년대비 증감률(%)	연평균 증감률(%)
영화	24,412	21,215	10,855	0.2	-48.8	-33.3
방송	290,900	355,559	366,425	7.4	3.1	-12.2
음악	23,596	54,909	137,182	2.8	149.8	141.1
관광	729,511	697,452	1,598,731	32.1	129.2	48.0

출처: 한국문화산업교류재단

3. 신한류 예술산업의 세계화 동향

3.1. K-POP의 국가별 확산 과정과 현황

3.1.1. 국가별 확산 과정

이전의 한류 열풍이 〈겨울연가〉, 〈대장금〉 등 드라마에 의해 주도된 바가 크다면 신한류 열풍의 중심에는 K-POP이 서 있다고 볼 수 있다. 김주연 · 안경모(2011)는 드라마 위주의 한류에서 K-POP 중심의 한류로 그 중심축이 이동하면서 K-POP의 수출금액이 최근 5년 동안 지속적인 상승세를 보이고 있음을 밝힌 바 있다. 또한 K-POP의 수출금액은 일본이 2,163만 달러로 그 비중이 가장 높은 것으로 나타났으며 동남아시아 국가에서의 수출액이 2007~2009년 사이 3배가량 성장한 것으로 파악되었다.

한편, K-POP은 이전의 한류 전파방식과 달리 유튜브와 같은 온라인을 통해 확산되어 그 파급력은 더 크다고 할 수 있으며 국가별 K-POP 이용현황을 살펴보면 다음과 같이 제시할 수 있다.

중국의 경우, 중국 최대의 포털사이트인 바이두의 한일 음악 순위를 보면 10위 내에 K-POP이 7곡을 차지하는 등 높은 인기를 구가하고 있으며 한국의 아이돌 가수들이 중국 시장에서 각광받는 이유는 질 높은 음악과 우수한 노래 실력, 화려한 퍼포먼스 때문으로 평가되고 있다.[15] 일본은 카라, 소녀시대 등을 위시한 걸그룹 중심의 K-POP 열풍이 10대, 20대의 젊은 층 중심으로 나타나고 있어 중장년층 중심으로 형성되었던 일본 한류 소비구조를 변모시켰다고 할 수 있다.

또한 국가별 K-POP 이용행태를 살펴보면, 청취 시간이 중국(4시간)에 비해 일본(10분)으로 일본이 현저하게 낮은 것으로 나타났는데 이것은 일본에서의 K-POP 열풍이 특정 연령대나 계층에 제한적으로 나타나기 때문으로 분석된다.[16]

이외에 K-POP의 선호요인을 분석한 결과 음악성, 시각성, 문화적 호기심 때문에 K-POP에 관심을 보이는 것으로 나타났으며 이 중 음악성이 가장 큰 영향을 미치는 것으로 나타났다. 하지만 한류 수용국가마다 선호요인과 이용행태 등이 저마다 상이하게 나타나므로 국가별 특성을 면밀히 살펴 그에 맞는 효율적인 진출전략이 필요할 것으로 파악된다.

3.1.2. K-POP의 현 실태-미디어의 환경 변화

대한무역투자진흥공사의 발표에 따르면 K-POP은 최근 유튜브와 여러 소셜 네트워크를 통해 미국과 유럽까지 뻗어나가고 있으며 2011년 11월, 소녀시대의 〈The Boys〉의 뮤직비디오가 유튜브 공개 4일 만에 조회 수 1000만을 돌파한 것을 기점으로 가장 최근에는 싸이의 〈강남스타일〉이 빌보트 차트 2위에 오르는 등 폭발적인 인기를 끌고 있다.

15 변미영, 「k-pop이 주도하는 신한류」, 『KOCCCA 포커스』 통권 31호, 2011 재인용.
16 「문화예술 트랜드 분석 및 전망」, 한국콘텐츠진흥원, 2012, 38쪽.

문화체육관광부에 따르면 한국 음악의 한류지수는 107로 나타났는데 이것은 게임(101) 및 국가(101) 인지도를 상회하는 지수로 일각에서 제기된 K-POP의 거품설이 기우였음을 증명한다고 볼 수 있다. 이외에도 영국의 공영방송인 BBC는 한국의 국가 브랜드가 삼성, 현대, LG 등 대기업에서 한류로 바뀌고 있다는 내용의 뉴스를 보도한 바 있으며 싸이, 소녀시대, 카라 등 K-POP 열풍을 예로 들면서 한국을 방문하는 관광객 증가, 한류스타가 모델로 나오는 상품의 매출 증가 등을 열거한 바 있다.

또한 지난 2011년 6월, SM 엔터테인먼트가 파리에서 성공적으로 공연을 마치면서 한국 대중가요가 유럽에서도 성공을 거둘 수 있다는 가능성을 보여주기도 했으며 당초 계획되었던 1회 공연은 유럽 팬들의 추가공연 요청으로 2회로 연장됐으며 티켓은 약 1만 5000석이 예매 시작 10분 만에 매진을 기록한 바 있다.

앞서 아시아 국가에서의 한류 열풍에 따른 현상에 대해 언급했듯이 유럽에서의 K-POP 인기는 자연스럽게 우리나라와 한국어에 대한 호기심 증가로 나타났다. 프랑스의 명문 외국어 특성화 학교인 프랑수아-마장디고교는 한국어를 2011~2012년 정규과목으로 채택했으며 교육과학기술부에 따르면 연간 1500명 이상의 유럽 학생들이 한국에서 공부하고 있는 것으로 나타났다. 물론 이는 전체 비율로 봤을 때는 적은 숫자이나 2005년 490여 명에 비하면 크게 늘어난 수치이다.

최근 스마트 미디어가 발전하면서 한류콘텐츠의 전파가 보다 용이해졌다. 2000년대 후반 이후 K-POP을 중심으로 나타난 한류는 소셜미디어를 기반으로 아시아, 미국, 유럽, 남미까지 콘텐츠 해외진출의 교두보 역할을 하고 있다. K-POP의 한류가 5년 전만 해도 수출입을 통한 현지의 유통망을 주로 활용했다면, 불과 2년 전부터는 유튜브, 아이튠즈, 트워터, 페이스북, 카카오톡 등과 같은 SNS(Social Network Service) 미디어가 유통기반이 되고 있다.[17] 현재 K-POP의 확산은 스마트TV 환경과 밀접한 관련이 있다. 이제 전 세계의 문화콘텐츠 산업은 스마트폰, 스마트패드, 스마트TV의 등장으로 국경 없는 무한경쟁의 시대로 접어들며 모바일, CG, 가상현실(virtual reality)로 접목됐다. 구글은 이미 2008년 3D 가상 커뮤니티 '라이블리(Lively)'를 공개하면서 베타서비스를 실시했으며, 소니컴퓨터 엔터테인먼트도 3D 가상공간 커뮤니티인 '홈(Home)'을 전 세계에 공개하였다. 이젠 국내 기획사들도 아티스트들의 콘서트에 3D 기법을 활용하며 3D 콘서트 붐을 주도하는 중이다. 가수 빅뱅의 콘서트를 담은 〈빅쇼 3D〉와 슈퍼주니어의 〈슈퍼쇼 3D〉, 소녀시대 역시 3D영상전문업체 Face팀과 합작하여 뮤직비디오를 제작하였다. 아직은 관객 동원 면에서는 주목할 만한 성과를 내지 못하고 있지만, K-POP 한류가 세계를 무대로 글로벌 시장에서 수익률 제고 등 지속 가능한 한류가 되기 위해서는 새로운 콘텐츠인 3D기법의 제작 사례와 더불어 우수한 스마트 기술과 같은 융합미디어 기술 활용이 절실한 시점이다.

3.2. 국내 배우의 할리우드 진출 과정 및 성과

3.2.1. 국내 배우의 할리우드 진출 과정

최근 들어 한국 배우의 할리우드 진출이 두드러져 보이는 것은 사실이나 기실 한국인 배우의 할리우드 진출 역사는 지금으로부터 80여 년 전으로 거슬러 올라간다. 1935년, 할리우드에서는 빙 크로스비 주연의 〈애

17 발터 벤야민 저, 최성만 역, 『기술복제시대의 예술 작품 사진의 작은 역사 외』, 길, 2007.

니씽 고즈〉가 제작되었는데 이때 출연한 필립 안이 할리우드 진출의 선구자라고 할 수 있다.

1905년, 미국에서 태어난 그는 출생과 함께 미국 시민권을 얻은 최초의 한국인이었다. 1930년대에 영화계에 입문, 〈모정〉, 〈80일간의 세계일주〉, 〈전송가〉, 〈파라다이스〉 등 다수의 흥행작에 출연하며 존재감을 확실히 부각시켰으며 아시아계 인물로는 최초로 명예의 거리(Walk of Fame)에 이름을 남겼다.

이후 1970년대에는 배우 오순택이 할리우드에 진출, 영화 007 시리즈 제9탄 〈황금총을 가진 사나이〉에서 M16의 동남아 현지 요원 역할을 맡으며 이름을 알렸다. 이후 70년대 내내 브로드웨이와 TV시리즈 〈미녀삼총사〉, 〈매쉬〉, 〈하와이 5-0 수사대〉 등을 통해 왕성한 활동을 펼친 오순택은 〈커크 더글러스〉, 〈최후의 카운트다운〉, 〈대특명 2〉, 〈데스 위시 4〉, 〈뮬란〉을 비롯한 120여 편의 영화에 출연했다.

이외에도 오순택과 비슷한 시기에 활동을 시작한 배우로 랜달 덕 김을 꼽을 수 있는데 1970년 〈하와이언스〉와 〈도라 도라 도라〉에 출연한 이후 무대 연기에 전념하다 90년대 후반부터 〈리플레이스먼트 킬러〉, 〈씬 레드 라인〉, 〈애나 앤드 킹〉 등의 영화에 출연했다. 최근작으로는 〈매트릭스 2-리로디드〉, 〈쿵푸팬더〉, 〈프린지〉 등이 있다.

이후 할리우드에 진출한 한국 배우로 〈베스트 오브 베스트〉 시리즈의 제작자이자 배우인 필립 리, 〈비버리 힐스 캅 3〉, 〈덤 앤 더머〉의 찰스 전, 〈사이드웨이〉 와 〈래빗 홀〉의 산드라 오, 〈모탈 컴뱃〉의 박호성, 〈분노의 질주〉의 릭 윤 등을 들 수 있다.

한편, 위에서 언급한 할리우드 진출 1 · 2세대 배우들을 보면 국내 활동보다 미국 현지 활동이 더욱 두드러진 면모를 볼 수 있는데 그러한 맥락에서 국내 영화계에서의 왕성한 활동 이력을 가진 배우의 할리우드 진출은 그 자체로 새로운 가능성과 시사점을 가진다고 볼 수 있다. 즉, 한국 대중문화의 전파와 그에 따른 호응이 높아짐에 따라 국내에 기반을 둔 배우들의 할리우드 진출이 가능해진 것으로 볼 수 있으며 이어지는 내용에서는 국내 배우의 할리우드 진출의 의의와 위상을 살펴보도록 하겠다.

3.2.2. 할리우드 진출 배우의 위상

90년대 들어 할리우드에 진출한 한국 배우로는 박중훈을 꼽을 수 있다. 마이클 빈과 함께 〈아메리칸 드래곤〉에 출연한 그는 형사로 분해 현란한 액션 연기를 펼쳤다. 할리우드에 진출한 아시아계 배우 중 가장 큰 성과를 거둔 성룡의 영향 때문인지 할리우드는 대체로 아시아 배우에게 고난이도의 액션 연기를 요구했고 그것은 한국인 배우에게도 예외는 아니었다.

1996년, 할리우드에 진출한 박중훈을 비롯, 〈닌자 어쌔신〉의 정지훈, 〈지아이조〉, 〈레드 2〉의 이병헌, 그리고 〈전사의 길〉의 장동건 모두 현란한 액션 연기를 펼친 바 있다. 다소 비약적으로 보일 수도 있지만 할리우드에 진출한 국내 배우들의 공통점으로는 주먹과 발차기, 칼 쓰기에 능통해야 한다는 점 외에 이들이 한국인이라는 사실이 부각되지 않는다는 점을 들 수 있다. 사실상 〈닌자 어쌔신〉의 정지훈이나 〈지아이조〉의 이병헌은 일본 출신이라고 해도 전혀 이상할 게 없어 보일 정도이다.

최근 '할리우드 진출의 가장 성공적 사례'로 꼽힌 이병헌의 경우에도 국내 배우의 할리우드 성공을 '작은 가능성'이라고 표현한 바 있다. 이것은 비단 이병헌이라는 배우에 해당하는 내용이라기보다는 할리우드 진출을 제안받거나 희망하는 모든 배우들에게 해당되는 것이 말이라고 보는 것이 보다 현실적일 것이다.

하지만 최근 미국과 유럽에서의 K-POP 열풍은 한류가 서구권 사회에서도 경쟁력을 가질 수 있다는 것의 반증이라고 볼 수 있으며 아시아에서의 한류 열풍으로 쌓은 노하우 및 인지도 또한 국내 배우들의 할리우드 진출을 뒷받침하는 데 밑거름이 되어줄 것으로 전망된다.

한국의 영화시장 규모가 커지자 할리우드 배우들이 일본을 제치고 한국을 방문해 할리우드 영화를 홍보하는 것은 극히 이례적인 사건이기도 하다. 배우들에 이어 〈달콤한 인생〉, 〈악마를 보았다〉를 연출하며 다양한 장르의 범주와 드라마틱한 연출 스타일로 입지를 굳힌 김지운 감독도 할리우드 액션 블록버스터 〈라스트 스탠드〉로 아놀드 슈왈제네거와 호흡을 맞췄다. 그동안 인디영화나 단편영화를 고집한 외국인 감독들과는 달리, 스타를 영입해 상업성과 더불어 할리우드 전매특허인 블록버스터 영화를 첫 작품으로 선택하며 할리우드에 진출했다.

봉준호 감독 역시 미국 메이저 배급사인 와인스타인컴퍼니와 〈설국열차〉의 배급 계약을 맺으며 개봉 전 167개국에 선판매됐다. 200억 원 가량의 해외 판매 수익을 먼저 올리며 한류망을 두텁게 하며 한류의 흐름에 동참했다. 이처럼 세계화 · 정보화 시대가 가져다 준 변화의 흐름은 국익 차원에서 논의될 정도로 막강한 영향력을 지니게 되었으며, 한국의 경우 문화교류의 세계화는 '한류(韓流)'라는 단어로 정의된다고 해도 과언이 아니다. K-POP에서 K-시네마로 이어지며 세계 곳곳에서 한국의 문화콘텐츠가 사랑을 받는 이유는 작품성, 시각성 그리고 문화적 호기심 때문인 것으로 보인다. 또한 한류 수용국가마다 선호요인과 이용행태 등이 저마다 상이하게 나타나 국가별 특성을 면밀히 살펴 그에 맞는 효율적인 진출 전략이 필요할 것으로 간주된다. 기실 국내 배우들의 할리우드 진출의 성공 여부는 보는 관점에 따라 상이하게 나타나므로 할리우드와 한국 영화의 커넥션은 시작 단계라고 볼 수 있다. 하지만 영화 〈라스트 스탠드〉 등 한국 감독 작품의 미국 현지 제작 및 배급 등의 시도가 이뤄지고 있다는 점과 한국 배우들의 할리우드 진출 증가는 할리우드와 한류 간 교류에 상당한 교두보 역할을 해줄 것으로 기대된다.

4. 신한류 확산을 위한 제언

4.1. 소셜미디어와 K-POP 확산

본고에서 다루고 있는 '신한류'란 2000년대 후반 이후 아이돌 그룹을 중심으로 형성되기 시작한 K-POP 중심의 새로운 한류를 지칭하는 말이다. 한국콘텐츠진흥원에 따르면 신한류의 확산은 과거 드라마가 주도한 한류 열풍과 더불어 한류의 지속 가능성을 시사하는 현상이라고 볼 수 있다.[18]

K-POP의 해외 진출 성공요인으로는 기획단계부터 글로벌 시장을 겨냥한 철저한 현지화 전략과 탄탄한 기본기를 구축하는 한국형 아이돌 육성 시스템이 꼽히고 있으며 그외에 디지털을 기반으로 한 K-POP의 유통과 마케팅 전략 또한 신한류 열풍의 성공요인으로 꼽을 수 있다.

즉, 유투브, 트위터, 페이스북 등의 소셜미디어를 통해 K-POP을 유통함으로써 아시아 중심으로 이루어지던 기존의 한류 시장의 한계를 넘어 미국, 유럽, 중동, 남미 등 전 세계에 걸쳐 K-POP이 실시간으로 소비됨으로써 소셜미디어가 신한류 열풍의 견인차 역할을 한 것으로 볼 수 있다.

18 김주연 · 안경모, 「아시아국가에서의 K-pop 이용행동과 K-pop으로 인한 국가호감도 및 한국 방문의도 변화」, 『한국콘텐츠학회 논문지』 Vol.12, No.1. 2012.

또한 소셜미디어의 활용으로 디지털 환경에 익숙한 10대와 20대로 팬층이 확산되었으며 이것은 K-POP을 듣고 자란 세대에게 익숙한 문화적 동질감을 형성, 한류의 지속 가능성을 더욱 넓히는 효과를 가져다 줄 것으로 예상된다.

한편, 최근 유럽에서 주목받기 시작한 K-POP의 확산 과정을 보면 현지 프로모션 없이 유튜브 등의 소셜미디어를 통해 확산된 것을 특징으로 꼽을 수 있다.[19] 별도의 마케팅 전략 없이 유튜브 등의 채널을 통해 유럽 사회에 존재감을 갖기 시작한 K-POP에 대해 프랑스 국영방송은 〈세계를 향한 시선〉이라는 프로그램을 통해 한류 열풍과 한국의 대표 아이돌 스타들이 아시아 음악 시장에서 차지하고 있는 위상을 소개한 바 있으며 벨기에 공영방송의 프로그램 〈Sans Chichis〉에서는 K-POP을 미국, 일본은 물론 벨기에까지 퍼진 새로운 열풍으로 소개하기도 했다.

하지만 스위스 등 몇몇 국가에서는 K-POP을 일본 문화의 하위문화로 인식하는 경우도 있으며 이것은 유럽 내에서 아시아 문화 중 일본 문화의 인기가 독보적인 데서 기인한다고 볼 수 있다. 특히 유럽에서는 어렸을 때부터 TV에 방영되는 일본 애니메이션을 보고 자라는 청소년이 많아 전 세대에 걸쳐 일본 문화를 매우 친숙하게 여기고 있으며 이러한 측면을 고려한 마케팅 전략 또한 한류의 지속 가능성을 높여줄 수 있을 것으로 기대된다.

또한 스마트폰 앱 개발, 플래쉬몹 이벤트 등 해외팬들이 K-POP에 접근할 수 있는 채널 확충안을 개발, K-POP을 언제 어디서나 보고 들을 수 있는 제반 환경의 구축 또한 필요하며 특히 30개가 넘는 언어를 사용하는 유럽의 경우 각 국에 퍼져 있는 교포 및 유학생들과 연계, K-POP

19 「K-POP이 주도하는 신한류」, 『KOCCCA 포커스』 통권 31호, 한국콘텐츠진흥원.

을 알릴 수 있는 플랫폼을 개발하는 일도 K-POP을 전파하는 데 유용하게 기능할 수 있을 것으로 전망된다.

4.2. 영상산업의 활성화

주지하다시피 할리우드는 미국 문화산업의 중심이다. 할리우드 없이 미국의 문화산업을 논할 수 없고 할리우드 없이 세계의 영화산업을 논할 수 없다고 해도 과언은 아니다. 세계 각국에서는 오랫동안 할리우드의 문을 두드려왔으며 지금도 현재 진행형이다. 하지만 할리우드의 견고한 문은 좀처럼 열리지 않는다는 게 지금까지의 대체적인 평가이며 그만큼 할리우드 진출은 모든 영화인들의 선망의 대상이다.

최근까지만 해도 할리우드의 스튜디오들은 대체로 한국의 영화산업에 대해 좋은 인상을 가지지 않고 있었다. 한국 영화들이 유럽의 권위 있는 영화제에서 수상을 하고 예술성이 있다고 평을 받아도 흥행성이 없다고 판단하기 때문이었다.[20] 이것은 할리우드의 특성상 영화 제작과 마케팅에 천문학적 액수의 제작비가 투자되는 만큼 할리우드에서는 흥행성을 최우선으로 삼을 수밖에 없는 태생적 한계에 기인한다고 볼 수 있다.

하지만 할리우드에서도 점차 한국산 콘텐츠에 관심을 가지고 있어 그 귀추가 주목되고 있는데 가령 심형래 감독이 제작한 〈디 워〉는 2007년 미국에서 2277개관에서 개봉되어 총 1000만 달러의 수입을 기록한 바 있다. 물론 〈디 워〉의 관객은 대부분 미주 한인들이었고 미국인들에게

20 이상우,「한류와 할리우드 커넥션 가능한가?」, 대한무역투자진흥공사 동향/연구보고서, 2008.

는 그다지 호응을 얻지 못했으나 한국 영화가 미국 현지 제작과 배급까지 이룬 점은 현지 시장 진출의 길을 어느 정도 개척한 것으로 평가할 수 있다.

또한 이외에도 한국 영화 원작의 리메이크 저작권을 판매하는 방안 등이 제시되기도 하는데 한 예로 〈시월애〉를 400억 원의 제작비로 리메이크한 〈The Lake House〉는 5200만 달러의 극장 수입과 3500만 달러의 비디오 대여 수입을 올렸으며 〈조폭 마누라〉와 〈엽기적인 그녀〉 등의 리메이크 판권도 팔린 것으로 알려져 있다. 물론 현지 제작사들이 대부분의 수익을 가져가는 리메이크 영화의 특성상 흥행을 한다고 해도 많은 수익을 올리기는 어렵지만 홍보 차원에서는 적지 않은 효과를 거둘 것으로 보이며 리메이크 영화 제작을 통해 할리우드에 편입된 한국적 정서는 이후 우리나라 영화산업의 활성화 및 국내 배우들의 할리우드 진출에도 일종의 교두보 역할을 해줄 수 있을 것으로 기대된다.

4.3. 스토리텔링의 활성화

스토리텔링(story telling)은 음악, 영화, 애니메이션 등 한류를 움직이는 현재의 문화콘텐츠산업에서 가장 기초가 되는 수단이다. 오늘날 우리 일상생활에서 스토리텔링은 여러 가지로 유익하고 설득력 있는 수단으로 이용되고 있다. 인류가 등장한 이래 스토리텔링은 인간끼리의 의사소통에 있어 늘 중심적인 역할을 해오고 있다. 스토리텔링은 매체의 특성에 따라 다양하게 발전되고 있는데, 영화 · 음악 · 애니메이션 · 만화 · 게임 · 광고 등의 원천적인 콘텐츠로 활용되고 있다. 이때 스토리텔링은 지금까지의 텍스트 중심의 서사학에서 정의되어 온 개념들과는 다른 성격을 띤다.

즉 스토리텔링을 모든 이야기구조 형식의 원형적인 기초로 정의하기보다 현대 조직사회의 효과적인 커뮤니케이션 방법이나 비즈니스, 교육 등 다양한 분야에서 응용되고 활용되도록 계기를 마련해야 한다.

예를 들면 해외 관광객이 한국 관광을 시작하기 전에는 한류콘텐츠인 영화, 음악, 음식, 패션 등의 부문에서 정보를 쉽게 얻을 수 있도록 미디어나 홍보를 통한 이야기의 형성에 초점을 맞추고 여행을 할 당시에는 그동안 자신이 알고 있던 한류에 대한 이야기를 직접 체험해볼 수 있도록 하여야 할 것이다. 마지막으로 여행을 끝내고 자국에 돌아가서는 여행을 다녀온 사람 중 공통적인 관심사가 있던 사람들끼리 커뮤니티를 형성하고 이를 통해 아직 여행을 다녀와 보지 못한 사람들에게 한류에 대한 이야기를 나누어 줌으로써 자신의 추억을 회상해볼 수 있도록 스토리라인 형성과 정부적 차원의 지원이 이루어져야 할 것이다.

이 같은 이야기 형성은 그동안 일방적으로 한류에 대한 스토리를 받아들이던 사람들이 자신만의 스토리를 만들어가고 그것을 공유함으로써 보다 자생력 있는 한류콘텐츠가 증가하도록 유도할 것이다.[21]

스토리텔링의 시작단계

해외로 수출하는 TV드라마의 경우, 마지막 엔딩 신에서 촬영한 장소나 로케이션을 소개하는 영상을 방영하게 되면 한류에 관심 있는 사람들은 자연스럽게 한국과 드라마 촬영지에 대한 정보를 획득하고 한국 관광의 동기 부여도 될 수 있다.

또한 드라마아카데미를 해외 현지에 신설해 한국 드라마 집필기법, 배우 연기 프로그램 등을 통해 한국의 스토리텔링 파워를 보여주고 한

21 최인호, 「한류관광소재의 스토리텔링 활성화 방안」, 2007.

국을 방문하는 관광객의 증가를 가져올 수 있을 것이다.

스토리텔링의 마무리단계

요즘 같은 스마트 모바일 시대의 스토리텔링은 서로 다른 분야가 융합하고 예술적 상상력, 인문학적 상상력이 가미돼 더욱더 재미있고 생생한 이야기를 설득력 있게 전달하는 역할을 한다. 이 중 모바일, 인터넷, SNS, 게임을 통해 스토리텔링의 전달 효과는 더욱 빠르고 정교하며 각 요소마다 풍부한 콘텐츠를 통해 저마다 배경 요소를 포함하고 있다. 이제는 기술만 가지고는 경쟁력을 확보하기는 무리다. 한류 열풍의 효과와 저변 확대를 위해 스토리텔링을 산업, 기술, 문화, 인문학적 소통을 이루기 위한 도구로 사용하는 자세가 필요하다.

5. 결론

본 연구는 K-POP 열풍과 국내 배우의 할리우드 진출을 중심으로 한류산업의 세계화와 전망을 알아보기 위한 연구이다. 본고에서는 초창기 한류의 확산 과정을 통해 한류의 세계화를 이루기 위한 성장 동력을 파악했으며 이외에도 한류가 가져다 준 효과를 문화적 · 경제적 측면에서 고찰했다.

그 결과 한류가 대기업 등의 수출 성과에 버금가는 경제적 가치를 가지는 것으로 나타났으며 그외 국가 이미지 제고의 차원에서도 유의미한 영향을 미치는 것으로 드러났다. 다시 말해 한류 열풍은 한국에 대한 이해 그리고 한국에 대한 태도 등에 직 · 간접적으로 영향을 미치고 있으며 다른 산업에도 지대한 영향을 미치는 만큼 한류 상품의 질적 우수성이 확보되어야 함을 의미하는 것으로 볼 수 있다.

또한 이전의 드라마 중심의 한류에서 K-POP 중심의 신한류로 그 중심축이 이동하면서 한류 수용국가마다 선호 요인과 이용 행태 등이 저마다 상이한 것으로 파악되었다. 이것은 국가별 특성에 따른 효율적인 마케팅 전략이 필요한 것으로 해석되며 한국 음악의 한류지수(107)가 게임(101) 및 국가 지수(101)의 인지도를 상회하는 것으로 볼 때 이 부분에 대한 다각적인 시도와 투자가 이루어져야 할 것으로 보인다.

한편, 국내 배우의 할리우드 진출 과정 및 현 실태를 살펴보면 K-POP에 비해서는 그 영향력이 다소 미비하고 최근까지만 해도 할리우드에서는 한국 영화산업에 대해 다소 좋지 않은 인상을 가진 것이 사실이지만 〈디 워〉와도 같은 한국 영화의 미국 진출과 정지훈, 이병헌, 장동건 등 한국 배우의 할리우드 진출은 한류와 할리우드 간의 커넥션에 상당히 고무적인 역할을 할 것으로 기대된다. 또한 본고에서는 〈시월애〉의 리메이크 저작권 판매 및 미국 현지에서의 성과 등을 파악, 영상산업의 활성화가 국내 배우의 할리우드 진출은 물론 할리우드와 한류 간의 교류에 일종의 교두보 역할을 해줄 것으로 기대한다.

• 참고문헌

김경미, 「한류로 인한 문화적 친근감이 한국어 학습 효과에 미친 영향 연구 : TV 드라마를 이용한 일본인 학습자를 중심으로」, 서강대학교 석사학위 논문, 2007.

김주연 · 안경모, 「아시아국가에서의 K-POP 이용행동과 K-POP으로 인한 국가 호감도 및 한국 방문의도 변화」, 『한국콘텐츠학회논문지』 12(1), 2012.

박장순, 「한류의 생성과, 발전, 위기와 신한류 현상」, "뉴미디어 시대, 한류의 전망과 과제", 2011.

박진배, 「동아세아제국에서의 한류가 한국 수출에 미친 성과와 영향 : 문화 컨텐츠를 중심으로」, 단국대학교 석사학위 논문, 2007.

변미영, 「K-POP이 주도하는 신한류」, 『KOCCCA 포커스』 통권 31호, 한국콘텐츠진흥정보원, 2011.

신윤환, 「동아시아의 '한류' 현상 : 비교분석과 평가"」, 『동아연구』 제42집, 서강대학교 동아연구소, 2002.

발터 벤야민 저, 최성만 역, 『기술복제시대의 예술 작품 사진의 작은 역사 외』, 길, 2007.

이상우, 「한류와 할리우드 커넥션 가능한가?」, 대한무역투자진흥공사 동향/연구 보고서, 2008.

이진영, 「세계화 시대 한국의 소프트 파워 : 한류확산 연구」, 전남대학교 석사학위 논문, 2006.

채지영, 「신한류 발전을 위한 정책방안 연구」, 한국문화 관광연구원, 2011.

최대용, 「한류의 발전과 국가브랜드」, "뉴미디어 시대, 한류의 전망과 과제", 2011.

최인호, 「한류관광소재의 스토리텔링 활성화 방안」, 2007.

한홍석, 「'한류현상으로 본 중국에서의 한국 대중문화 수용」, 국제지역학회, 2005.

「문화예술 트랜드 분석 및 전망」, 한국콘텐츠진흥원, 2012.

「K팝의 성공 요인과 기업의 활용전략」, 『삼성경제연구소 CEO Information』 제841호, 2012.

「한류, 아시아를 넘어 세계로」, 한국문화산업교류재단, 2009.

「'한류'에 있어서의 인문학의 활용방안」, 경제 · 인문사회연구회, 2007.
「한류: K-POP에서 K-Culture로」, 문화체육관광부 동향 연구보고서, 2012.

자료출처

한국문화산업교류재단
한국관광공사, '2005 한류마케팅'

대중음악 공연사업의 현황과 발전방안

성 동 환

대구한의대 대학원 풍수지리관광학과 교수

대중음악 공연산업의 현황과 발전방안

1. 들어가는 말

대중문화에 대한 관심이 점점 높아지고 한류를 이끌어가는 K-POP의 인기와 위세가 아시아와 북미, 유럽을 강타하고 〈슈퍼스타K〉, 〈나는 가수다〉, 〈불후의 명곡〉, 〈탑밴드〉 등의 오디션 프로그램이 대세가 되면서 대중들은 다양한 대중음악에 대해 관심을 갖게 되었다. 이런 대중들의 대중음악에 대한 관심과 인기는 콘서트의 성장으로 이어지면서 2011년 공연 판매 수와 티켓 매출액이 급성장하게 되었다.

『공연예술경기동향조사』에서는 2012년 공연시장의 주요 이슈를 전망하면서 제일 먼저 "콘서트의 강세가 지속될 것"으로 전망하였다. 2011년 공연시장에서 최대의 강세는 콘서트였는데 인터파크에서 판매된 2011년 콘서트 상품 수는 총 1,728편으로 2010년에 비해 350여 편이 늘어났으며, 티켓판매량도 전년 대비 57%나 성장하였다.[1] 이 강세는 2012년에

1 예술경영지원센터, 『공연예술경기동향조사』, 예술경영지원센터, 2012, 14쪽.

도 지속될 것으로 예상되는데 신인과 기성가수를 각각 대상으로 하는 서바이벌 프로그램과 한류의 핵심인 K-POP, 중년 관객을 불러 모은 세시봉 등 다양한 층위에서 한꺼번에 붐업에 성공한 결과이다.[2]

공연산업은 공연콘텐츠를 기획, 제작, 공연, 유통하는 모든 관련 분야를 총칭하며, 그 범위는 연극, 무용, 뮤지컬, 음악회, 인형극, 콘서트 등 다양한 형태를 포함한다. 최근에는 각 지역마다 문화예술콘텐츠로서 공연콘텐츠 창작 및 개발에 대한 다양한 지원을 하고 있다. 공연산업에는 공연의 기획 창작(해당 아티스트 선정과 섭외, 창작활동), 제작(프로덕션과 마케팅), 판매(티켓 판매계획 수립 및 시행) 등의 단계를 거쳐 최종적으로 관객에게 전달되는 과정 뿐만 아니라 공연 후 정산 및 평가분석 등의 총괄적 계획 수립과 집행의 전 과정을 포함한다.[3]

최근 영국에서는 음악산업(주로 공연산업)을 통해 1년에 1000만 파운드 이상의 수익을 낸다는 보고서가 발간된 적이 있다.[4] 또한 2004년 라이브 음악계 수익이 레코드 음악의 수익 절반에도 미치지 못하였으나 2008년에는 라이브가 레코드 수익을 앞지르게 되었는데 이런 추세를 반영하듯 2010년 라이브 음악의 수익성은 9.4% 성장한 반면 레코드 음악은 전년과 비슷한 수준을 유지하면서 두 분야의 차이가 점점 심화되어가고 있다.[5] 미국에서는 2000년도에 들어 인터넷의 발달과 함께 레코드 판매량이 급격히 떨어졌으나 이와 상반되게 라이브 음악 및 공연은 더욱 중

2 위의 책, 15쪽.

3 문화체육관광부 · 한국콘텐츠진흥원, 『2011 음악산업백서』, 한국콘텐츠진흥원, 2011, 99쪽.

4 한국콘텐츠진흥원, 『2009 해외콘텐츠시장조사(음악)』, 한국콘텐츠진흥원, 2010, 67쪽.

5 문화체육관광부 · 한국콘텐츠진흥원, 『2011 음악산업백서』, 한국콘텐츠진흥원, 2011, 248쪽.

요시되었다.[6]

현재 CD(음반) 시장은 세계적으로 축소되는 추세이며 음반시장에서 이탈한 자본들은 '공연'으로 흘러들어가는 추세이다. 뮤지컬의 경우, 라이센스 뮤지컬이 대부분이기 때문에 해외 로열티로 나가는 부분이 크고 대중들이 가장 친숙하게 다가갈 수 있는 공연은 대중음악 공연이기 때문에 대중음악 공연산업을 육성시켜야 하는 것이 시급하다 할 수 있다.

콘서트는 음악을 통한 경험을 제공한다. 때문에 음악을 소비하는 방식이 디지털로 변화하게 되더라도 실질적인 가치창출은 다수의 관중이 모인 공연장에서 발생하게 된다. 최근 음악 공연산업의 가치를 간파한 음반사나 아티스트들은 공연산업을 음악산업의 주요 수익원으로 재인식하며 이에 대한 프로모션을 강화하고 있다. 실제로 Billboard Boxscore가 발표한 자료에 따르면, 2009년 음악 공연으로 인한 수익은 44억 달러로 전년도 대비 11.7% 증가한 것으로 집계됐다. 관람객 수 역시 7,300만 명으로 2008년에 비해 12.6% 증가한 수치를 보였다. 최근에는 디지털 환경을 콘서트 프로모션을 위한 장으로 이용하고 실질적인 수익을 공연을 통해 얻게 되는 비즈니스 모델도 등장했다. 콘서트 매출 순위로 1위를 기록한 U2는 2010년 10월 말 자신들의 콘서트 실황을 유투브를 통해 실황 중계했다. 콘서트 진행 기간 동안 U2의 콘서트 영상은 1,000만 회 이상의 스트리밍을 기록했는데 이는 역대 유투브에서 재생된 공연 중 가장 많은 수치인 것으로 파악되고 있다.[7]

최근 음악에 대한 관련 연구 중 클래식 혹은 국악에 대한 이론적 접근

6 위의 책, 232쪽.

7 한국콘텐츠진흥원, 앞의 책, 19쪽.

이나 연구는 많으나 '대중음악'에 대한 연구는 매우 미미하며 더구나 대중음악을 산업적 측면에서 고찰한 연구는 매우 미흡한 실정이다. 따라서 대중음악에 대한 학술적 연구가 다양한 측면에서 다양한 접근방식을 통해 이루어져야 한다는 필요성을 인식하고 대중음악 공연산업은 국가적 정책으로 육성시켜야 한다는 관점에서 본 연구에서는 대중음악을 산업적 측면과 관련지어 공연산업의 현황과 발전방안을 살펴보고자 한다.

2. 대중음악 공연산업의 일반적 현황

한국콘텐츠진흥원의 음악산업 분류에 따르면, '음악 공연업'은 음악 공연 기획 및 제작업과 기타 음악 공연 서비스업으로 구성된다. 음악 공연 기획 및 제작업은 음악 공연(뮤지컬, 대중음악, 클래식, 오페라, 전통 공연 등)을 기획 및 제작하는 사업체를 말하고 기타 '음악 공연 서비스업'은 음악 공연과 관련된 서비스를 제공하는 사업체(음악 공연 장비 및 티켓 발매 등)를 말한다.[8]

2010년 음악 공연업의 매출액은 3,232억 원으로 전년 대비 25.5% 증가했으며, 연평균 15.7% 증가했다. 음악 공연업 매출 구성을 살펴보면 음악 공연 기획 및 제작업은 2,869억 원으로 음악 공연업 내 88.8%의 비중을 보이고 있다. 기타 음악 공연 서비스업(티켓 발매 등)은 362억 원으로 11.2%의 비중을 차지하고 있다. 음악 공연 기획 및 제작업은 2008년에 2,138억 원에서 2009년에 2,243억 원, 2010년에 2,869억 원으로 증가

8 문화체육관광부 · 한국콘텐츠진흥원, 『2011 콘텐츠 산업통계』, 한국콘텐츠진흥원, 2012, 166쪽.

했으며, 이는 전년 대비 27.9%, 연평균 15.8% 증가한 수치이다.[9] 기타 음악 공연 서비스업(티켓 발매 등) 매출은 2008년에 278억 원에서 2009년에 333억 원으로 증가하였고 2010년에는 362억 원을 기록했다. 이는 전년 대비 9.0% 증가한 것이며 연평균 증감률은 14.2%로 나타났다.[10]

음악 공연의 매출이 2007년부터 계속해서 늘어나고 있는 것은 각 지자체 및 단체에서 다양한 형태의 음악 공연이나 페스티벌을 더 많이 개최함으로써 이전보다는 음악 공연이 더 대중화되었기 때문이다. 음악 공연 매출 중 '뮤지컬'은 가장 큰 비중을 차지하고 있다. 대중음악 콘서트는 2009년 대비 74.1% 증가한 760억 원으로 2008년에는 뮤지컬 매출액의 약 27% 수준이었으나, 2010년에는 약 46% 수준으로 성장했다.[11] 이는 아이돌 그룹의 인지도 상승과 대중음악 콘서트 기획력의 향상에 기인한 것이다.

〈표 1〉 음악 공연업 업종별 매출액 현황

(단위: 백만 원, %)

중분류	소분류	매출액			비중 (%)	전년대비 증감률 (%)	연평균 증감률 (%)
		2008년	2009년	2010년			
음악 공연업	음악 공연 기획 및 제작업	213,851	224,359	286,962	88.8	27.9	15.8
	기타 음악 공연 서비스업(티켓발매 등)	27,801	33,303	36,287	11.2	9.0	14.2
	합계	241,652	257,662	323,249	100.0	25.5	15.7

출처: 문화체육관광부 · 한국콘텐츠진흥원(2012), 『2011 콘텐츠 산업통계』

9 위의 책, 175쪽.

10 문화체육관광부 · 한국콘텐츠진흥원, 『2011 음악산업백서』, 한국콘텐츠진흥원, 2011, 101쪽.

11 문화체육관광부 · 한국콘텐츠진흥원, 『2011 콘텐츠 산업통계』, 앞의 책, 176쪽.

기획력의 질적 성장은 가격대비 만족도의 향상을 이끌어낼 수 있다. 대중음악 콘서트 부문은 2011년에도 더 큰 폭으로 성장할 가능성이 매우 높다.[12]

〈표 2〉 음악 공연업 장르별 매출액 현황

(단위: 백만 원, %)

구분 \ 장르	뮤지컬	대중음악 콘서트	클래식	오페라	기타	합계
2008년	142,807	39,215	36,735	12,056	10,839	241,652
2009년	142,331	43,695	41,132	14,115	16,389	257,662
2010년	165,778	76,093	43,255	19,692	18,431	323,249
비중(%)	51.3	23.5	13.4	6.1	5.7	100.0
전년대비증감률(%)	16.5	74.1	5.2	39.5	12.5	25.5
연평균증감률(%)	7.7	39.3	8.5	27.8	30.4	15.7

출처: 문화체육관광부 · 한국콘텐츠진흥원(2012), 『2011 콘텐츠 산업통계』

2011년 상반기의 장르별 공연시장 현황은 인터파크 웹(http://ticket.interpark.com)과 현장을 통해 판매된 공연티켓 판매 분을 기준으로 결산했을 때 티켓예매사이트를 통해 판매된 음악 공연 상품 수는 총 3,277편(연극/무용/전통예술 제외)으로 매년 공연의 수는 조금씩 늘어나고 있다. 이 중 콘서트는 118% 상승하여 성장 폭이 두드러졌다.

〈표 3〉 2009~2011년 상반기 공연 장르별 상품 수 비교

(단위: 건)

장르	2009년 상반기	2010 상반기	2011년 상반기
뮤지컬	915	1,017	1,150
콘서트	556	627	786

12 문화체육관광부 · 한국콘텐츠진흥원, 『2011 음악산업백서』, 앞의 책, 102쪽.

장르	2009년 상반기	2010 상반기	2011년 상반기
클래식/오페라	995	1,012	1,341
합계	2,466	2,656	3,277

출처: 문화체육관광부 · 한국콘텐츠진흥원(2011), 『2011 음악산업백서』

2010년 260억 원에서 2011년 567억 원을 기록해 규모가 두 배 이상 커졌다. 그 이유는 조용필과 같은 거물급 대형가수의 전국 투어 공연을 비롯해, 실력 있는 보컬리스트들이 TV 예능프로그램을 통해 집중 조명되면서 대중들에게 회자된 뮤지션들의 콘서트가 집중 기획되었기 때문이다. 또 아시아를 넘어 유럽, 북미권까지 확대된 K-POP의 위력으로 실력 있는 아이돌 그룹의 콘서트 티켓이 많이 팔리면서 시장 자체가 커졌기 때문이다.[13]

〈표 4〉 2006~2011년 상반기 공연 장르별 판매 추이

(단위: 백만 원/판매매수: 매)

	2006 상반기	2007 상반기	2008 상반기	2009 상반기	2010 상반기	2011 상반기
콘서트	15,679	16,152	28,441	18,656	26,035	56,729
뮤지컬	22,420	41,897	41,347	35,178	34,727	62,741
클래식/오페라	1,271	1,358	4,006	5,272	4,841	5,043
합계	39,370	59,407	73,794	59,106	65,603	124,513

출처: 문화체육관광부 · 한국콘텐츠진흥원(2011), 『2011 음악산업백서』

위의 〈표〉는 티켓 판매 매수를 기준으로 공연 장르별 점유율을 살펴본 결과인데 뮤지컬이 전체 공연의 43%를 점유하여 가장 비중이 높고 이어

13 위의 책, 104쪽.

콘서트가 26%로 두 번째로 높은 점유율을 보였다. 2010년까지 장르별 점유 비중은 뮤지컬-연극-콘서트 순이었으나 2011년에 들어 콘서트가 약진하여 연극보다 높은 순위가 올랐다.[14]

2011년 상반기의 인터파크 공연 구매자(웹 예매자)를 대상으로 연령과 성별 분포를 살펴본 결과 공연 구매 관객의 성별은 여성 65%, 남성 35%인데, 매년 여성 구매자 분포가 1% 내외로 등락하고 있지만 65%대의 수준을 유지하고 있다. 공연장 현장에서의 여초 현상은 조사된 수치보다 더 큰데 실제 공연장에서의 여성 관객의 수치는 이보다 훨씬 웃돌 것으로 보인다.

〈표 5〉 2011년 상반기 콘서트 공연 구매자 연령 분포

10대	20대	30대	40대	50대	60대
9%	36%	32%	17%	5%	1%

출처: 문화체육관광부 · 한국콘텐츠진흥원(2011), 『2011 음악산업백서』

대중음악 콘서트에서 가장 눈에 띄는 것은 중장년층 관객의 증가이다. 30대 관객은 32%(2010년 상반기 28%), 40대 관객은 17%(2010년 상반기 13%)를 기록했다. 50대 이상도 6%를 기록하여 2010년 3% 비해 관객층이 두 배 가량 늘어났다. 중장년층 관객의 증가는 전반적인 공연 장르에서 공통적인데 40대와 50대 이상 관객에게 소구하는 기획공연, 그리고 70년대와 80년대를 풍미했던 뮤지션들의 내한공연이 상반기에 이어지면서 많은 중장년층이 공연장으로 발걸음을 옮긴 것으로 분석되었다. 뮤지션에 따라 세분화된 계층의 충성도가 높아지는 콘서트 관객의 특성

14 위의 책, 105쪽.

을 감안할 때, 2011년 초에 이글스, 산타나, 에릭 클랩튼, 스팅 등 70~80년대 전성기를 누렸던 세계적인 뮤지션의 내한공연 라인업이 구성되며 중장년층의 관람욕구를 자극하고, 그에 따라 중장년층이 콘서트를 찾은 것에서 이유를 찾을 수 있다.[15]

〈표 6〉 전국 광역시도별 공연판매량 비중

지역	점유율	지역	점유율	지역	점유율
서울	35.5%	대구	4.3%	전북	2.0%
강원	2.1%	대전	3.5%	제주	0.8%
경기	25.4%	부산	4.6%	충남	2.7%
경남	3.6%	울산	1.4%	충북	2.2%
경북	3.2%	인천	4.7%		
광주	2.3%	전남	1.4%		

출처: 문화체육관광부 · 한국콘텐츠진흥원(2011), 『2011음악산업백서』

위 표는 2011년 상반기 인터파크 웹 구매자의 주소지에 따라 분류한 전국 광역시도별 구매자 비중이다. 경기, 인천 지역을 포함한 서울, 경기의 공연 구매자 분포는 65% 정도로 매년 그렇듯 압도적이다. 서울, 경기, 인천을 제외하면 매년 대구가 그 다음 순위에 올랐었는데, 2011년에는 처음으로 대구, 부산 간의 순위가 역전되어 부산(4.6%)이 대구(4.3%)를 앞질렀다. 최근 몇 년 사이 신흥 공연지로 떠오르던 부산은 2011년 상반기 대형가수들의 부산 투어가 이어지면서 공연 관람객 비중이 높아졌다.[16]

15 위의 책, 107~108쪽.

16 위의 책, 108쪽.

〈표 6〉 2011년 상반기 콘서트 인기공연 TOP 10

(기준: 판매 매수)

no.	공연명	공연장
1	컬투쇼 대학로 소극장공연	대학로 문화공간 이다1관
2	2011 임재범 콘서트 – 다시 깨어난 거인 서울공연	올림픽공원 체조경기장
3	JYJ 월드투어 콘서트 IN BUSAN	부산사직 실내체육관
4	Welcome BACK To Beast Airline	올림픽공원 체조경기장
5	2011 성시경 콘서트 〈처음〉	올림픽공원 체조경기장
6	2011 조용필&위대한 탄생 전국투어 콘서트(의정부)	의정부종합운동장
7	2011 이문세 붉은노을	이화여자대학교 삼성홀
8	2011 조용필&위대한 탄생 전국투어 콘서트(서울)	올림픽공원 체조경기장
9	브라운아이드소울 3집 발매기념 투어콘서트 in 서울	올림픽공원 체조경기장
10	2011 엔리오 모리꼬네 시네마 오케스트라	세종문화회관 대극장

출처: 문화체육관광부 · 한국콘텐츠진흥원(2011), 『2011 음악산업백서』

콘서트는 2010년 같은 기간보다 159편 늘어났고 판매액은 앞서 살펴본 바와 같이 118%로 두 배 이상 성장했다. 이와 같은 콘서트의 폭발적인 성장은 '세시봉' 열풍, '나가수' 출신 뮤지션들의 공연과 아이돌 그룹 중심의 K-POP 콘서트, 조용필과 같은 거물급 대형가수의 전국 투어 콘서트 등을 요인으로 꼽을 수 있다.[17]

음악 소비와 관련하여 우리나라 사람들이 즐겨 듣는 음악 장르는 '국내 대중가요'가 95.5%로 가장 높았으며, '미국(유럽) 팝음악'은 3.4%, '일본 팝음악'은 0.4%인 것으로 나타났다. 국내 대중가요 중 즐겨 듣는 음악 장르로는 '발라드'가 44.1%로 가장 높게 나타났으며, 그 다음으로는 '댄스' 30.8%, '트로트' 8.18%, '랩/힙합' 5.4%, '락/헤비메탈' 3.6% 순으로 나타났다. 국내 대중가요 중 주로 즐겨 듣는 음악 장르 종합순위(1+2

17 위의 책, 112쪽.

순위)도 '발라드'가 74.8%로 가장 높게 나타났다. 그 다음으로는 '댄스' 51.0%, '랩/힙합' 17.6%, '트로트' 17.0%, 'OST' 13.8% 순위로 나타나 1순위 장르와는 다소 다른 양상을 보였다.[18]

음악 공연 관람경험에 대해 50대를 포함하여 살펴본 결과, 16.2%가 '있다'고 응답하였으며, 성별로는 여자가 16.7%로 남자에 비해 약간 높았다. 연령별로는 20~24세가 26.1%로 가장 높았고 10~14세가 9.9%로 가장 낮았다. 음악 공연 종류별 관람횟수를 조사한 결과 오페라 음악 관람횟수가 2.4회로 가장 많이 나타났고, 뮤지컬 1.5회, 국내 대중음악이 1.4회 등의 순서로 나타났다.[19]

공연별 평균 관람비용을 살펴본 결과 평균 관람비용이 가장 높은 공연은 오페라로 평균 203,380원을 지불하였고 평균 관람비용이 가장 낮은 공연은 국내 대중음악으로 평균 관람비용이 74,656원이었다.음악관련 공연 관람 장소 규모에서 소공연장(300석 미만)은 17.2%로 2010년 대비 10.4% 하락했고 대공연장(1,000석 이상)은 43.3%로 2010년 대비 17.8% 상승했다.[20] 음악 관련 공연정보 획득 경로 1순위는 지상파 TV로서 38.9%의 가장 큰 비중을 차지하고 있으며, 다음으로 인터넷이 25.5%, 친구 등 주변인이 20.8%로 나타났다.[21]

3. 공연시설 및 공연장 분포 현황

『2011공연예술실태조사』에 따르면, 공연시설의 경우 특성별로 크게

18 위의 책, 258쪽.

19 위의 책, 332~333쪽.

20 위의 책, 334쪽.

21 위의 책, 336쪽.

중앙정부 건립시설, 문예회관, 대학로 공연장, 기타 공공시설, 기타 민간시설 등 5개 그룹으로 나눌 수 있는데, 공연시설은 모두 820개로 파악되었다. 공연시설 수(업체 수)는 기타 민간시설 수가 전체의 39.6% 가장 많은 비중을 차지하고 있었으며, 문예회관 시설 수가 23.4%로 그 다음으로 나타났다. 기타 공공시설 수는 22.6%로 나타났다.[22]

전국의 820개 공연시설의 보유 공연장 수를 살펴보면, 전체적으로 1개의 공연장을 보유하고 있는 시설이 669개로 전체의 81.6%를 차지하고 있으며, 2개의 공연장을 보유하고 있는 시설은 120개 시설로 전체의 14.6%를 차지하고 있다. 설립주체별로 살펴보면, 공공시설의 경우 1개의 공연장을 보유하고 있는 시설이 264개로 전체 공공시설의 68.9%, 2개 공연장을 보유하고 있는 시설은 98개로 전체의 25.6%를 차지하고 있다. 민간시설은 1개 공연장 보유 시설이 405개로 전체 민간시설의 92.7%를 차지하고 있으며, 2개 공연장 보유 시설은 22개로 전체의 5.0%를 차지하여 공공시설에 비해 상대적으로 낮은 비중을 차지하고 있다.[23] 시설 특성별로는 공공시설인 중앙정부와 문예회관의 경우 2개 이상의 공연장을 보유하고 있는 시설이 각각 83.4%, 50.0%로 많은 반면, 민간시설인 대학로와 기타(민간) 시설은 1개의 공연장을 보유하고 있는 시설이 각각 82.1%, 96.3%로 대다수를 차지하고 있다. 하지만 위의 공연시설과 관련하여 공연장 장르별 공연실적을 살펴보면, 대장르별 공연실적의 경우 평균 공연 건수는 양악 장르가 44.6건으로 타 장르에 비해 높게 나타났으며, 평균 공연일수와 공연횟수는 연극 장르가 각각 122.1일,

22 "공연시설"은 '국립중앙극장'과 같이 복합시설 전체를, "공연장"은 '해오름극장', '달오름극장'과 같이 실제 공연이 이루어지는 공간을 나타내는 것이다. 문화체육관광부 · 예술경영지원센터, 『2011 공연예술실태조사』, 예술경영지원센터, 2012, 32쪽.

23 위의 책, 86쪽.

159.1회로 가장 높은 것으로 나타났다. 평균 관객 수는 연극 장르가 평균 30,557.9명으로 가장 높게 나타났다. 세부 장르별로는 평균 공연건수의 경우 양악장르(오페라 제외)가 45.7건으로 가장 높게 나타났고, 평균 공연일수와 공연횟수는 연극(뮤지컬 제외)이 각각 98.1일, 123.9건으로 가장 높게 나타났다.[24]

4. 대중음악 공연산업의 발전방안

4.1. 다양한 연령대의 공연 소비자층의 수요개발

『2010 문화향수실태조사』에 따르면 대중가요 콘서트/연예 공연의 연간 관람률은 7.6%, 연평균 관람횟수는 0.12로 나타났다. 설문조사 항목이 제시하는 범위가 대중음악 공연으로 한정되지 않았기 때문에 수치의 오차가 예상된다. 하지만 이 두 가지 조사 자료를 근거로 하면 우리 국민의 약 7~10%가 연 1회 이상 대중음악 공연을 관람하고 있다고 추측할 수 있다. 대중가요 콘서트/연예 공연의 경우 연령은 20대, 학력은 대학 재학 이상, 직업은 전문/관리직과 사무직, 그리고 학생, 월평균 가구소

24 위의 책, 107쪽. 『2011 공연예술실태조사』에서는 장르별 공연실적을 조사할 때 분류를 대장르와 세부장르로 나누어 조사를 하였는데, 대장르는 연극, 무용, 양악, 국악, 복합장르로 구분하여 조사하였고, 세부장르는 연극(연극과 뮤지컬), 무용(무용과 발레), 양악(양악과 오페라), 국악, 복합장르로 구분하여 조사하였다. 그런데 공연예술실태조사의 설문지를 보면, 〈공연장별 기획공연 현황〉 설문지에서 양악은 “오페라를 제외한 양악 전체(기악, 성악)”로 구분하였고, 복합장르는 “위의 장르에 들지 아니한 퓨전장르나 2개 이상의 장르를 하나의 공연으로 다루고 있는 공연작품”으로 구분하였기 때문에 대중음악 공연이 어떤 정도의 비중으로 이루어졌는지를 전혀 알 수 없다. 따라서 위의 공연예술실태조사만으로는 대중음악 공연실적을 정확하게 파악하기가 매우 어려운 실정이다.

득은 400만원 이상 소득층에서 관람률이 높았다. 또한 학력이 높을수록, 그리고 가구소득이 많을수록 관람률이 높은 특성을 보였다.[25]

대중음악 공연에 대한 선호도는 연령대에 따라 상이한 경향을 나타내며, 개인적인 특성도 다양하다. 그럼에도 불구하고 우리나라의 대중음악 공연시장은 특정 연령대 또는 특정 장르나 가수에 한정되어 있어서 시장 규모의 확대를 가로막고 있고 다양한 형태의 대중음악 공연이 개최되기 어렵게 하고 있다. 대중음악 공연에 있어 관객개발은 무엇보다도 잠재된 시장의 요구를 만족시켜주는 다양한 대중음악 공연의 기획을 시도하는 것에서부터 시작되어야 한다. 또한 체계적인 관객 개발 시스템 구축을 통해 기존 관객을 고정화하고 신규 관객을 개발하여야 한다.[26]

2011년 상반기 콘서트 시장에서 빼놓을 수 없는 것이 '나가수'의 열풍이다. 특히 임재범과 김연우의 공연장에는 콘서트 현장에서 보기 드물게 어린이 또는 노년층을 대동한 가족단위 관객들이 많아 눈길을 끌었는데, 뮤지션에 따라 관객의 연령대와 성별이 집중되는 특성을 깨고 관객층을 폭넓게 확장했다고 볼 수 있다. 임재범뿐만 아니라 김연우, 김범수 이에 앞서 박정현, 이소라 등 '나가수' 출연가수들의 콘서트는 모두 티켓 오픈을 하자마자 빠른 시간 내에 전석매진의 티켓파워를 보였고, 관객들의 요구에 의해 회차가 추가되기도 했다.[27] 이런 현상은 다양한 연령대의 소비자층을 개발하고 대중들의 관심과 인기를 끌기 위해서는 방송의 역할이 매우 크다는 사실을 여실히 보여주는 사례라 할 수 있다.

---

25 문화체육관광부 · 한국문화관광연구원, 『2010 문화향수실태조사』, 한국문화관광연구원, 2011, 28쪽.

26 권준원, 「한국대중음악공연의 문화산업화를 통한 발전 방안에 관한 연구」, 성균관대학교 박사학위 논문, 2007, 136~138쪽.

27 예술경영지원센터, 『공연예술경기동향조사』, 예술경영지원센터, 2012, 39쪽.

따라서 다양한 대중음악의 장르와 알려지지 않은 많은 뮤지션들을 발굴하고 소개하는 매체의 음악 프로그램의 개발과 유지가 대중음악의 발전에 대단히 중요하다고 할 수 있다.

4.2. 대중음악 전용공연장의 확충 및 시설 개선

현재 우리나라 전체 공연장의 3분의 1을 차지하고 있는 문예회관은 각 지역에 고루 분포하여 서울을 중심으로 형성된 공연예술의 전국적 확산에 크게 기여해왔다. 하지만 양적인 팽창에 비해 운영 활성화가 안 되고 있고, 지역 내의 문화창조력과 연계된 사업개발이 취약하며 공연장으로서는 거의 대부분이 다목적 공연장으로 되어 있다. 특히 '다목적 공연장=무목적 공연장'이라는 말이 나올 정도로 실제 운영 과정에서 부딪히게 되는 문제가 바로 다목적에 관련된 부분이다. 그중에서도 집회시설을 주목적으로 하여 지어진 시민회관은 공연장으로서의 기능 자체가 구비되지 못한 점에 많은 문제가 있었다. 또한 다목적이라 하면 연극, 발레, 오페라, 콘서트 등 다양한 장르의 공연을 모두 소화할 수 있도록 하자는 것인데, 실제로는 어느 장르에도 적합하지 않은 공연장이 되어 버렸다는 데 문제가 있다.[28]

전용공연장이란 공연장(홀)의 용도가 특정한 장르나 작품, 또는 관객이나 사용단체에 한정된 공연장을 의미한다. 연극 전용공연장, 콘서트홀, 오페라 · 발레 전용공연장, 인형극장, 비보이전용관 등 특정한 장르에 한정된 전용공연장이 있는가 하면, 난타극장, 캐츠극장과 같이 특정

28 박영정, 「국내외 전용공연장 사례와 전통연희」, 『예술논집』 7집, 전남대학교 예술연구소, 2006, 162쪽.

작품 전용공연장도 있다. 아동극 등 어린이 대상 공연물만을 지속적으로 공급하는 어린이 전용극장이 있는가 하면, 평양대극장(피바다가극단)의 사례처럼 특정 공연단체만 주로 사용하는 전용공연장도 있을 수 있다. 전용공연장의 가장 일반적인 형태는 장르별 전용공연장을 의미한다. '장르 전용공연장'이 필요한 이유는 장르 특성에 따라 무대와 객석의 관계라든가 무대의 구조 및 크기, 무대장치의 경중에 따른 무대전환 시스템, 음향조건의 차이에 따른 건축음향 등 장르 조건을 만족시키는 공연장을 요구하기 때문이다. 따라서 공연자나 관객의 입장에서 최상의 공연장이란 '전용공연장'이 될 수밖에 없다.[29]

2011년 6월 22일 문화체육관광부와 국민체육진흥공단이 서울 송파구 방이동 올림픽공원 안에 국내 최초의 대중음악 전용공연장을 개관하였다. 체육시설인 테니스장으로 사용해온 올림픽공원 내 올림픽홀을 대중음악 전용공연장으로 리모델링하였다. 복합문화공간으로 개조된 올림픽홀은 지하 1층, 지상 2층에 연면적 1만 1826㎡(3583평) 규모로, 고정 2,452석과 스탠딩 700석을 갖춘 대공연장과 언더그라운드 및 인디밴드를 위한 240석 규모의 소공연장으로 구성됐다.

뮤즈라이브는 200석가량 되는 소규모 공연장이 갖고 있는 장점을 최대한 살릴 수 있다. 문화재단에서 운영하는 아트홀 같은 경우는 공연장의 규모가 매우 크고, 공연장의 규모가 작은 경우에는 대개 연극을 올리는 소극장이어서 대중음악 공연을 하려면 음향, 악기, 조명까지 다시 세팅을 해야 하므로 규모에 비해 제작비가 너무 많이 든다는 단점이 있었다. 그러나 뮤즈라이브는 기본적인 세팅이 다 되어 있으므로 공연기획자나 뮤지션들의 부담을 훨씬 덜어줄 수 있다.

29 위의 논문, 163~165쪽.

〈그림 1〉 뮤즈라이브 외관 및 내부

〈그림 2〉 올림픽홀 내부

현재까지 뮤즈라이브에서는 기획공연, 인디뮤지션 콘서트(헬로루키데이) 및 재즈, 포크, 힙합, 일렉트로닉 등 다양한 장르의 '소규모' 대중음악 공연을 개최해왔다. 한국콘텐츠진흥원과 문화체육관광부는 국내 기획사 및 음악 관련 협회, 단체들의 제작 부담을 덜어주고자 올림픽홀 뮤즈라이브에서 국내 뮤지션의 '대중음악 공연 프로젝트'를 지원하였다.[30] 대중음악의 공연 문화를 더욱 활성화하기 위해 올림픽홀 뮤즈라이

30 이 프로젝트는 2012년 한 해 동안 상시 진행되며 한국콘텐츠진흥원과 국민체육진흥공

브를 대중음악 전용공연장으로 자리잡도록 상시 공연개최를 계획하고 이를 실행하고 있다.

인디 뮤지션은 홍대 공연장, 1970~1980년대 뮤지션은 미사리 라이브 카페를 중심으로 공연할 수밖에 없을 정도로 열악한 공연 인프라 속에서 대중음악 전용공연장 설립은 한국 대중음악계에서 주목할 만한 사건이다. 올림픽홀은 순수 예술 전용공간인 예술의 전당에 비견되는 '대중음악의 전당'으로 다양한 장르의 대중음악 공연을 통해 대중음악의 장르 편중을 해소시킬 목적으로 설립되었다. 이런 공연 인프라의 확장은 공연 관람객을 늘리고 또한 이들이 관련 음반 및 공연을 소비하는 일련의 과정으로 이어져 음악산업 전반에도 긍정적인 역할을 하게 될 것이다.[31]

2011년 가을에 2개의 뮤지컬 전용극장이 문을 열었는데, '디큐브아트센터'와 '블루스퀘어'가 그 둘이다.[32] 이 두 극장이 개관작으로 선택한 뮤지컬 〈맘마미아〉와 〈조로〉가 2012년 뮤지컬 시장에서 판매량 기준으로 1, 2위를 차지한 것에서 보는 것처럼 이들 극장이 뮤지컬 공연시장에 주는 영향력이 매우 크다.[33] 이처럼 공연시장에서 전용공연장의 역할과 영향력은 매우 크다는 사실을 알 수 있다. 대중음악 전용공연장이 개관한 것은 환영할 만한 일이지만 올림픽홀과 블루스퀘어 말고는 별도의 대중음악 전용공연장이 없어 대관이 어렵고 공연 내용과 어울리지 않는 환경에서

단이 협혁해서 〈공연장 무료 대관〉, 〈음향, 조명, 영상시설 무료 지원〉, 〈시설 운영 인력 보강〉 등을 지원하는 것을 골자로 하였다.

31 박준흠, 「대중음악 전문공연장이 탄생하다」, 『플랫폼』 29호, 인천문화재단, 2011, 92~93쪽.

32 올림픽홀에 이어 개관한 '블루스퀘어'는 1,691석의 뮤지컬 공연장과 1,400석의 대중음악 공연장 등 2개 건물로 지어진 공연장이다.

33 예술경영지원센터, 『공연예술경기동향조사』, 예술경영지원센터, 2012, 10쪽.

공연이 이루어지고 있다. 이 때문에 대중음악 전체 공연시장의 발전을 저해하고 있다. 따라서 대중음악 전용공연장의 확충이 필요하며 민간으로 운영되는 대중음악 극장과는 별도로 국공립 산하의 대중음악 전용공연장이 필요하다. 동시에 기존의 국공립 예술극장 내에 대중음악 전용극장의 신설이나 전환을 검토해볼 수 있다. 예컨대 예술의 전당 오페라 하우스, 챔버홀, 리사이트홀, 클래식홀/클래시컬 뮤직, 토월극장 등은 대중음악 전용공연장으로 변경할 수 있다. 또한 대중음악 전용공연장의 운영에 있어서는 '예술감독제'를 도입하여 총괄자 혹은 총괄기관에 실질적인 운영 및 관리 권한을 부여해주고 중장기적 관점에서 공연장의 예술성과 사업성 간의 균형 잡힌 운영이 가능하도록 해야 할 것이다.[34]

또한 중견뮤지션이 공연할 수 있는 공간을 제공하고 공연시장에 30~40대의 소비자층을 끌어들이기 위해서는 중형급 공연장의 확충이 우선적으로 요구된다. 현재 우리나라에는 중견뮤지션이 공연할 만한 중규모의 공연장(객석 수 2,000명~3,000명 수용 가능)이 매우 부족한 실정인데 악스코리아(AX-Korea) 정도의 규모(스탠딩 기준 2,500명, 좌석 기준 1,090명)를 갖춘 공연장을 많이 갖추어야 할 필요가 있다. 또한 현재 운영되고 있는 공연장 중 음향을 고려하지 않고 건축한 공연장의 경우 보다 나은 음향을 위해 객석 흡착포 개선이 필요하며 공통 공연장비(음향, 조명 등)의 공연장 비치로 장비 임대료를 효과적으로 개선할 필요가 있다.[35]

서울에만 편중되어 있는 문화적인 인프라로 인해 대중음악 공연의 지역적 불균형이 극심한 상황이다. 이를 해소하기 위한 방안의 하나로 지방자치단체별로 중규모나 소규모의 대중음악 전용공연장의 신축이 필요

34 가슴네트워크 · 포노(PHONO), 『대중음악SOUND』 Vol.4, 2012, 145쪽.
35 위의 책, 218쪽.

하다. 또한 '한국공연예술센터'[36]처럼 기업에서 후원하는 KT&G상상마당이나 CJ아지트와 달리 국가적 지원사업 형태의 센터를 개설하는 것도 공연산업을 활성화하고 지역적 불균형을 해소하는 방안이 될 수 있다.

4.3. 대관료 정책의 개선

대중음악 공연에 있어서 대관은 섭외와 함께 가장 중요한 과정의 하나이다. 기획자는 뮤지션과 공연의 특성에 맞는 공연장을 섭외하여 공연의 완성도와 수익성을 동시에 고려하여야 한다. 대중음악 공연기획자들에게는 공연장을 대관하는 것이 뮤지션을 결정하고 섭외하는 것만큼이나 어렵고 또 중요하다.

외국의 유수한 공연예술기관에서는 자신들이 기획한 공연 위주로 극장 운영을 하면서도 입장료 수입을 상당히 올리고 있다. 그러나 이와는 달리 국내 공공 공연장은 기획공연보다는 대관료 및 기타 수입 올리기에 치중한다. 우리나라의 대표적 공공 공연장들의 수입구조는 비교 대상인 외국 공연장들에 비해 건전성이 매우 떨어지고 있다.[37]

36 "한국공연예술센터"는 민법상 법인형식의 정부 재정지원 문화예술기관에 해당한다. 한국문화예술위원회에서 운영하던 아르코예술극장과 대학로문화재단에서 운영하던 대학로예술극장을 통합관리하기 위해 2010년 대학로공연예술센터로 설립된 후, 명칭을 변경하였다. 한국공연예술센터는 '한국을 대표하는 세계적 공연예술센터'를 비전으로 아르코예술극장을 무용중심으로, 대학로예술극장을 연극중심으로 운영하고 있으며, 센터가 위치하고 있는 대한민국 공연의 중심 대학로의 특성을 살리기 위해 다양한 기획공연과 주제별 공연 등을 기획하여 공연트렌드와 공연예술인들의 요구사항을 반영하고 있다. 문화체육관광부 · 한국문화관광연구원, 『2010 문화예술정책백서』, 2011, 76~77쪽.

37 정달영, 「국내 공공 공연장 재정자립도 개선을 위한 시즌티켓 도입방안」, 『한국연극학』 제36호, 한국연극학회, 2008, 85쪽.

현재 시행되고 있는 각 국공립, 지방문예회관의 대관 규정을 살펴보면 대중음악에 대해 대관료를 차별적으로 적용하고 있다는 것을 알 수 있다. 현행 클래식, 국악의 대관료보다 대중음악은 별도의 시설 사용료를 지불함에도 불구하고 대관료가 2배 정도 많은 실정이다. 이런 문제는 대중음악의 공연 활성화를 저해하는 요소로 작용하고 있다. 따라서 대중음악에 대한 대관료의 차별적용은 즉각 시정되어야 한다.

세종문화회관의 기본시설 사용료를 보면 공연의 경우 클래식, 국악, 오페라, 발레는 1회 사용료가 4,000,000원이며, 뮤지컬, 재즈, 크로스오버의 경우 6,000,000원, 대중음악의 경우 7,000,000원이다. 또한 공연 준비 및 철수 대관료도 대중음악의 경우 차별적으로 적용하고 있다. 마포아트센터 '아트홀맥'의 경우 기본 대관료가 클래식, 국악은 3시간을 기본으로 할 때 500,000원, 연극, 무용, 재즈, 오페라는 800,000원, 뮤지컬과 대중공연은 1,000,000원으로 차별을 두고 있으며 부대시설 사용료는 별도로 적용하고 있다.

강동아트센터 '대극장 한강'의 경우 클래식(국악, 재즈 등)은 1,000,000원, 연극과 무용은 1,200,000원, 뮤지컬과 오페라는 1,500,000원이며 대중음악은 2,000,000원으로 차별을 두고 있다. '소극장 드림'의 경우도 마찬가지로 클래식(국악, 재즈 등)과 연극, 무용은 400,000원, 뮤지컬과 오페라는 600,000원, 대중음악은 700,000원으로 차별을 두고 있다.

〈표 8〉 세종문화회관 대극장 기본시설 사용료

사용목적		사용료(1회)	비고
공연	클래식, 국악, 오페라, 발레	4,000,000	
	뮤지컬, 재즈, 크로스오버	6,000,000	
	대중음악	7,000,000	–
행사(정부와 서울시 행사)		6,000,000	–

사용목적	사용료(1회)	비고
기타(방송, 영화, 녹화, CF 제작)	8,000,000	기본3시간(초과시 추가금액)

〈표 9〉 세종문화회관 대극장 공연준비 및 철수 대관료

장르	오전 (09:00~12:00)	오후 (13:00~17:00)	야간 (18:00~22:00)
클래식, 국악	2,000,000	2,000,000	2,000,000
오페라, 발레	2,400,000	2,400,000	2,400,000
뮤지컬, 재즈, 크로스오버 등	3,600,000	3,600,000	3,600,000
대중음악	4,200,000	4,200,000	4,200,000
행사(정부와 서울시 행사)	3,600,000	3,600,000	3,600,000

〈표 10〉 마포아트센터 사용료

장소	기본대관료					대관시간	냉난방료
	클래식, 국악	연극, 무용, 재즈, 오페라	뮤지컬 대중공연	방송(촬영)	행사		
아트홀맥	500,000	800,000	1,000,000	1,200,000	1,400,000	3시간	80,000
플레이맥	200,000	250,000	300,000	400,000	500,000	3시간	30,000

〈표 11〉 강동아트센터 대극장 사용료

구분		클래식 (국악, 재즈 등)	연극, 무용	뮤지컬, 오페라	대중음악	기타 (방송, 영화, CF 등)
대관료	1회 기준	1,000,000	1,200,000	1,500,000	2,000,000	4,000,000
	심야 (22:00~01:00)	1,500,000	1,800,000	2,250,000	3,000,000	6,000,000
준비/연습/철수/대관	오전 (09:00~12:00)	500,000	600,000	750,000	1,000,000	2,000,000
	오후 (13:00~17:00)	500,000	600,000	750,000	1,000,000	2,000,000
	저녁 (18:00~22:00)	1,000,000	1,200,000	1,500,000	2,000,000	4,000,000
	심야 (22:00~ 매3시간 기준)	1,500,000	1,800,000	2,500,000	3,000,000	6,000,000

이런 차별적인 대관료의 적용은 대중음악에 대한 선입견이 만들어낸 현상으로 순수예술 지원 위주의 정부 문화정책과도 맥을 같이하는 것이라 할 수 있다. 대중음악 공연의 발전을 위해서는 적정 규모의 대중음악 공연 전용공연장의 확충과 함께 균등한 대관료 체계가 확립되어야 한다.

4.4. 정부 지원정책 및 제도 개선

현재 정부는 과거에 비해 공연예술의 진흥을 위한 다양한 지원 정책을 시행하고 있고 이는 법제 및 세제 정책을 통해 이루어지고 있다. 현재 시행 중인 주요 공연예술 관련 지원 정책은 크게 공연자 및 공연단체의 지원 및 경쟁력 강화, 유통구조의 체계화 및 활성화, 공연 소비의 활성화, 제도 개선의 방향에서 이루어지고 있다.[38]

'음악산업 진흥에 관한 법률' 중 '제2장 음악산업의 진흥' 부분은 제4조에서 15조에 걸쳐 음악산업 진흥 내용들을 명시하고 있는데, 이를 정리하면 '창작 및 제작지원', '유통시장의 활성화', '공연 활성화', '전문인력 양성', '해외시장 진출 지원'으로 구분할 수 있다. '공연 활성화' 부분은 직접적으로 지원할 것과 간접적으로 지원할 것으로 구분할 수 있는데, 직접적으로 지원할 부분은 인디클럽을 대상으로 연극계의 사랑티켓 제도를 도입하거나, 전문 음악공연장을 건립하거나, 공연 관련 전문인력 양성 등의 사업을 지원할 수 있다. 간접적으로는 '공연 사업 관련 부가세 폐지'와 현행 '공연법'을 '공연진흥법'으로 전환하여 공연 활성화에

38 권준원, 앞의 논문, 141쪽.

필요한 각종 법적 지원 근거를 마련하는 것이다.[39]

공연 분야에 대한 문예진흥기금의 지원 현황을 살펴보면 대중음악 공연과 관련된 지원이 거의 없거나 미미하다. 대중음악 공연은 예술공연 분류에 포함되지 못하고 그 범위도 명확하지 않은 다원적 예술부분으로 밀려났다. 문화예술진흥기금으로 지원되는 예술행사에 포함된 대중음악 관련 공연은 〈인천펜타포트음악축제〉가 유일하다. 이 행사는 '지자체공연예술활성화사업'의 일환으로 문예기금지원액으로 1억 원이 지원되었을 뿐이다.[40] 국고 및 관광기금 등의 공공지원이 이루어지는 공연이나 전통예술행사에서는 대중음악과 관련된 행사에 대한 지원이 전혀 없다. 음악 분야에서 지원을 받는 축제는 〈대구국제오페라축제〉, 〈대한민국국제관악제〉, 〈대한민국국제음악제〉가 지원 대상 예술행사이다.[41] 현실적으로 대중음악 공연은 순수예술공연에 비해 상대적으로 열악한 지원을 받고 있는 실정이다. 기존 순수예술에 대한 지원정책은 비교적 우수한 반면 대중음악 부문에 대한 인식의 변화가 일어나 보다 적극적인 지원책이 이루어져야 할 것이다.[42]

대중음악 다양성 확보를 위해 현재 정부에서 시행하고 있는 지원책은 크게 두 가지인데 인디음악 지원과 원로음악인 지원이 그것이다. 일부 장르와 대형가수에 편중되어 있는 문제점을 타개하기 위한 정부의 지원 정책의 일환으로 2008년부터 신인가수와 인디 뮤지션 등 가능성 있

39 가슴네트워크 · 포노(PHONO), 앞의 책, 198쪽.

40 한국문화예술위원회 · 예술경영지원센터, 『2011 문예진흥기금지원 예술행사 평가/공연예술행사 평가보고서』, 한국문화예술위원회, 2012, 31쪽.

41 문화체육관광부 · 예술경영지원센터, 『2011 국고지원공연 · 전통예술행사평가보고서』, 예술경영지원센터, 2012, 44쪽.

42 권준원, 앞의 논문, 146~147쪽.

는 아티스트를 발굴하고 지원하고 있다. 또한 대중음악 발전에 기여한 원로 음악인에 대한 지원책을 시행하고 있다. 글로벌 시장 진출을 위한 지원으로는 한국 대중음악의 인지도를 극대화하여 한류를 확산하고 실질적인 해외진출을 지원하기 위한 글로벌 뮤직 쇼케이스 개최 사업 등이 있었다.[43]

무엇보다 정부에서 해야 할 과제는 음악산업에 종사하는 사람들의 음악 활동 인프라의 구축, 공연 제작 환경의 개선을 위해 지원책이다. 뮤지션들의 음악창작, 음반제작, 공연 등의 문제를 해결할 수 있는 환경을 만든다는 것은 결국 음악적인 '인프라'와 관련된 문제이다. 다시 말해 정부의 지원이란 뮤지션이나 공연기획사들이 마음껏 음악 활동을 원활하게 할 수 있도록 제작, 홍보, 유통, 공연 등의 인프라를 갖추게 해주어야 한다는 것이다.[44]

4.5. 전문인력의 양성과 확보

공연기획이란 아티스트와 관객을 무대와 객석이라는 공간으로 구성된 공연장으로 불러 모으는 것으로 공연장을 매개로 아티스트와 관객을 만나게 하는 일이다.[45] 따라서 이 둘을 효율적으로 만나게 하는 일을 하는 사람, 즉 공연기획자나 공연기획사의 역할이 공연시장의 발전을 위해서는 매우 중요하다.

대중음악 공연에서 우수한 공연기획자의 확보는 대중음악 공연의 질

43 문화체육관광부 · 한국콘텐츠진흥원, 『2011 음악산업백서』, 앞의 책, 396~399쪽.

44 박준흠, 「한국 대중음악의 현재 지형」, 『문화과학』 53, 문화과학사, 2008, 329쪽.

45 이인권, 『공연예술의 무대기획』, 어드북스, 2004, 16쪽.

적인 완성도를 결정짓는 요소이다. 대중음악 공연기획가는 대중음악뿐만이 아니라 무대예술에 대한 폭넓은 지식과 경험을 갖추어야 한다. 또한 대중음악 공연의 특성상 이벤트적인 감각도 갖추어야 하며 어느 공연예술 장르의 연출가보다도 하드웨어 및 무대장치에 대한 정확한 이해를 갖고 있어야 한다. 그러려면 정규 교육시스템을 통해 이런 우수한 전문 인력들을 양성해야 한다. 대중음악 공연의 발전을 위해서는 우수한 가수나 연주자의 존재와 함께 기획과 연출, 하드웨어시스템의 전 분야에 걸쳐서 우수한 전문 인력이 확충되어야 한다. 대중음악과 공연예술에 대해 체계적으로 학습하고 교육하는 전문 교육기관 및 커리큘럼의 확보가 시급하고 이들이 현장에서 경력을 쌓아갈 수 있는 시스템의 구축이 매우 절실하다.[46]

대중음악을 교육하는 대학의 학과('대중음악과' 혹은 '실용음악과', '생활음악과' 등)는 최근에 많이 개설되었지만 주로 대중음악 보컬 및 연주인, 그리고 스튜디오 작업인력을 양성하는 데 주력하고 있고 공연예술과 관련한 커리큘럼이 부족한 실정이며 이를 체계적으로 교육하는 기관이 드물다. 국내 대학에서 대중음악과 관련해서 가수와 연주인을 양성하는 데에만 몰두할 것이 아니라 음악산업의 각 분야들, 이를테면 기획, 제작, 마케팅, 경영, 재원조성, 연구, 평론, 교육, 정책 등을 총괄적으로 가르치는 대학이나 대학원의 개설이 필요하다.[47]

공공 공연장의 운영 전문화를 위해서는 적합한 역량을 갖춘 전문 인력이 필요하고 이를 육성하고 관리하기 위해서는 공연장 특성에 적합한 역량인 직무전문성, 경영마인드, 리더십, 개인의 자질과 특성 등의 지

46 권준원, 앞의 논문, 2007, 129~133쪽.

47 박준흠, 앞의 논문, 328쪽.

표들이 교육프로그램 설계에 반영할 수 있도록 해야 한다.[48] 공연장 운영의 전문화를 구축하기 위해 가장 중요한 것은 공연장에 적합한 역량을 갖춘 인재를 양성하여 공연장에 투입하는 것이다. 공공 공연장 운영 전문화를 위한 전문 인력이 갖추어야 할 역량의 중요지표들은 직무전문성(작품 제작을 위한 예술가들과의 협력, 해외 및 국내 공연시장에 대한 정보습득과 공연시장의 흐름 파악, 공연 장르별 작품 분석과 창의적 기획 능력), 경영마인드(중장기 전략 계획수립능력, 홍보 마케팅 분야의 지식과 경험, 공연기획서, 보도자료 작성능력), 리더십(의사결정의 결단력 및 추진력, 책임감과 신뢰도 구축, 의사소통), 개인의 자질과 특성(공연장 고객에 대한 서비스정신, 윤리와 도덕성, 동료들과의 원만한 대인관계) 등을 꼽을 수 있다.[49]

공연 제작과 운영, 교육프로그램 개발, 관객 개발, 회원 관리 등 공연장의 다양한 프로그램이 보다 효율적, 체계적으로 운영되기 위해서는 적절한 전문인력의 고용과 배치가 필요하다. 그리고 대중음악의 다양한 분야를 커버할 실무자를 양성하기 위한 교육기관이 절대적으로 필요하다.

5. 맺는 말

최근 수많은 오디션 서바이벌 프로그램이 인기를 끌고 대중음악이 엔터테인먼트의 중심에 서게 되면서 대중음악을 산업적 관점에서 살펴볼 필요가 생기게 되었다. 다양한 대중음악과 대중음악 콘서트에 대한 관

48 이은미 · 정영기, 「공연장 예술경영 전문인력의 역량체계에 관한 연구—공공 공연장 운영 전문화를 중심으로」, 『예술경영연구』 제21집, 한국예술경영학회, 2012, 31쪽.
49 위의 논문, 56쪽.

심은 대중음악 공연 판매 수의 증가와 티켓 매출액의 성장으로 연결되었다. 음악산업의 구조적인 변화와 함께 찾아온 음반산업의 몰락 이후 급격하게 성장하고 있는 대중음악 공연산업의 현황을 살펴보고 그 변화를 이끄는 변화의 요소들은 무엇이며 발전을 저해하는 요소들은 무엇인지, 그리고 이를 개선할 방향은 무엇인지에 대한 진지한 고민과 논의가 필요한 시점이 되었다.

본 연구의 목적은 대중음악 공연산업을 산업적 측면과 관련지어 우리나라 공연산업의 현황을 살펴보고 이와 관련된 문제점 및 발전방안을 논하는 것이다. 앞서 논의한 것을 토대로 하여 대중음악의 발전과 공연산업의 활성화를 위한 발전방안을 제시하면 다음과 같다.

첫째, 우리나라 대중음악 공연시장은 특정 연령대 또는 특정 장르나 가수에 한정되어 있어 시장규모의 확대를 가로막고 있다. 따라서 다양한 연령대의 공연 소비자층의 수요개발이 필요하다. 둘째, 대중음악의 발전과 공연산업의 활성화를 위해서는 대중음악 전용공연장의 확충과 시설 개선이 반드시 이루어져야 한다. 셋째, 대관료 정책을 개선해야 한다. 넷째, 대중음악 공연기획 및 공연장 운영에 필요한 전문 인력을 양성해야 한다. 다섯째, 공연제작 환경을 개선해야 한다. 마지막으로, 다양한 지원책을 통한 음악 인프라의 구축이 필요하며, 공연기획사나 공연제작사에게 비과세 혜택을 통한 세제혜택이나 공연티켓 비용에 대한 부가세 폐지 등과 같은 정부의 직·간접적인 지원정책과 제도 개선이 필요하다.

향후 더 많은 대중음악 공연산업과 관련된 다양한 관점의 연구들이 이루어져 이 연구들이 제공하는 기초자료를 통해 공연정책 중 대중음악 관련 정책이 효율적으로 수립될 수 있기를 기대한다. 또한 대중음악과 관련된 더 많은 연구들이 축적되어 대중음악 공연산업을 발전시키는 데 보다 효과적인 정책 수립을 위한 근거자료로 활용되기를 기대한다.

• 참고문헌

가슴네트워크 · 포노(PHONO), 『대중음악SOUND』, Vol.4, 2012.

권준원, 「국대중음악공연의 문화산업화를 통한 발전 방안에 관한 연구」, 성균관대학교 박사학위 논문, 2007.

문화체육관광부 · 예술경영지원센터, 『2011 공연예술실태조사』, 예술경영지원센터, 2012.

________________, 『2011 국고지원공연 · 전통예술행사평가보고서』, 예술경영지원센터, 2012.

________________, 『2010 문화향수실태조사』, 한국문화관광연구원, 2011.

________________, 『2010 문화예술정책백서』, 한국문화관광연구원, 2011.

문화체육관광부 · 한국콘텐츠진흥원, 『2011 콘텐츠산업통계』, 한국콘텐츠진흥원, 2012.

________________, 『2011 음악산업백서』, 한국콘텐츠진흥원, 2011.

박영정, 「국내외 전용공연장 사례와 전통연희」, 『예술논집』 7집, 전남대학교 예술연구소, 2006.

박준흠, 「대중음악 전문공연장이 탄생하다」, 『플랫폼』 29호, 인천문화재단, 2011.

______, 「한국 대중음악의 현재 지형」, 『문화과학』 53, 문화과학사, 2008.

예술경영지원센터, 『공연예술경기동향조사』, 예술경영지원센터, 2012.

이은미 · 정영기, 「공연장 예술경영 전문인력의 역량체계에 관한 연구—공공 공연장 운영 전문화를 중심으로」, 『예술경영연구』 제21집, 한국예술경영학회, 2012.

이인권, 『공연예술의 무대기획』, 어드북스, 2004.

정달영, 「국내 공공 공연장 재정자립도 개선을 위한 시즌티켓 도입방안」, 『한국연극학』 제36호, 한국연극학회, 2008.

한국문화예술위원회 · 예술경영지원센터, 『2011 문예진흥기금지원 예술행사 평가/공연예술행사 평가보고서』, 한국문화예술위원회, 2012.

한국콘텐츠진흥원, 『2009해외콘텐츠시장조사(음악)』, 한국콘텐츠진흥원, 2010.

한국 실용무용의 활성화 방안에 관한 연구

벨리댄스를 중심으로

안 유 진

(사)한국실용무용연합회 회장

1. 서론
2. 실용무용에 대한 개념과 분류
3. 한국 벨리댄스의 역사와 전수(傳受) 현황
4. 한국 벨리댄스의 문제점과 활성화 방안
5. 결론

한국 실용무용의 활성화 방안에 관한 연구

벨리댄스를 중심으로

1. 서론

무용활동은 현대의 기계화·산업화에 의한 노동시간의 단축, 생활관의 변화, 여가시간의 증가로 인한 문화에 대한 관심과 정년 후 생활의 장을 열어줄 수 있는 공동사회를 위한 문화로서 그 가치를 지닌다.[1] 무용은 문화환경 안에서 사람들에게 전파되어 변화하면서 다양하고 새로운 무용문화를 창조하였다. 그중 새로운 형태인 실용무용은 사회문화적 상징성으로 개인과 단체에서의 조화와 상호 간의 배려, 소속감, 친밀감 등으로 하여금 심리적인 변화를 가능하게 한다. 즉 실용무용은 문화에 빠르게 반응하면서 사회문화적 가치를 인정받으며 대중화되어가고 있는 것이다.

최근 실용무용은 무용의 사회화 기능을 통하여 전인적 인간의 형성에

1 이지혜, 『대중문화 환경변화에 따른 실용무용교육의 활성화 방안 연구』, 세종대학교 석사학위 논문, 2011, 2쪽 재인용.

필요한 심미적 능력과 영감에 의한 즉흥적 표현 능력 또는 창조적이며 창의적인 사고의 개발에 도움을 주는 생활문화[2]로서 연령층에 관계없이 영향을 줄 수 있는 교육적 가치에 중점을 두고 있다. 실용무용의 교육적 가치가 사회의 요구에 의해 더욱 커짐에 따라 댄스아카데미, 문화센터, 사회복지관, 스포츠센터 등 사회교육기관에서 다양한 장르의 교육 프로그램이 개설되면서 교육의 기회가 확대되고 있다. 그 영향력은 공교육에까지 확대되어 최근 대중예술 교육을 표방하는 실용무용과가 대학 내에 신설되고 실용무용 교과를 개설한 고등학교가 등장하여 전문적 교육이 확산되고 있다. 현재 각 교육기관에서 실시되는 실용무용 형태는 댄스스포츠, 재즈댄스, 힙합댄스(popping, locking, waacking, hiphop, girlzhiphop, house, b-boying), 벨리댄스 등으로 세분화되어 실용성과 전문성을 더해가고 있다.

그중에서도 벨리댄스는 다른 실용무용에 비해 비교적 늦게 국내에 도입되었음에도 불구하고 빠른 시간에 실용무용의 한 축을 형성했다는 점과 관련 음악산업, 의상산업 등 부수적인 산업을 성장시키는 핵심문화로서의 특성을 가진다. 이는 실용무용으로서 벨리댄스가 이를 둘러싼 문화사업의 성장에 높은 가능성을 가진 문화적 요소라는 점을 반영한다고 볼 수 있다.

그러나 벨리댄스에 대한 대중의 요구가 문화산업으로 연결되기 위해서는 좀 더 체계적인 논의가 필요하다. 실용문화의 개념 및 현황에 대한 세밀한 분석과 그중 벨리댄스가 가지고 있는 특성을 바탕으로 한 구체적인 산업화 방안이 그것이다. 따라서 본 연구에서는 벨리댄스를 국내

2 황경숙 · 백순기, 「재즈댄스의 가치와 대중화 방안」, 『한국체육철학회지』 11집, 2004, 289쪽.

최초로 도입 · 보급한 1호 교육자인 필자의 현장 경험을 바탕으로 벨리댄스를 포함한 광의적 의미의 실용무용이 활성화될 수 있는 방안을 모색하고자 한다.

2. 실용무용에 대한 개념과 분류

2.1. 실용무용의 개념

외국으로부터 도입된 실용무용이 아직까지 학문적 토대를 구축하고 있지 못한 실정이지만 대학을 비롯한 다양한 교육기관에서 교과과정으로 전문적 교육을 시도하고 있는 현 시점에 실용무용의 개념 정리는 매우 시급한 문제라 할 수 있다.

실용무용이란 용어는 '모든 사람들이 직접 참여하는 것'을 의미하는 대중무용, '사회 공동체를 중심으로 여럿이 함께 춤을 춘다.'라는 의미를 내포한 사회무용, '여가활동으로 무용을 통한 건강 유지'의 의미를 강조한 생활무용으로 혼용되어 사용되고 있다.[3]

예술무용과 달리 실용무용은 모든 사람을 대상으로 비형식적이며 자유롭게 또는 자발적으로 행해지는 신체활동으로 'Dance for all' 혹은 'Dance as a life-long activity' 또는 '생활무용'이라는 개념으로 사용되기도 한다.[4]

또한 실용무용은 순수 혹은 전통춤과 대비되는 일체의 춤의 형태로서 미적 감각을 추구하는 예술성보다 오락성과 상업성 그리고 일시적인 유

3 이지혜, 앞의 논문, 17쪽 재인용.

4 위의 논문, 17쪽 재인용.

행성을 속성으로 하는 춤으로 그 종류로는 크게 교육무용, 사교무용, 민족무용, 오락무용으로 나눌 수 있고 세부적으로는 예술무용 이외에 일반인들이 생활에서 가장 친숙하게 만나는 춤의 유형인 영화나 텔레비전, 뮤지컬 무대에서 음악에 맞춰 추는 춤으로 스타일상 잡종, 혼혈 유형으로 재즈, 탭, 종족무용의 요소들을 종합하고 있다.[5]

따라서 실용무용은 계급 · 세대 · 성별에 관계없이 모든 사람들이 그들의 여가시간을 활용하여 자발적으로 참여하는 무용활동으로 신체적 · 심리적 건강과 질적 삶을 영위하기 위한 사회교육적 활동의 하나라고 할 수 있다. 일반적으로 실용무용이라 함은 사설문화센터나 공공기관에 개설되어 있는 무용 프로그램인 재즈댄스, 댄스스포츠, 힙합댄스, 벨리댄스 등 그밖에 여러 가지 무용활동 모두를 포함하고 있기 때문에 그 범위가 매우 광범위하다. 넓은 의미로 그동안의 실용무용, 사회무용 그리고 생활무용은 예술적인 개념을 벗어나 여가활동으로써 직접 참여하여 즐기고자 하는 의미를 강조하고 있다.

최근 대학 학과를 중심으로 '실용무용'이라는 용어가 사용되고 있으며, 한편으로는 실용무용의 개념 정립이 이루어지고 있다. 전통무용과 다른 실용무용의 특성을 바탕으로 한 실용무용의 개념은 다음과 같다.

첫째, 실용무용은 관람 위주의 공연예술이 아니고 직접 움직여 실제적으로 참여하는 무용이라 할 수 있다. 즉 실용무용은 실제적인 효용성이 있는 무용으로 대중문화의 성격을 갖는다. 둘째, 실용무용은 예술성뿐만 아니라 놀이성이 가미된 여가활동이다. 즉 실용무용은 관객을 위한 예술적 무용의 성격보다 무용 참여자 스스로의 건강과 여가 시간 활용을 위한 놀이적인 성격을 갖는다. 셋째, 실용무용은 명칭, 대상, 용

5 위의 논문, 17쪽 재인용.

도, 목적에 따라 분류된다. 분류의 세분화에 따라 참여자의 요구에 맞춘 다양하고 능동적인 강좌의 개설은 실용적인 것을 요구하는 현대인의 성향을 반영하는 것이기도 하다. 넷째, 상품성을 가진다. 최근 예술대학을 중심으로 한 실용무용 교육은 영화, 뮤지컬 등 대중문화에 등장하는 수많은 무용의 장에 진출하는 것을 목적으로 하기도 한다. 동시에 일반문화센터 등 전문가가 아닌 일반 참여자 중심으로 한 실용무용은 정신적 · 육체적 건강을 위한 현실적 목적과 현대생활의 긴장에서 벗어나려는 해소의 목적을 통해 소비하는 문화적 상품으로 보편화되어가고 있다.[6]

실용무용의 개념 정립 이전까지 무용이란 '신체가 리드미컬하고 우아하게 공간활동을 하면서 사상과 감정을 표현하는 독립적인 종합예술이다.'[7] 라는 정의에서 보여지듯 무용의 본질인 실용성을 배재하고 예술성만을 강조하는 측면이 두드러졌다. 그러나 민주주의 사회에서 활발하게 펼쳐지고 있는 건강 · 레크리에이션을 지향하는 무용에 의하여 근래에 무용의 정의는 다시 실용적인 측면을 강조해나가고 있다.

따라서 실용무용이란 모든 사람을 대상으로 비형식적인 구조와 유행성을 가지는 춤이다. 또한 여가시간을 활용하여 자발적으로 참여하는 사회교육적 활동의 하나로 예술무용과의 차별성을 가진 대중적인 춤이며 더불어 전문성을 바탕으로 대중예술의 속성을 가지고 있다.

더불어 우리나라에서의 무용의 대중화와 실용화의 필요성을 자극하는 문화적 효과를 가져왔다. 즉, 실용무용은 스포츠로써의 성격을 다분

6 김영란 · 최경호, 「무용의 발전과정과 현황조사를 통한 실용무용 개념 연구」, 『한국엔터테이먼트산업학회지』 제4권 제4호, 2010, 6쪽.

7 이지혜, 앞의 논문, 18~19쪽 재인용.

히 내포하고 있으며 육체적 건강은 물론 정신적 즐거움을 통해 사회적으로 건강하고 활발한 문화활동이라는 인식이 함께하는 활동이다.

2.2. 실용무용의 분류

대표적인 실용무용의 종류로는 댄스스포츠, 힙합댄스, 재즈댄스, 에어로빅댄스, 벨리댄스 등이 있다. 이들을 용도별로 분류하면 레저댄스, 챠밍댄스, 방송댄스, 스트리트댄스, 트레이닝댄스, 트렌드댄스 등으로 나눌 수 있고 시행 대상에 따라 유아댄스, 어린이 또는 청소년댄스, 성인댄스, 주부댄스, 부부댄스, 직장인댄스, 임산부댄스, 실버댄스 등으로 구분할 수 있으며 목적에 따라서는 해피댄스, 유행댄스, 건강댄스, 다이어트댄스, 미용댄스 등으로 나눌 수 있다.[8]

2.2.1. 댄스스포츠(Dance Sport)

볼룸댄스는 어원상 "ballroom"과 "dance"가 합쳐진 복합어로 이탈리아어 'ballet'에 기원을 두고 있다. 넓은 공간을 사용하고 있다는 의미를 가지고 있으며 '무도회에서 추는 춤'이란 뜻이다. 볼룸댄스는 목적에 따라 사교댄스, 시험댄스, 시범댄스, 경기댄스로 구분될 수 있으며 그중 사교댄스(Social dance)는 대중이 즐길 수 있는 오락적인 춤을 말하는 것으로 블루스, 지루박, 왈츠, 탱고, 룸바, 맘보, 디스코 등이 이에 속한다. 우리나라의 경우 "스포츠댄스"라고 하는 경우가 많은데 정식 명칭은 "댄스스포츠(Dance Sport)"이다. 댄스스포츠는 크게 모던 스탠다드 댄스와 라틴아메리칸 댄스로 나뉜다. 모던 스탠다드 댄스는 왈츠, 탱고, 퀵스텝, 폭

8 김영란 · 최경호, 앞의 논문, 6쪽.

스트롯, 비엔나왈츠의 5종목이며 라틴 아메리칸 댄스는 차차차, 자이브, 룸바, 삼바, 파소도블의 5종목으로 댄스스포츠는 총 10종목으로 구성되어 있다.[9]

2.2.2. 힙합댄스(HipHop Dance)

힙합문화는 고급문화라기보다는 빈민가의 가난과 저항의 문화로 발전해왔다. 힙합댄스의 역사에 대한 여러 설이 있기는 하지만 확실한 것은 음악과 함께 춤이 발전해왔다는 사실이다.

브레이크댄스는 1970년대부터 미국에서 유행하기 시작하였으며 젊은 흑인들을 중심으로 뉴욕의 맨하튼과 남쪽 브롱스에서 시작되었다. 힙합춤은 처음 거리에서 탄생하였기에 다른 용어로 '스트리트댄스(street dance)'라 불리기도 한다.[10] 힙합댄스의 특징은 힙합문화에 따른 창조적인 무용형태로 자신의 생각을 아무런 제약없이 표현하고 어떠한 틀이나 형식에도 구속되지 않는 자유의 춤이라 할 수 있다. 즉흥성이 강하고 자유스런 힙합댄스도 시간이 지남에 따라 자유로움을 기본으로 하여 점차 체계를 갖추게 되었으며 다양한 춤의 분류가 생겨나기 시작하였다. 80년대 중반 이전의 힙합문화를 올드스쿨(Old School)이라고 하며 '비보잉(b-boying)' 또는 '브레이크댄스(break dance)'라고 불린다, 구체적인 춤의 종류에는 '팝핀(popin)', '락킹(locking)'이 있다. 80년대 말 이후의 힙합문화인 뉴스쿨(New School)에는 '뉴스타일 힙합(new style hiphop)', '하우스댄스(house dance)', '크럼핑(Krumping)' 등이 있다.[11]

9 이지혜, 앞의 논문, 19~20쪽 재인용.

10 천창훈, 「한국 힙합댄스 발전 과정에 관한 연구」, 중앙대학교 석사학위 논문, 2003, 7쪽.

11 이우재, 「현대 춤의 문화적 대중성과 힙합 춤의 경향 연구」, 세종대학교 석사학위 논문, 2010, 17쪽.

2.2.3. 재즈댄스(Jazz Dance)

재즈댄스는 아프리카 흑인들의 민속무용에 기원을 둔다. 1800년대 초 미국의 노예인 흑인들이 자신에게 처한 상황을 나타내는 수단으로 손뼉을 치고 몸을 두드리며 운율적인 목소리를 내어 표현하는 즉흥적인 표현형태가 발전된 것이다. 그후 유럽의 정통과 세련미를 더해 미국에서 발전된 재즈댄스는 오늘날 재즈음악과 움직임, 현대무용과 발레, 리듬체조 등을 혼합한 형식으로 폭넓은 양식을 만들어냈다. 이 춤은 흑인문화에서 태동해 백인문화와 혼합되면서 시대별로 다양한 춤의 스타일을 선보였다. 재즈댄스는 시대의 감각을 따라 형식과 틀에 얽매이지 않고 자유롭게 춤을 춘다는 특징을 가지며 동작에 있어 분절적인 움직임을 특징으로 한다. 또한 음악과 의상, 미술, 영상 등과 관계하여 전개되어 왔고 여러 분야의 춤들과 교류되어 사회적 예술적 극장춤으로 발전되었다. 오늘날 재즈댄스는 대중들이 쉽게 접할 수 있는 TV, 영화, 뮤지컬 등의 매체를 통해 친숙한 장르가 되었으며 현재는 즉흥적이고 규정될 수 없는 형식을 통해 자유로움을 표현하는 다양한 장르가 생겨나고 있다. 현재 재즈댄스는 주로 분류상의 의미에서 사용되고 있지만 그 정확한 의미는 점점 더 모호해지고 있으며 현대인의 목적에 따라 건강과 몸매 관리수단으로서 상품화되면서 대중들에 의해 실현되고 있다.[12]

12 이지혜, 앞의 논문, 28~29쪽.

3. 한국 벨리댄스의 역사와 전수(傳受) 현황

3.1. 벨리댄스의 역사와 한국에의 도입

3.1.1. 벨리댄스의 역사

벨리댄스는 이집트, 터키의 고대문명에 근원을 둔 역사가 가장 깊은 춤이다. 고대의 다산의식에서 비롯되었으며, 종교적인 의미로 시작되었다. 따라서 동작들은 모성애와 더불어 새로운 생명의 탄생 과정을 상징하고 있다.[13] 여성의 몸을 가장 아름답게 표현하는 동작들로 구성되어져 있다. 동작의 특징은 신체의 각 부분을 분리시키는 움직임이 주로 사용되며 신체 중 복부와 힙, 가슴 부분을 이용한 움직임을 중점으로 하는 근육댄스이다. 이 춤은 유럽과 아랍의 여러 나라들에서는 각자 다른 이름으로 불려졌다. 프랑스에서는 'dancedu ventre'이라고 불렀으며 그리스에서는 터키의 전통리듬을 의미하기도 하는 'cifttelli'라 하였고 중동에서는 '동양의 춤(dence orientale)'으로 터키에서는 'Rakkase'로 이집트에서는 'Raks Sharki'로 불렀다.[14] 이러한 다양한 명칭에서 유추해볼 수 있듯이 벨리댄스는 오랜 세월동안 여러 지역으로부터 영향을 받으며 전개되어오면서 현재의 벨리댄스의 모습을 가져왔다. 이 춤은 20세기 초 시카고 무용박람회를 통해 미국에 알려졌으며 이 시기에 프랑스식의 이름 'danse du venture'에서 'Belly Dance'로 그 이름이 바뀌었다. 이렇듯 혼돈된 명칭으로 불리어졌음에도 불구하고 벨리댄스는 분명 다른 춤과는 뚜렷하게 구별되는 특별한 형태를 취하고 있다.

13 안유진, 『나도 벨리댄서예요!』, 여원미디어, 2010, 5~8쪽.

14 조진화, 『벨리댄스 참여자들의 인식과 만족도에 관한 연구』, 중앙대학교 석사학위 논문, 2007, 4쪽.

이 춤은 전통적으로 종교적 목적을 반영하여 신성성을 가지고 있으면서도 동시에 여성성을 강조하는 몸짓으로 에로티시즘을 담고 있기도 하다. 이러한 서로 결부될 수 없는 상반성이 벨리댄스만의 독특한 문화를 만들어냈다. 여러 나라로 확산된 벨리댄스는 그 지역의 문화와 결합되면서 현대에는 다양한 유형으로 나뉘었다. 그중 가장 대중적인 스타일은 아메리칸 스타일과 오리엔탈 스타일이다. 아메리칸 스타일은 정밀한 루틴과 정확한 주제, 줄거리를 사용하고 극적 테크닉도 사용한다. 이에 반해 오리엔탈 스타일은 음악과 움직임에 대해 감정적으로 반응하며 자유로움을 특징으로 한다. 의상은 주로 색깔이 다채롭고 하늘거리며 스카프와 베일로 강조된다. 또한 소품을 이용하여 유쾌함을 더해준다.

이 춤은 대지와의 직접적인 접촉을 강조하기 위하여 주로 맨발로 추는데 이는 땅의 기운을 받아들이기 위한 의식에서 비롯되었다. 형식을 중요시하는 발레와 달리 움직임이 자유스럽고 몸에 부담을 주지 않으며 복부 부위의 세부적인 근육들을 많이 사용한다. 이러한 신체의 미적 효과로 여가와 건강 유지의 목적을 띠고 대중적인 춤으로 확산되었고 건강과 유연한 몸매를 유지하기 위한 수단으로 연령이나 성별에 상관없이 추고 있다. 또한 벨리댄스는 민속춤 또는 보통사람들로부터 발전된 춤임에도 불구하고 전문적인 댄서와 잘 훈련된 독무가의 형태로 변형되어 갔다는 특징을 가지고 있다.[15]

3.1.2. 한국에의 도입

벨리댄스는 국내에 1995년에 처음 도입된다. 보급 당시 국내에는 아랍문화에 대한 인식이 미비했기 때문에 아랍문화 전반에 대해 생소하

15 안유진, 『나를 춤추게 하다』, 경향미디어, 2007, 204쪽.

여 초반에는 대중에 직접 전파하는 데 어려움을 겪었다. 때문에 도입 초기에는 국내 최초 벨리댄스 보급가와 무용단을 중심으로 한 공연활동을 위주로 이름을 알린다. 후에, 2000년대 초에 분 웰빙(well-being) 트렌드와 접목하여 여성의 건강과 미를 유지시키는 실용무용으로서의 인식을 넓혀나간다. 이후 각종 국내외 언론매체를 통하여 대중에게 빈번히 노출되며 초반의 이국적인 느낌에서 오는 거부감을 완화해나간다. 또한 기존의 실용무용이 젊은 여성 무용수에 국한되는 듯 이미지를 탈피하고 어린이, 중장년, 임산부, 남성에까지 그 수요층을 넓혀간다.[16] 현재는 생활체육의 측면과 예술무용의 측면을 모두 확보하고자 하는 노력으로 국내외에 여가문화로서의 무용에서 전문가의 예술무용까지를 교육할 수 있는 전문 아카데미가 여럿 개설되어 있다. 뿐만 아니라 전문적인 벨리댄스 무용가를 육성하기 위한 방안으로 대학의 무용 내 벨리댄스학과가 만들어지면서 체계적인 벨리댄스 지도자 양성을 위한 커리큘럼이 만들어졌다. 현재는 문화체육관광부 허가 법인인 사단법인 한국실용무용연합회를 중심으로 실용무용으로서의 측면을 강조하며 그 폭넓은 보급의 노력을 이어가고 있다.

16 사단법인 대한벨리댄스협회, https://www.bellykorea.com:444/ver1/board.php?ffid=05-02&table=ndpress, 2012.12 인용.

3.2. 한국 벨리댄스의 전수(傳受) 현황

3.2.1. 교육(Education)

전공학과

〈표 1〉[17] 실용무용학과 개설 학교별 전공 장르

학교명	학과명	세부전공
서울종합예술전문학교	스트릿댄스학과	비보잉, 힙합, 팝핀, 락킹, 하우스, 와킹, 걸스힙합
	실용무용학과	방송안무, 재즈댄스, 댄스스포츠, 벨리댄스
한국콘서바토리	대중무용예술학부	스트릿댄스, 방송댄스, 재즈댄스, 걸스힙합
한국방송예술진흥원	방송무용과	방송안무, 재즈댄스, 댄스스포츠, 벨리댄스
	스트릿댄스과	비보잉, 힙합, 팝핀, 락킹, 하우스, 왁킹, 걸스힙합
우석대학교	실용무용지도학과	힙합, 재즈댄스, 댄스스포츠, 에어로빅댄스
부산예술대학교	실용무용학과	재즈댄스, 힙합댄스, 방송댄스, 댄스스포츠, 치어리더댄스, 뮤지컬댄스, 벨리댄스, 에어로빅댄스
대구예술대학교	실용무용전공	재즈댄스, 힙합, 라틴댄스, 탭댄스
백제예술대학교	실용댄스과	힙합, 재즈댄스, 탭댄스, 라틴댄스, 스포츠댄스
동서울대학교	실용무용전공	재즈댄스, 방송댄스, 대중무용, 힙합
송원대학교	실용무용댄스학과	댄스스포츠, 힙합, 재즈댄스

각 대학교에서는 실용무용과 내에서 재즈댄스, 힙합댄스, 스포츠댄스, 벨리댄스, 에어로빅 등의 세부적인 장르로 구분하여 전문적인 교육을 실시하고 있다. 그중 벨리댄스학과는 서울종합예술전문학교와 한국

17 이지혜, 앞의 논문, 49쪽.

방송예술진흥원, 부산예술대학교, 광주여자대학교 등에 개설되어 있다.

벨리댄스학과가 개설되어 있는 학교 중 가장 많은 벨리댄스 전공 학생을 보유하고 있는 서울종합예술전문학교의 구체적인 교과과정은 크게 이론교과와 실기교과로 구성된다. 무용개론, 무용미학, 무용사, 인체기능학 등의 이론교과와 소리와 리듬, 무대분장, 무용 기초법, 안무 원리, 무용 레퍼토리 연구, 현대무용, 한국무용 등의 실기교과로 구성된 커리큘럼은 벨리댄스뿐만 아니라 전문 무용수로서 갖춰야 할 무용 지식 및 공연 기획 능력 전반에 걸친 교육을 목표로 한다.[18]

협회 및 부설 아카데미

현재 벨리댄스 자격증을 수여하는 기관은 사단법인 대한벨리댄스협회, 국제벨리댄스협회, 한국 가디스 벨리댄스협회, 오리엔탈 벨리댄스협회, 벨리댄스지도자협회, 터키 벨리댄스협회 등 전국적으로 다양한 크기와 규모를 가진 협회가 설립되어 있다. 이 중 대한벨리댄스협회가 가장 활성화되어 있는데 45개 지부와 2000여 명의 강사진을 배출하였다.[19] 전국적으로 넓은 네트워크를 가진 지부를 바탕으로 체계적인 무용 교육이 이뤄지고 매년 전국 규모의 벨리댄스대회를 개최하여 벨리댄스 산업 발전의 장을 마련하는 대형 협회에서부터 무용수 개인 중심의 소규모 협회까지 그 모습이 다양하다.

하지만 현재 벨리댄스협회 설립을 위한 제도적인 방안이나 국가적 차원의 허가 등록 제도가 구체적으로 마련되어 있지 않아 그 정확한 수나 규모를 집계하기는 어렵다. 다만 사단법인 대한벨리댄스협회의 경우 총

18 http://www.sac.ac.kr/main/publish/view.jsp?menuID=008001003003, 2012.12 인용.

19 조진화, 앞의 논문, 13쪽.

리실 산하 경제인문사회연구회 소속 정부출연 연구기관 한국직업능력개발원에 민간자격증으로 등록된 '벨리댄스 지도자 자격증'을 협회 내부의 교육 기간 이수 및 심사 과정을 거쳐 발급하고 있다.[20] 또한 이 협회는 2010년과 2011년에 문화체육관광부의 후원을 받아 약 300여 명이 참가한 세계벨리댄스대회를 개최하여, 벨리댄스 전문 무용수 및 교육 단체 간의 예술 교류의 장을 마련하고 전문 무용수가 아닌 일반 대중에게도 벨리댄스를 알리는 계기를 마련한 바 있다.[21]

사회교육기관 및 교내 특별활동교육

전문적인 벨리댄스 무용가를 양성하려는 목적을 가진 대학과 협회의 교육 목적과 달리, 백화점이나 지방자치단체 산하의 문화센터, 주거지역 산하 지역주민센터, 스포츠센터의 Group Exercise 프로그램 등의 사회교육기관에서는 일상에 스며든 생활체육으로서의 벨리댄스에 목표를 두고 교육이 이뤄진다. 주로 일반인을 대상으로 하는 취미생활 과정 중심의 지도 과정을 가지고 있으며, 여가시간을 활용하고자 하는 중년 여성층이 주 교육 대상이다.

한편 초중고에서 이뤄지는 방과 후 수업의 형태로 진행되는 특별활동교육의 경우, 성장기에 있는 청소년의 신체 발달에 긍정적인 효과를 가져다주고 예술특성화고교 외의 일반 고교에 진학 중인 학생들에게 대학 진학 전 선행적인 무용교육의 계기를 마련해 입시 방향 및 진로 결정에 도움을 주는 것을 목적으로 한다.

20 https://www.bellykorea.com:444/ver1/i_notice.php?ffid=02-05, 2012.12 인용.

21 문혜정, 「2010 대한민국 국제 실용무용제」, 『한국경제』, 2010.4.20.

3.2.2. 콘텐츠(content)

벨리댄스를 기반으로 한 콘텐츠는 주로 교육의 목적을 가진 DVD 영상물과 벨리댄스를 도입한 계기와 배경 및 개념을 설명하고 벨리댄스를 통한 다이어트 및 건강 향상을 위한 방법을 소개한 서적이 대부분이다.

현재 국내에 DVD 영상물로는 〈안유진의 동안벨리댄스〉, 〈안유진의 임산부벨리댄스〉, 〈안유진의 잉글리쉬 키즈 벨리댄스〉(C&M미디어), 〈슈퍼스타 라니아의 다이어트 벨리댄스〉(케니앤코)등이 있으며, 중년층, 임산부, 영유아 등 무용 참여자의 연령과 지위를 다양화하여 개발된 콘텐츠이다.

더불어 국내 서적으로는 국내 최초 벨리댄스 보급가로서 그 보급 과정을 소개한 안유진의 『나를 춤추게 하다』(경향미디어)와 어린이들을 대상으로 동화 형식으로 벨리댄스를 소개하는 그림책 『나도 벨리댄서예요!』(여원미디어), 벨리댄스를 이용한 다이어트에 초점을 맞춘 『오야, 벨리댄스 다이어트』(웅진지식하우스) 등이 있다.

3.2.3. 공연 (performance)

벨리댄스 공연은 벨리댄스학과를 둔 대학교나 벨리댄스협회에서 개최하는 무용제 형식과 지방자치단체의 후원을 받아 이뤄지는 지역축제 형식이 있다. 대표적인 협회 개최 무용제로는 사단법인 한국실용무용연합회가 주최하고 사단법인 대한벨리댄스협회가 주관하는 〈대한민국국제실용무용제〉가 있다. 위 무용제는 매년 개최되며 대회 및 공연의 복합 형식이다. 2010년과 2011년에는 문화체육관광부의 후원을 받아 이뤄진 바 있다.

한편 지방자치단체의 후원으로 이뤄지는 대표적인 공연으로는 사단법인 대한실용무용총연맹이 주최하고 양구군축제위원회가 주관하는 〈국토정중앙 배꼽축제〉가 있다.

4. 한국 벨리댄스의 문제점과 활성화 방안

4.1. 체계적 교육시스템 구축

벨리댄스가 미국으로 건너간 뒤 1995년 한국에 도입된 이래 벨리댄스는 많은 여가활동 중에서도 유아부터 장년층에 이르기까지 나이에 구별 없이 쉽게 배우고 즐기는 춤으로 확산되어 왔다. 그러나 보여주는 춤으로서 '공연'적인 측면이 발달된 종주국과 달리 한국에 보급된 지 10여 년이 지난 지금도 벨리댄스는 주로 여가와 스포츠적인 측면에서 주로 확산이 되다보니 그 참여자들로 하여금 문화나 예술보다는 일종의 운동으로 인식되게 된다. 이것은 과거 국내 벨리댄스 교육이 전문 무용가가 되기 위한 체계적인 이론적 배경을 바탕으로 하기보다는 자격증 보유에 더 초점을 맞추면서 발생하게 된 문제로 보인다.

무용의 새로운 장르로 부상하고 있는 벨리댄스를 교육의 한 영역으로 자리를 굳건히 하기 위해서는 인식의 변화와 함께 체계적인 교육시스템이 필요한 시점이다. 아직까지 실용무용이 흥미 위주의 춤이라는 인식이 남아 있는 가운데 대부분 대학 교양과목으로 채택되어 있거나 심지어 전문적 교육을 받지 않은 타 장르의 교·강사들이 수업을 진행하는 기관도 적지 않다. 현재 벨리댄스학과를 가진 실용무용학부가 있는 학교는 소수에 불과하고, 각 실용무용 분야에서 기능적으로 전문성을 갖춘 인력들에 의해 교육이 이루어지고 있음에도 불구하고 실기 위주의 교육으로 인한 체계적인 이론교육시스템의 부족은 벨리댄스 발전에 한계를 가져오고 있다. 이를 극복하기 위하여 학문성 정립과 함께 세부적인 하위영역에서의 다양한 연구들이 이루어져야 한다.

더불어 보다 높은 수준이 제고되어야 하는 대학의 교육 과정은 무엇보다도 체계화되고 이론화된 교육서적 연구가 활성화되어야 한다. 벨리댄스 전공서적을 통해 실기 위주의 교육에서 오는 이론적 부족함을 보완할 수 있을 것이며, 전 벨리댄스 전공학과에 기본적으로 동일하고 통일된 벨리댄스 이론과 용어가 확립되어 교육에 보다 큰 효율을 가져올 수 있을 것이다.

4.2. 자격증 관리의 엄정성 확립

2003년부터 2012년까지 10년간의 (사)대한벨리댄스협회의 벨리댄스 실용무용 지도자 자격증 발행통계를 살펴보면, 일반 취미반을 대상으로 지도할 수 있는 3급 자격증 소지자들이 약 5000명이며, 이들 중 3급 자격증 소지자 및 중 · 상급 과정을 지도할 수 있는 벨리댄스 2급 자격증 소지자들은 약 1000명 정도이다. 즉, 여가나 중급 정도의 벨리댄스를 배우고자 하는 수요와 지도자의 공급은 어느 정도 균형을 이루고 있는 것이다.

그러나 이와 달리 2 · 3급의 자격증을 취득한 자에 한해 발급하는 1급 자격증을 가지고 있는 사람은 약 50명 정도로, 2 · 3급 자격증 소지자에 비해 매우 적은 상황이다. 보다 고급의, 전문적인 벨리댄스를 가르칠 수 있는 지도자가 적은 현실은 벨리댄스가 예술무용으로 나아가기 위해 해결해야 하는 중요한 과제다.

그에 대한 방안으로 생활체육의 측면에서 주로 일반인을 중심으로 이뤄지는 사회교육기관의 벨리댄스 지도자의 자격은 현행대로 실기 위주의 전문가를 육성하되, 예술적이고 학문적 영역의 벨리댄스를 교육할 수 있는 전문 지도자를 육성하기 위해 3급에서 1급까지의 자격증 취득 과정을 체계화하여 더 많은 1급 자격증 지원자의 관심을 제고해야 한다. 변화하는 벨리댄스의 현황을 파악할 수 있는 정기적인 재교육 기회와 지도자 자격 재심사를 통해 자격증을 갱신하도록 하는 제도를 도입한다면, 기존의 자격증 취득 당시에만 집중해서 교육이 이뤄지는 것에 대한 문제점을 해결하고 질적으로 향상된 지도자를 육성할 수 있을 것이다.

4.3. 스토리 무용극 개발을 통한 대중성 확보

기존의 벨리댄스 공연은 여러 곡으로 구성된 3~5분 사이의 작품형태로 이뤄졌다. 때문에 지역행사나 경연대회의 무용 위주로 공연될 수밖에 없는 한계를 가지고 있다. 하지만 벨리댄스는 다른 실용무용에 비해 소화할 수 있는 음악의 폭이 넓고 무용의 몸짓, 의상, 소품 등에서 메시지나 이미지를 효과적으로 전달할 수 있는 장점을 가지고 있다. 벨리댄스의 이러한 감각적 특성은 스토리텔링적 요소와 결합해 무용극 형식으로 발전될 경우 높은 예술성을 갖출 수 있을 것이다. 그 구체적인 방안으로는 브레이크댄스와 발레를 혼합해 만든 무용극 〈비보이를 사랑한 발레리나〉의 성공 사례에서 보듯, 넌버벌 형식으로 스토리를 구성하여 그 안에 벨리댄스의 음악, 소품을 활용한 스토리텔링을 통해 무용극을 제작하는 방법이 있다. 이는 〈난타〉가 무언극으로 언어의 장벽을 넘어 해외 관광객들의 관광 상품으로 개발된 예에서 보듯, 무언극이자 무용극으로 벨리댄스의 문화적 요소를 넓게 전파할 계기를 마련할 것이다.

4.4. 공립 실용무용단의 설립을 통한 종사자들의 생활 안정 보장

한국무용, 발레 등은 이미 실용무용보다 오랜 역사를 가진 덕에 국립무용단, 국립현대무용단, 서울시립무용단, 경기도립무용단 등을 통해 국가적으로 지원을 받는 무용단체를 보유하고 있다. 반면 실용무용은 아직 그 보급에 있어서 시기가 늦어 최근에서야 국가적 지원이나 후원을 통한 무용단 설립이 진행되고 있다.

국가적 · 지역적 차원의 실용무용단 설립을 통해 벨리댄스 및 타 실용무용을 전공한 전문 무용수들의 소속기관을 마련하고 공연 기회를 부여한다면, 실용무용의 인식 향상과 일반 대중에 실용무용 공연 관람 및 문화적 체험의 기회를 제공할 수 있을 것이다.

강원도 양구군의 경우, '국토정중앙 무용단'을 창단하여 양구군 지방자치단체의 지원을 받아 매년 '양구배꼽축제조직위원회'의 주관으로 매년 7월 〈국토정중앙 전국벨리댄스 경연대회〉를 개최하고 있다. 이를 통해 지역의 축제를 만들고 관광상품으로의 발전을 기대하는 것이다.

5. 결론

전 세계적으로 문화의 역량이 강력히 요구되는 현시대에 그 환경 변화에 따라 다양한 모습으로 전개되는 실용무용의 중요성은 부각될 수밖에 없다. 따라서 본 연구는 새로운 분야로서의 실용무용이 전개되어 온 과정과 현황을 실용무용의 한 축을 형성하고 있는 벨리댄스를 중점적으로 탐색하였다. 또한 실용무용 전공학과와 사회교육기관에서 실시되고 있는 벨리댄스 교육 현황을 조사하여 현실 무용교육의 한계를 고찰하였다. 이를 통해 벨리댄스가 단순한 생활체육이나 취미활동을 넘어 광의적인 문화콘텐츠로 나아가기 위해서 개선되어야 할 벨리댄스산업에서의 보완점을 모색하였다.

벨리댄스 콘텐츠는 대부분이 일반 대중에게 초점이 맞춰져 건강, 다이어트, 미용 등 비전문적인 부분으로 집중되어 있다는 점에서 그 한계를 드러낸다. 과거 초기 도입 과정에서 아랍문화에 대한 국내 인식의 미비를 개선하고자 여가 활용의 측면에서 벨리댄스를 배우는 참여자들을 통해 벨리댄스가 최우선으로 확보하고자 한 것은 대중성이었다. 그리고 국내 벨리댄스의 역사가 18년을 향해 가고 있는 지금, 벨리댄스는 대중매체와 사회교육기관 등을 통해 충분히 그 대중성을 확보했다.

따라서 본 연구는 벨리댄스의 보급과 대중성 확보 이후의 벨리댄스의 발전 방향을 중심으로 크게 네 가지 측면의 한계와 보완점을 연구했다.

첫째, 체계적인 교육시스템을 구축해야 한다. 현재 벨리댄스의 교육시스템을 구축하는 과정에서 가장 시급한 점은 전문 무용수와 지도자를 대상으로 한 학문적 성격의 전문서적을 개발하는 것이다. 외국의 문화로부터 들어온 무용인 점을 고려해 외국 서적을 바탕으로 한 세심한 연구와 비교학적인 무용사적 접근이 이뤄져야 한다. 이러한 노력이 선행된다면 보다 다양하고 깊은 폭의 벨리댄스 문화가 자리할 수 있을 것이고, 이를 바탕으로 벨리댄스를 핵심으로 한 2차 문화산업의 탄생도 기대해볼 수 있을 것이다.

둘째, 자격증 관리의 엄정성 확립을 통해 벨리댄스 지도자의 질적 능력을 향상시키는 것이다. 대중성 혹은 누구나 쉽게 따라하고 배울 수 있는 무용이라는 점을 지나치게 강조하다 보면, 벨리댄스 고유의 예술적이고 기술적인 측면을 배우고 훈련하려는 노력은 간과될 가능성이 크다. 따라서 벨리댄스 전문 무용수의 자격을 부여하는 데 엄정한 기준과 자격증 발급 이후에도 사후적인 보완을 통해 높은 수준의 벨리댄스를 지도할 수 있는 지도자를 육성하는 것이 필요하다.

셋째, 스토리 무용극 개발을 통한 대중의 관심을 확보해야 한다. 벨리댄스는 다른 실용무용에 비해 소화할 수 있는 음악의 폭이 넓고 무용의 몸짓, 의상, 소품 등에서 메시지나 이미지를 효과적으로 전달할 수 있는 장점을 가지고 있음에도 불구하고 이를 스토리텔링을 통해 무용극화하려는 시도는 찾아볼 수 없었다. 벨리댄스를 중심으로 스토리를 가진 무용극을 만든다면 언어의 장벽을 넘어 관광상품으로의 개발도 예상해볼 수 있다.

넷째, 공립 실용무용단 설립을 통해 종사자들의 생활 안정을 보장해야 한다. 지방자치단체 산하의 실용무용단을 설립하고 국가적 · 지역적 차원의 지원을 받는 벨리댄스 무용단을 창설할 수 있도록 지역자치단체와의 협력이 필요하다. 이를 통해 전문 무용수들의 사회적 진출과 실용무용의 인식 향상, 일반 대중에게 실용무용 공연 관람 및 문화적 체험의 기회를 제공할 수 있을 것이다.

위의 활성화 방안을 실현하여 한국의 벨리댄스가 현재보다 다양하고 깊이 있게 발전하고, 나아가 다채로운 문화콘텐츠를 가진 문화의 핵심 키워드로 발전하길 기대해본다.

• 참고문헌

1. 단행본

김말복, 『역사속의 춤』, 이화여자대학교 출판부, 1998.
______, 『한국의 일상 문화와 춤』, 들녘, 2004.
안유진, 『나도 벨리댄서예요!』, 여원미디어, 2010.
______, 『나를 춤추게 하다』, 경향미디어, 2007.

2. 학위 논문

김혜연, 「한국 댄스스포츠 변천사」, 한국교원대학교 석사학위 논문, 2001.
이영미, 「벨리댄스의 역사와 특성에 관한 연구」, 조선대학교 석사학위 논문, 2004.
이우재, 「현대 춤의 문화적 대중성과 힙합 춤의 경향 연구」, 세종대학교 석사학위 논문, 2010.
이정심, 「스포츠 댄스 발전 방안에 관한 연구」, 명지대학교 박사학위 논문, 2003.
이지혜, 「대중문화 환경변화에 따른 실용무용교육의 활성화 방안 연구」, 세종대학교 석사학위 논문, 2011.
장문연, 「여성의 사회무용 활동의 재미요인에 관한 연구」, 한양대학교 석사학위 논문, 2004.
조진화, 「벨리댄스 참여자들의 인식과 만족도에 관한 연구」, 중앙대학교 석사학위 논문, 2007.
천창훈, 「한국 힙합댄스 발전 과정에 관한 연구」, 중앙대학교 석사학위 논문, 2003.

3. 학술지

김영란 · 최경호, 「무용의 발전과정과 현황조사를 통한 실용무용 개념 연구」, 『한국엔터테이먼트산업학회지』 제4권 제4호, 2010.
이병옥, 「사회무용 개념 정립을 위한 기초 연구」, 『사회체육연구』 제3권 제3호, 1989.
황경숙 · 백순기, 「재즈댄스의 가치와 대중화 방안」, 『한국체육철학회지』 11집, 2004.

기업의 문화마케팅 사례 연구

KT&G와 롯데면세점을 중심으로

김 정 은

분튼컴퍼니 콘텐츠 전략팀 매니저

기업의 문화마케팅 사례 연구

KT&G와 롯데면세점을 중심으로

1. 서론

문화마케팅이라는 개념은 문화콘텐츠를 활용하여 홍보나 광고 등 커뮤니케이션 효과를 얻으려는 일반 기업의 이익 극대화를 위한 관점에서 발달되어 왔다. 여기서 일반 기업이란 문화콘텐츠 관련 비즈니스를 주업으로 하지 않는 이른바 콘텐츠 외계에 속하는 기업을 뜻하며, 이러한 일반 기업에 의한 문화마케팅은 철저하게 기업의 의도와 목적에 부합하는 발상과 전략 프로그램을 반영하기 마련이다.[1]

코펜하겐 미래학연구소의 롤프 옌센(Rolf Jensen)은 "이제 정보사회시대는 지났고 앞으로 소비자에게 꿈과 감성을 제공해주는 것이 차별화의 핵심이 되는 드림 소사이어티 시대가 온다"고 하였고, 감성의 시대에 있

1 심상민, 「문화예술인 문화마케팅 전략 연구」, 『인문콘텐츠』 vol.10, 인문콘텐츠학회, 2007, 146쪽.

어서 감성마케팅 도구의 가장 큰 축으로 사용되는 문화마케팅은 기업의 제품이나 기업이미지 향상에 긍정적인 효과를 기대하게 한다.

기업의 사회공헌책임(CSR)이 화두로 떠오르며 2010년 국제표준화기구(ISO)에서는 사회적 책임에 관한 국제표준인 ISO 26000[2]을 발표하였고, 전경련의 보고서에 따르면 국민의 78.2%는 가격, 품질의 조건이 동일할 시 사회공헌 실천기업의 상품 구매 의향이 있다고 조사되었다.[3] 이렇게 문화예술 지원활동은 연간 투입되는 광고비보다 적은 비용으로 사회적 신뢰를 얻을 수 있어 이미지 제고를 원하는 기업들에게 선호되고 있다.

본고에서는 기존의 선행 연구들을 바탕으로 문화마케팅에 대한 개념을 정리하며, 국내 기업들의 문화마케팅 지원과 인식의 현황을 살펴보고, 기존의 대부분의 연구에서 메세나활동 차원에서 연구 조사되었던 '순수예술' 분야가 아닌 '대중문화' 분야를 지원하는 기업의 사례를 조사하였다. 대중문화를 활용한 문화마케팅은, 소비자에게 친숙한 분야이기에 대상 소비자의 폭이 넓고, 문화예술 분야 중 가장 시대상이 반영된다는 특징으로 인해 특히 젊은 층의 참여와 지지를 얻는 것이 용이하다.

과거 담배인삼공사 시절의 이미지를 개선하고자 문화 지원 및 사회공헌 사업에 힘을 쏟아온 기업 KT&G의 사례와 '한류스타 마케팅'을 활발히 펼치고 있는 롯데면세점의 문제점을 통해 국내 기업의 문화마케팅이

2 국제표준화기구(ISO)가 2010년 11월에 발표한 기업의 사회적 책임(Corporate Social Responsibility)에 관한 국제표준. 사회의 모든 조직이나 기업이 의사결정 및 활동 등을 할 때 소속된 사회에 이익이 될 수 있도록 하는 책임을 규정한 것.(출처: 네이버 지식백과)

3 「전경련 2006년 기업,기업재단 사회공헌백서」, 이금룡, 「불황기 기업의 문화마케팅 방안 및 사례」, 한국메세나협의회 기업 문화예술 투자 환경 조성을 위한 세미나 자료집, 2009.3.13, 7쪽 재인용.

어떠한 성과를 거두고 소비자들의 기업이미지 인식 제고에 어떤 영향을 미치는지 알아보고자 한다.

2. 문화마케팅의 역사와 추이

2.1. 문화마케팅의 개념

기업의 문화마케팅은 기업의 이미지 제고와 감성적 서비스 및 예술과 연계한 브랜드 관리 등 제품의 품격을 높이고자 문화를 매개로 하여 유희의 인간 호모루덴스(homo ludens)를 설득하는 활동이라고 정의할 수 있다.[4]

문화마케팅은 '마케팅을 위한 문화'와 '문화를 위한 마케팅'의 두 가지 의미로 해석할 수 있다. 먼저 '마케팅을 위한 문화' 측면에서의 문화마케팅은 기업이 실행주체가 되어 문화예술에 대한 지원을 하거나 문화를 활용한 마케팅을 하는 것을 말한다. 그리고 '문화를 위한 마케팅' 측면에서의 문화마케팅은 문화예술산업에 속한 개인이나 단체가 주체가 되어 문화예술의 발전을 위해 실행하는 마케팅이라고 할 수 있다. 이 두 가지 의미는 상호협력적 관계에 있다. 이윤창출을 추구하는 기업이 주체가 되어 문화예술에 대한 지원 및 문화를 활용한 마케팅을 수행하고, 동시에 이러한 마케팅 활동이 문화예술의 발전에 도움이 되어야 한다는 것이다.[5]

고객의 문화욕구 강화에 대응하여 기업들도 문화마케팅을 대폭 강화하여 고객의 소비 패턴이 '품질중심'에서 '품격중심'으로 이행되고 있다

4 김민주, 『컬덕 시대의 문화마케팅』, 미래의창, 2005, 189쪽.
5 이서구, 『마케터라면 무조건 알아야 할 마케팅 키워드 55』, 위즈덤하우스, 2008, 301쪽.

고 할 수 있다. 기업은 문화를 매개로 한 마케팅을 통해 차별화, 고급화하면서 신규수요를 창출하고 있다.[6]

문화마케팅은 마케팅의 4P(Product, Price, Place, Promotion) 측면에서 볼 때, 이미지와 스토리를 가지고 감성에 호소한다는 점에서 합리적 소비를 전제로 하는 전통적 마케팅과는 차이가 있다.(〈표 1〉 참조)

〈표 1〉 전통적 마케팅과 문화마케팅의 비교[7]

마케팅 전략의 4P	전통적 마케팅	문화마케팅
Product(제품)	편익과 기능을 강조	이미지, 판타지, 느낌 강조
Price(가격)	합리적 가격 또는 할인가 적용	문화 프리미엄 부가
Place(장소)	대형, 전문 유통 매장	문화 공간 등으로 탈유통
Promotion(홍보)	미디어 광고, 입소문 등	문화이벤트, 직접체험 등

예술 지원은 일반적으로 후원, 협찬 등 비슷한 용어가 혼합되어 사용된다. 첫째는 박애사상을 근거로 한 자선활동을 의미하는 필랜스로피(Philanthropy), 두 번째 패트로니지(Patronage)는 문화에 대한 후견인 입장에서의 보호자, 후원자를 의미한다. 그 의미는 아무 대가나 조건 없이 지원해주는 형태를 말한다. 그렇기 때문에 보통 후원이라는 단어는 정부기관에서 지원할 때 통상적으로 쓰이고 있다. 세 번째로 스폰서십(Sponsorship)이라는 용어는 유럽이나 미국을 비롯한 해외에서 많이 사용하기 시작하였으며 국내에서도 보편적으로 기업에서 전시를 지원해줄 때 대가를 기대하면서 지원해주는 형태로 사용된다. 영국의 ABSA(Assocoation for Business Sponsorship of the Arts)에서는 그 뜻을 '한 기업이

6 오세종, 「장애인의 문화마케팅 효용성 및 홍보효과에 관한 연구」, 『브랜드디자인학연구』 통권 제18호, 한국브랜드디자인학회, 2011, 93쪽.

7 심상민, 「문화마케팅의 부상과 성공전략」, 『CEO Information』 제372호, 삼성경제연구소, 2002, 3쪽.

어떤 예술단체에게 그 기업의 이름과 제품 혹은 서비스를 홍보해 줄 것을 분명한 조건으로 제시하면서 금전을 지불하거나 기업의 이미지 제고를 위한 지출행위의 일부이며 여기에는 기업의 사회적 책임의 수행이라는 의미도 내포하고 있다'고 기술한다. 네 번째는 문화와 예술활동에 대한 기업의 모든 형태의 후원을 말하는 메세나(Mecenat)가 있다. 메세나라는 명칭은 실상 후원과 같은 맥락에서 쓰이는 말인데 이러한 메세나 활동이 기업에게 일정한 이익을 준다는 점에서는 스폰서십과 비슷한 성격을 띠기도 한다. 마지막으로 상호이익을 전제로 하여 공동이익을 위한 호혜주의에 입각한 파트너십(Partnership)이 있다. 스폰서십을 통해 시너지 효과를 도모하고 나아가 서로의 공동이익을 추구하는 파트너십을 추구하고자 하는 것이 앞으로 나아갈 방향이라고 볼 수 있다.[8]

〈표 2〉 메세나 유사 용어 정리[9]

용 어	정 의
필랜스로피 (Philanthropy)	인도주의적 정신에 의거하여 베풀어지는 헌납이나 인도주의적 목적을 위해 자금을 나눠주는 기관으로 정의한다. 박애주의, 공리주의가 이 용어의 핵심개념이다.
패트로니지 (Patronage)	넓은 의미에서 보호자, 옹호자로 쓰이며, 아버지를 뜻하는 로마어 파테르(Pater)로부터 기원하여, 패트론(Patrone)이 되는 상태를 말한다. 예술에 적용되면 예술가의 부유하고 영향력 있는 후원자를 의미한다.
스폰서십 (Sponsorship)	타인의 채무를 변상하는 책임을 진 사람을 가리키는 고대 로마의 법률 용어인 스폰서스(Sponsus)에서 유래한다. 영국의 기업 메세나협의회(A&B)에서 스폰서십을 "기업명, 상품 또는 서비스를 선전할 목적으로 예술단체에 기업이 지불하며 금전 또는 현물이나 서비스의 제공"으로 정의하고 있다. 유럽의 경우 스폰서십은 주로 기업의 마케팅 전략의 일환으로

8 김미경, 「기업의 문화예술마케팅 효과 연구-현대카드와 예술의 전당 전시사례를 중심으로」, 홍익대학교 석사학위 논문, 2010, 8쪽.

9 홍영준, 「새로운 기업 커뮤니케이션 전략」, 금강기획 마케팅 전략연구소, 2001. 진종훈, 『지속 가능한 경영을 위한 기업의 문화마케팅』, 한국학술정보, 2009, 40쪽 재인용.

스폰서십 (Sponsorship)	스포츠행사나 TV프로그램에 협찬하는 것을 지칭하며 상업적인 반대급부를 지나치게 강조한다는 뉘앙스를 갖고 있다.
파트너십 (partnership)	호혜주의와 상호이익은 파트너십에 담긴 본질을 나타내는 핵심적인 개념이다. 오늘날 기업과 예술의 관계는 초기는 공리적이고 박애적인 수직적 차원이라기보다는 동등한 관계를 통해 상호이익을 추구한다.

문화마케팅 유형에 관해서는 한국메세나협의회에서 정리한 세 가지 관점과 기존의 심상민(2002) 등이 연구한 5S유형이 있다.

한국메세나협의회는 2006년 문화체육관광부와의 TFT 연구활동을 통해 문화마케팅을 예술지원 및 협력을 통한 사회공헌전략(메세나,문화공헌), 마케팅전략(스폰서십,파트너십), 경영전략(조직문화, 기업문화)이라는 세 가지 관점으로 개념을 정리하였다.[10]

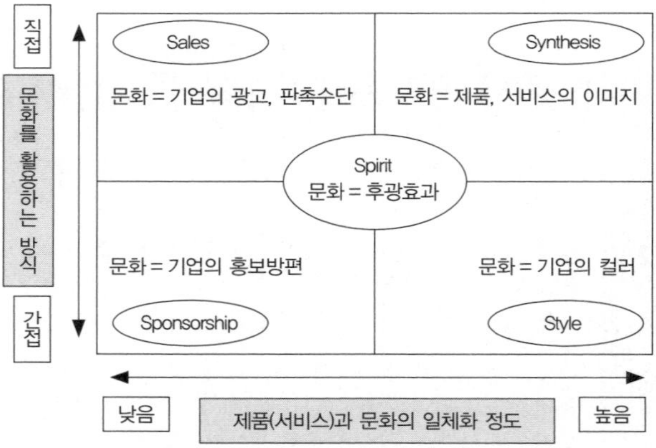

〈그림 1〉 문화마케팅의 유형 5S[11]

심상민의 5S유형 중 첫 번째 문화판촉(Sales)은 광고나 판매촉진의 수

10 진종훈, 위의 책, 47쪽.

11 심상민, 앞의 논문, 2002, 4~5쪽.

단으로 문화를 활용하여 문화적 이미지를 제품이나 기업의 이미지와 연관시켜 이용하는 것이다. 유동적이고 다양한 활용이 가능하다는 장점이 있고 문화를 활용하는 방식이 다른 문화마케팅 유형에 비해 적극적이고 직접적이어서 소비자들이 쉽게 느낄 수 있다.

문화 지원(Sponsorship)은 기업을 홍보하거나 이미지 개선의 방법으로 문화예술단체의 활동을 지원하는 것을 의미한다. 문화 지원은 문화마케팅의 전통적이며 가장 일반적인 방식이며, 메세나 또는 스폰서십의 개념을 통해 이해된다.

문화기업(Style)은 기업을 독특하고 새로운 문화를 상징하는 단체로서 포지셔닝하는 것을 의미한다. 소비자의 인식을 점진적으로 유도하는 과정이기 때문에 무엇보다도 장기적인 안목이 절대적으로 필요하다.

문화연출(Synthesis)은 제품이나 서비스에 문화이미지를 체화시켜 차별화하는 것으로, 스타벅스가 그 대표적인 예이다. '한 잔의 이미지'를 판다는 목표로 커피 맛과 향기 외에 인테리어와 음악을 통해 매장을 차별화된 '제3의 장소'로 포지셔닝하였다.

문화후광(Spirit)은 국가의 문화적 매력을 후광으로 활용하는 마케팅이다. 대표적으로 프랑스의 경우, 정부와 기업, 국민이 합심하여 스위스-자연, 독일 · 일본-기술, 미국-인재와 자본 같은 이미지와 차별화된 삶의 멋과 여유, 창조의 자유를 보장하는 문화대국으로서의 국가 이미지를 확대 · 재생산하는 데 주력하며 문화예술 국가이미지를 기업마케팅에 자연스럽게 반영하여 세계적 명품들을 창출해내었다. 반대로 일부 기업들은 자사 브랜드의 가치를 높이기 위하여 관련 기업들이 공동으로 조직을 구성하여 자신의 국가문화를 전 세계에 적극 전파하고, 그 대가로 국가의 문화적 이미지 후광 효과를 기업의 브랜드 가치 제고에 활용하고 있다.[12]

12 김소영 외, 『창조경영 시대의 문화마케팅』, 한국메세나협의회, 2006, 21쪽.

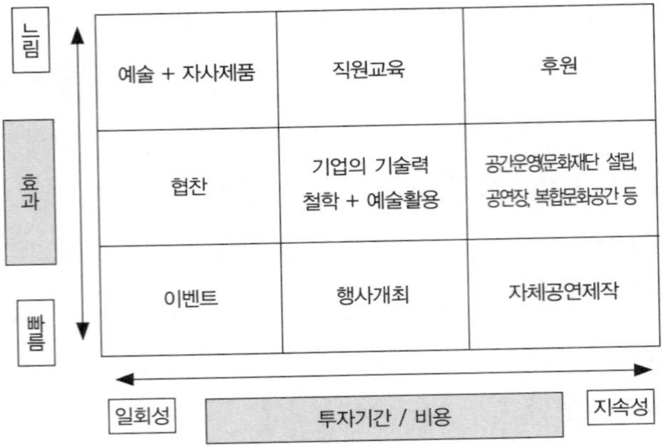

〈그림 2〉 효과와 투자기간, 비용에 따른 기업문화예술마케팅 유형구분[13]

2.2. 문화마케팅의 역사와 추이

문화마케팅의 기원은 과거 메세나 활동에서 찾을 수 있다. 메세나(mecenat)는 문화예술 등의 사업을 지원하는 기업의 활동을 말한다. 로마제국시대에 문화예술인을 후원하여 로마문화의 번영에 큰 역할을 한 재상 마에케나스(Gaius Maecenas)의 이름에서 유래했는데 1967년 미국에서 기업예술위원회가 생기면서 이 용어가 쓰이기 시작했다. 이후 각국 기업인들이 메세나협의회를 세웠고 우리나라는 1994년에 한국 메세나협의회가 발족되어 210여 개(2012년 2월[14]) 기업이 활동을 하고 있다.[15] 로마의 마에케나스처럼 중세 유럽의 르네상스시대에는 메디치(Medici) 가문이 있었다. 피렌체 지역을 거점으로 하여 엄청난 자본을 소유했던 메디치가는

13 김민정, 「기업문화마케팅의 유형화연구―국내외 사례연구를 통한 효과성 중심으로」, 경희대학교 석사학위 논문, 2010, 91쪽.

14 한국메세나협의회 홈페이지, 2012.10.29.

15 장용동, 『기업을 춤추게 하라』, 예아름미디어, 2009, 155쪽.

마키아벨리, 미켈란젤로, 레오나르도 다빈치를 비롯해 건축가, 화가, 작가, 교회를 후원하며 르네상스의 황금기를 주도했다.

메디치가의 행적을 통해 기업이 얻을 수 있는 교훈은 문화공헌을 통한 기업이미지는 새로운 부를 창출하기 위한 투자라는 것이고, 시대에 부합하는 가치와 사회적 요구를 이해할 수 있어야 경제적 부를 키울 수 있다는 점이다.[16]

1960년대 하이에크(F.Hayek), 프리드만(M.Friedman) 등 당시의 경제학자는 기업경영에는 사회적 책임이 포함되지 않는다고 하여, 기업이윤의 사회환원에 부정적인 입장을 취했었다. 그러나 1966년에 베트남전쟁과 소비자운동의 태동과 함께 팽배했던 기업에 대한 불신과 불만이 합치되어 기업경영이 기업목적의 성취와 함께 사회적 가치실현에도 노력해야 한다는 사회적 합의가 점차 보편화되었고 1967년 미국에서 기업예술위원회 BCA(Business Committee for the Arts)의 탄생으로 이어졌다.[17]

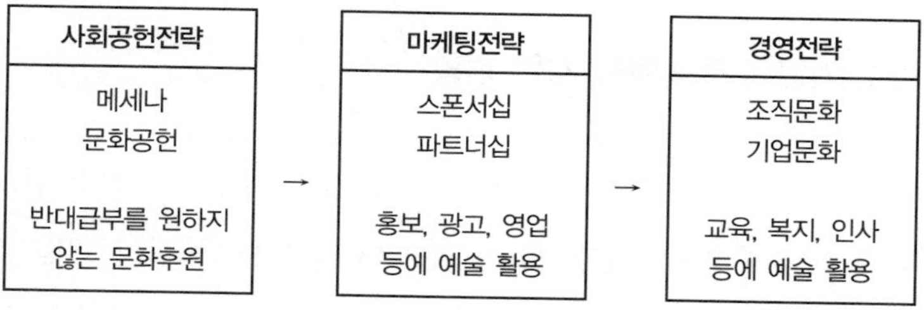

〈그림 3〉 기업의 문화 활용 유형 추이[18]

위의 표에서 알 수 있듯이 기업은 과거부터 반대급부를 요구하지 않는, 박애주의에 입각한 순수한 자선, 기부의 관점인 필랜스로피로 문화

16 이금룡, 앞의 자료, 6쪽.

17 이케가미 준 외, 황현탁 역, 『문화경제학』, 나남, 1999, 203쪽.

18 김소영 외, 앞의 책, 19쪽.

예술을 사회공헌도구로 활용해왔었다. 하지만 문화예술이 기업의 이미지 개선이나 매출 증대에 도움이 된다는 사실에 주목하면서 고객 대상의 마케팅 차원에서 문화예술을 활용하는 추세가 늘었다. 다양한 문화예술단체에 대한 단기적이고 일시적인 스폰서십에서 특정한 문화예술단체와의 장기적이고 지속적인 관계를 맺는 투자 개념의 파트너십으로 이동하는 경향도 보이고 있다. 메세나 중심의 지원활동이 메세나에 마케팅의 개념을 접목시켜 공익적 차원과 상업적 차원의 통합의 형태를 띠게 되었다.

최근에는 소비자 대상의 마케팅 도구로 활용되는 단계를 넘어 내부고객인 직원들을 대상으로 한 교육, 복지, 인사 등에 예술을 활용하여 조직문화를 활성화하기 위한 경영도구로 쓰여지고 있다.

3. 국내 기업의 문화마케팅 현황과 사례

3.1. 기업의 문화예술 지원 현황[19]

2011년 우리나라 기업의 문화예술 지원규모는 1,626억 9천만 원으로 전년 대비 6.2% 감소하였다. 2010년 10%의 높은 증가율을 보였던 지원규모가 감소한 데는 유럽발 금융위기가 지속되면서 메세나 활동이 상승세를 타지 못하고 다시 감소세로 돌아선 것으로 분석되고 있다.

기업의 문화예술 지원 목적에 대해 조사한 결과, 사회공헌전략 차원

19 「한국메세나협의회 2011년도 연차보고서」, 한국메세나협의회, 2012, 42~55쪽을 참고하여 작성. 조사 대상은 대한상공회의소가 발표한 "매출액 및 자산통계 기준 500대 기업"정보체계에서 '개별기업' 단위의 500개 기업과 메세나협의회 회원사 등 총 642개사를 대상으로 설문조사해 그중 설문 응답 기업 340개사의 수치임.

의 지원이 67.9%로 가장 높은 비율을 차지했고, 다음으로 마케팅전략 23.8%, 경영전략 8.3% 순으로 나타났다.(복수응답) 그러나 문화예술 지원사업비 지출 예산 계정을 사회공헌비(기부금)로 처리하는 곳이 47%, 마케팅비(홍보비포함)인 곳이 30.4%로 조사되어 이 둘의 경계가 모호하고 사회공헌활동이 마케팅전략의 일환으로도 활용되고 있는 것을 알 수 있다.

사회공헌전략의 활동내용을 세부적으로 살펴보면 '지역사회의 문화예술활동 지원 또는 지역문화 활성화를 위한 사업 지원'이 34.1%, '문화예술단체 순수 지원'과 '기타 문화예술을 활용한 사회공헌전략'이 각각 26.7%로 나타났다.

기업 스스로가 평가하는 문화예술 지원활동의 효과 평가는 기업의 정당성, 시장 우위, 종업원 혜택의 세 가지 측면으로 분류할 수 있는데, 그 중 기업의 정당성 효과(기업의 평판 기여도, CSR에 기여)가 가장 높게 나타났으며, 세 가지 효과 차원 모두에서 긍정적인 성과를 나타내고 있는 것으로 조사되었다.

문화예술을 지원하고 활용하는 문화경영활동이 중요해지는 이유로는 내적 요인인 '기업 최고 경영진의 적극적 의지'가 21.6%로 가장 높게 응답되었고, 다음으로 외적 요인인 '문화경영에 대한 고객의 관심 증대'(19.9%), '경영트렌드로서의 문화경영'(15.7%), '문화경영을 통한 기업 경쟁력 제고 사례의 증가'(11.9%)등과 같은 외적 요인이 기업 문화예술 활용의 중요한 이유라고 응답했다. 전반적으로 내적 요인보다 외적 요인이 주요 동기인 것으로 파악되었고, '최고 경영진의 적극적 의지'가 전년도(14.8%)보다 증가한 것으로 보아 경제가 어려울수록 기업 최고경영진의 문화 지원에 대한 의지가 크게 작용한다는 것을 알 수 있다.

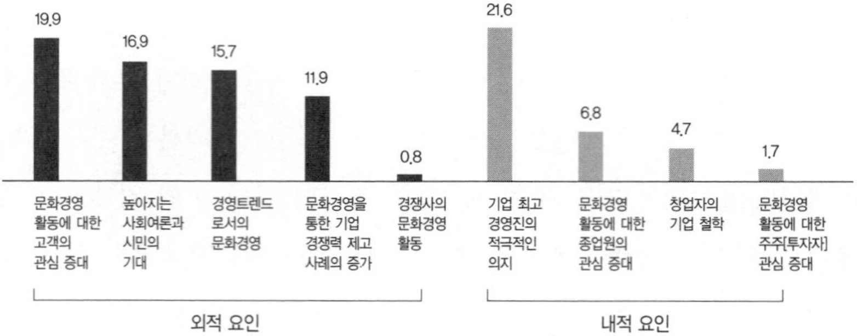

〈그림 4〉 문화예술을 지원하고 활용하는 문화경영활동이 중요해지는 이유(단위: %)

또한 문화예술 지원사업의 효과측정을 실시하고 있는지에 대한 설문에서는 '자체 효과측정을 하고 있다'는 응답이 44.6%, '효과측정을 하지 않는다'는 응답이 42.2%로 전년도에 비해 '효과측정을 하지 않는다'는 응답이 6% 감소하여 기업들이 점차 문화예술 지원사업을 기업의 경영전략으로 인식하여 사업의 효과를 측정하고 피드백하는 긍정적인 모습을 보이는 것으로 해석된다.

3.2. 사례 1 – KT&G상상마당

담배와 인삼으로 대표되는 KT&G는 기업의 사회공헌활동의 중요성을 잘 알고 실천하고 있는 기업이다. 2002년에 민영화와 함께 사명(社名)을 한국담배인삼공사에서 KT&G로 바꾸며 기존의 전통적이고 보수적이라는 이미지를 탈피하기 위해 "문화마케팅"에 적극 투자하고 있다. 전경련 사회공헌백서에 따르면, 지난 2010년 국내 기업이 사회공헌에 사용한 평균 지출액은 130억 원으로 매출액 대비 0.24% 수준인 데 비해 KT&G는 매출액의 2.38%인 594억 원을 사용했다. 이것은 다른 국내 기업들의 평균 지출액의 4.5배, 매출액 대비로는 10배 가까이 높은 것이다. KT&G는 앞으로 중장기적으로 매출액의 3%까지 사회공헌 지출을 늘린다는 계획을 세우고 있고,[20] 2011년에는 논산 상상마당 오픈을 계기로 한국메세나협의회 보고 문화예술지원기업 순위가 2010년 18위에서 3위로 크게 올라섰다.[21]

이러한 KT&G의 사회공헌, 문화예술 지원활동의 일환으로 2007년 9월 홍대 앞에 개관한 "KT&G상상마당"은 영화관, 공연장, 갤러리, 아카데미, 스튜디오와 카페 등으로 구성된 지하 4층, 지상 7층의 복합문화공간이다.

2005년 2월 '온라인 상상마당'으로 시작한 이 프로젝트는 영화, 만화, 사진, 문학 분야의 젊은 문화예술인들에게 작품 발표와 교육 및 소통의 장소를 제공하고, 다양한 창작 지원 프로그램을 통해 얻은 작품들을 디지털화하고 기록하며 저장하는 작업도 해왔다.

상상마당은 스스로를 "상상마당은 예술적 상상을 키우고 세상과 만나고 함께 나누며 행복해지는 곳"이라고 소개한다.[22] 문화적 다양성과 특수성을 지지한다는 컨셉트를 가지고 흔히 인디밴드, 아마추어 단편영화 등으로 대표되는 비주류문화를 적극 지원하고 있다.

> 20대 젊은 층에서 엄청나게 만들어지는 영화, 만화, 문학, 오디오 콘텐츠들, 그러나 그들 아마추어를 받아주는 표현공간이 없어 사장되는 그 풀뿌리 상상을 지원하자. 다른 대기업들이 많이 하는 미술관, 문화센터 건립이나 기성 아티스트를 지원하는 것은 우리의 몫이 아니다. 당장은 어설플지 몰라도 그들이 우리 사회의 상상 저수지가 될 것이다.[23]

20 「KT&G, 국내 한계 딛고 해외로… 사업다각화 박차」, 『이데일리』, 2012.10.4.

21 한국메세나협의회, 앞의 보고서, 48쪽.

22 『상상마당 2009연감』, KT&G상상마당, 2010, 6쪽.

23 김우정, 『위대한 선택 컬처텔링』, 바람, 2009, 148쪽.

상상마당은 2년 만에 1000여 명의 젊은 작가를 지원하고, 연간 800여 차례의 차별화한 기획 프로그램을 운영하였고, 2007년 9월 개관 이후 현재 120만 명의 관람객과 27만 명의 온라인 회원을 확보하고 있다.[24]

〈사진 1〉 홍대 상상마당 외관과 밴드 인큐베이팅 콘테스트 포스터[25]

3.2.1. 밴드 인큐베이팅

자신의 꿈을 좇아 좋아하는 음악을 시작했지만, 무명의 인디밴드[26]들에게 오를 수 있는 무대, 연습할 공간 마련, 앨범 발표 등은 쉽지 않은 문제다. 〈밴드 인큐베이팅〉은 잠재력을 지닌 신인 뮤지션을 발굴하고 지원하는 KT&G의 대표적인 창작 지원 프로그램이다. "밴드" 인큐베이팅이라는 타이틀을 걸고 있지만 참가자격에는 락, 재즈, 힙합, 국악 등 모

24 「KT&G, 매출액 대비 2.3%대의 사회공헌비 집행」, 『아시아투데이』, 2012.7.22.

25 http://www.ktngtogether.com/board/board_view.asp 2012.11.2.
http://news.khan.co.kr/kh_news/khan_art_view.html?artid=201205151328311&code=960802, 2012.11.5.

26 '언더그라운드 밴드'라고도 불리는, 자신들만의 음악세계를 펼치며 메이저 음반사와는 다른 개성의 밴드. 보통의 경우 자신들이 직접 곡 작업, 프로듀싱, 제작, 홍보까지 해결한다. 상업적인 색채가 덜하며 자유로운 음악을 추구한다.

든 장르의 음악을 하는 '정규앨범을 발표하지 않은 뮤지션'이라면 누구나 참여할 수 있다고 명시되어 있다.

콘테스트를 통해 선발된 팀에게 1년 동안 무대와 연습공간, 다양한 육성프로그램과 음반 발매 기회까지 제공하고 있다. 단발성이 아닌 1년간의 지속적이고 체계적인 프로그램이라는 데 그 특징이 있다. 지난 4년 동안 총 26팀의 밴드를 지원했다.

윤도현밴드의 기타리스트였던 유병렬 예술감독, 음악평론가 임진모의 멘토링을 통해 객관적으로 자신들의 음악을 돌아볼 수 있는 기회도 가지고 상상마당 내에 있는 콘서트홀에서의 공연경험과 더불어 각종 락 페스티벌에 참가하는 경험도 쌓으며 몇몇 밴드는 'YB 윤도현 밴드' 등 대선배들의 콘서트에 오프닝 게스트로 초대되거나 미니앨범 제작의 행운도 누렸다. 2기 선정밴드 '2STAY'는 2011년 KBS 밴드서바이벌 프로그램 〈탑밴드〉에서 8강에 오르는 저력을 보여줬다. 이 같은 눈에 띄는 성과로 콘테스트에는 약 100여 개의 팀이 지원하는 등 인디 뮤지션들의 관심과 지원이 늘고 있다.

3.2.2. 다양한 공모전

상상마당 창작 부문은 문학, 만화, 음악, 사진, 단편영화 부문의 미발표 창작물을 수시 접수하고 부문별 전문가를 심사위원으로 위촉해서 부문별로 심사하고 우수작품은 월별로 창작을 지원하는 프로그램이다. 이 프로그램이 타 유사프로그램과 차별화되는 것은 부문이 다양하면서도 단순히 온라인 노출에서 끝나는 것이 아니고 커뮤니티 구성과 지속적인 지원, 오프라인 만남이 가능하다는 것이다. 영화나 음악 부문은 온미디어[27]와 연계

27 케이블방송 업체. 현재는 CJ E&M 방송사업 부문으로 통합됨.

해서 월별로 방송하고 사진이나 문학, 만화는 김중만, 이외수, 이현세 같은 선배 예술가들과의 강담, 출사 등의 지원도 꾸준히 이어졌다. 연말에는 '상상 어워드'를 개최해서 그해 최고 작품들을 선정해서 상금과 음반, 단편영화 제작도 지원했다.[28] 현재도 〈디자인 어워드〉, 〈대단한 단편영화제〉, 〈한국사진가 지원프로그램(SKOPF)〉등 다양한 이름의 공모 형태 참여형 프로그램이 꾸준히 진행되고 있다.

대학생을 대상으로 한 어느 온라인 설문조사에서 '공모전 시행 기업 선호도'를 조사한 결과 4개 부문 중 2개 부문에서 KT&G가 1위를 차지하였고, 기업이미지도 최상위 그룹에 속하는 것으로 나타났다. 대학생들은 기업과 공모전에 관한 이미지 일치도가 높을수록 KT&G를 진취적인 기업이미지로 평가했다.[29]

상상마당에서는 기업 등 단체를 대상으로 인디문화를 체험하는 교육서비스도 실시하고 있다. 이 프로그램을 통해서 비주류문화를 경험함으로써 새로운 트렌드를 파악하거나 문화예술사업에 대한 아이디어를 얻어가는 효과가 있어 단체와 개인의 참가가 늘고 있다.[30]

또한 '러브 유어 아티스트(Love your Artist)' 캠페인을 통해 멤버십 포인트로 일반인들이 직접 아티스트를 지원할 수 있는 방법으로 문화 지원 활동의 의미를 고객들과 나누며 문화 지원의 새로운 방식도 열고 있다.

KT&G의 문화마케팅은 문화마케팅의 5S유형 중 '문화기업'과 '문화지원'에 속한다.

---

28 김우정, 앞의 책, 149쪽.

29 김세정, 「기업 메세나 활동과 기업이미지, 공중관계성간의 상관관계에 관한 연구─KT&G의 메세나 활동을 중심으로」, 한양대학교 석사학위 논문, 2005, 79쪽.

30 「홍대앞 간 부장님들, 인디밴드에 소통을 배우다」, 『동아일보』, 2012.3.9 참고.

문화기업은 문화를 이용하여 기업 전체의 고유한 이미지를 형성한다는 점에서 문화연출과 유사한 면을 가지지만 문화연출은 특정 브랜드나 상품과 서비스의 특성을 문화적 코드와 직접적으로 연결시키는 데 반해 문화기업은 세분화된 상품이나 브랜드가 아닌 기업 전체의 이미지를 문화적인 이미지와 간접적으로 연결시킨다는 점에서 그 차이가 있다.[31] 그런 면에서 KT&G의 특정상품이나 '정관장' 같은 브랜드가 아닌 KT&G 그룹 전체의 이미지를 '문화적인 기업'으로 인식시킨다는 점에서 문화기업(Style)의 유형에 속한다.

KT&G는 상상마당과 상상아트홀(문화예술전문공연장)을 통해서 문화예술을 매개체로 사람들과 소통하는 장을 마련했고, 복지재단을 통해서 '문화지원' 형태의 사회공헌활동도 놓치지 않고 있다.

3.3. 사례 2 – 롯데면세점

앞서 살펴본 KT&G와 같이 고객의 지지를 받으며 잠재충성고객 확보에 성공하는 사례도 있지만, 아직도 국내의 많은 기업에서는 단순히 스타를 앞세워 스타의 팬을 공략하는 이른바 '스타마케팅'을 시도해 오히려 한편으로는 기업의 이미지를 저하시키는 경우도 종종 발생한다.

롯데면세점의 경우, 2004년 드라마 〈겨울연가〉의 주인공 배용준을 모델로 기용하며 '한류스타마케팅'을 시작하였다. 매년 '패밀리 콘서트', '스타 팬미팅' 등의 이벤트를 통해 외국인 한류팬들을 유치하면서 관광과 엔터테인먼트를 결합한 "엔터투어먼트" 마케팅을 시도하고 있는데, 롯데면세점의 이러한 마케팅은 문화를 활용하는 방식이 직접적이나 제

31 진종훈, 앞의 책, 65쪽.

품(서비스)과 문화의 일체화 정도가 낮아 문화마케팅의 5S유형 중 첫 번째인 문화판촉(Sales) 유형이라고 볼 수 있다. 문화판촉은 광고나 판매촉진의 수단으로 문화를 활용하여 문화적 이미지를 제품이나 기업의 이미지와 연관시켜 이용하는 것이다. 코틀러에 의하면 판매촉진은 제품이나 서비스의 판매와 구매를 장려하기 위한 단기적인 유인책이라고 할 수 있고, 판매촉진이 다양한 유인책의 집합체로서 소비자에게 단기적으로 보다 빠르게 구매를 자극하기 위해 설계되었다고 하였다.[32]

이러한 고객의 니즈를 파악하고 유인할 수 있는 체험마케팅적인 이벤트 자체는 고객들의 호기심을 자극, 충족시키며 많은 사람들의 참여를 이끌어내고 있지만, 한편으로는 지나치게 상업적인 수단으로써 고객들의 원성을 사기도 한다.

2006년에 시작해 13회를 개최한 패밀리 콘서트는 그동안 외국인 관광객만 1만여 명이 관람했고, 2012년 11월의 공연에는 비스트, 보아, 박진영 등이 출연하며, 역대 최대인 4천 명의 관광객이 한국을 방문한[33] 국내외 한류스타 팬들을 중심으로 한 이벤트이다. 콘서트 티켓의 경우 롯데면세점에서 상품을 구입하면 600달러 이상 구매 시 A석, 1,000달러 이상 구매시 S석을 증정받거나 인터넷 홈페이지를 통한 이벤트 추첨으로도 배부된다. 이러한 티켓을 손에 얻기 위해 팬들은 더 많은 물건을 사야 하고 불필요한 지출을 감행한다. 또한 무료 티켓을 얻은 일부 고객들은 인터넷을 통해 비싼 값에 팔고 있고, 티켓을 구하지 못한 출연가수의 팬들은 어쩔 수 없이 비싼 값을 지불하며 공연에 참가하는 경우도 있다.

32 이성근 외, 『프로모션 에센스』, 무역경영사, 2001. 진종훈, 앞의 책, 50쪽 재인용.

33 「롯데면세점, 엔터투어먼트 마케팅… '패밀리 콘서트' 개최」, 『한국경제TV』, 2012.9.12.

일본 팬들이 JYJ, 빅뱅 등 롯데면세점 광고 모델들의 팬미팅에 참여하려면 패키지여행을 이용해야만 하는데, 면세점에 들르고 팬미팅에 참가하는 것이 투어의 전부인데도 참가비용은 약 15만 엔이나 한다.[34]

물론 엔터테인먼트산업 자체가 상업성이 짙은 분야이기는 하나, 이와 같은 고객의 편의보다는 수익에만 급급한 마케팅은 당장의 매출증대에는 도움이 되나, 장기적인 고객충성도나 기업의 이미지에 있어서는 악영향을 미치는 활동이다. 마케팅도 결국 사람을 상대로 하는 것이기에 고객의 니즈 파악과 함께 고객에 대한 배려가 이뤄졌을 때 성공적인 마케팅이라고 할 수 있다.

〈사진 2〉 패밀리콘서트 포스터와 공연무대[35]

34 「'3박 4일 190만 원' 어디? 한국… 속병 든 '한류'」, 『머니투데이』, 2012.2.18.

35 http://www.sportsworldi.com/Articles/LeisureLife/Article.asp?aid=20120924020510&OutUrl=naver, 2012.11.1.

http://www.uriboa.com/zboard/zboard.php?id=main1&no=11974, 2012.11.5.

4. 결론

오늘날 기업들간의 치열한 경쟁 속에서 기본적 제품의 기능, 품질 등은 상향 표준화되어 수준이 거의 비슷해졌다. 이러한 상황 속에서 소비자들은 타사와 차별된 서비스 혹은 이미지를 갖게 만든 기업의 제품을 선택하려 할 것이다. 이러한 차별화를 만드는 도구가 바로 문화를 활용한 문화마케팅이다. 또한 이서구(2008)는 문화마케팅은 대기업들에 대한 반감, 중소기업에 대한 불신 등 국내에 팽배해 있는 반기업정서에서 자유로울 수 있는 기회를 주는 몇 안되는 마케팅 도구 중 하나라고 하였다.

최근의 산업환경이 이익중심에서 고객중심으로 바뀌었기 때문에 경쟁사들 속에서 살아남는 기회를 잡게 해주는 고객만족경영은 이익실현을 넘어선 경영의 핵심으로 부상하였다. 실제로 세계 일류기업일수록 문화마케팅 활동을 더욱 강화하고 있는 사례를 보아도 확실히 알 수 있는 부분이다.

문화마케팅의 의미적 형태는 초기에는 자선적 관점의 필랜스로피에서 시작되어 마케팅 전술적 관점의 스폰서십으로, 장기적 · 투자적 관점의 파트너십으로 변화해왔다. 즉, 자선적 관점의 메세나 개념에서 기업이미지 제고를 위한 전략적 사회공헌 개념으로 바뀌고 있는 형태이다. 기업은 예술의 창의력이 발휘될 수 있는 기회를 제공하고 이를 통해 기업가치와 브랜드에 문화적 품격을 부여받음으로써 호혜관계를 형성한다.

KT&G가 하고 있는 '문화 지원' 마케팅은 직접적인 자사의 상품의 판매와 연결되지는 않는다. 하지만 기업의 이름을 널리 알리고 기업의 이미지 제고의 측면과 효과가 강하게 나타나는 장점을 가지고 기존의 전통적이고 보수적이었던 기업이미지를 밝고 창의적인 이미지로 20, 30대 젊은이들에게 각인시키는 계기를 만들어주었다. 반면, 롯데면세점은

'스타마케팅'을 통해 '마케팅'의 목적인 당장의 매출증대와 고객유치에서는 좋은 성적을 나타내고 있으나, 장기적인 충성고객 확보나 기업이미지에는 타격을 줄 수 있는 여지가 있어 기업의 이미지 제고를 위한 문화마케팅 관점에서는 개선이 필요하다.

기업의 이미지 제고를 위한 문화마케팅의 성공을 위해서는, 우선, CEO의 문화에 대한 관심과 리더십이 필요하다. 그러나 아직 많은 기업에서는 CEO 개인의 관심이나 이벤트성 단기적인 행사로 끝나는 경우도 많아 장기적 관점의 전략적 투자로서의 인식도 필요하겠다.

다음으로 내부 임직원들을 대상으로 한 문화마케팅을 통해 기업문화의 확립과 직원들의 문화에 대한 이해를 높여 외부로 더 많은 지원을 할 수 있도록 내부의 인식 변화를 이끌어내는것도 중요하다. 그리고 마케팅의 대상인 고객의 니즈 파악과 더불어 고객에 대한 배려도 함께 갖춘 마케팅활동을 해야 할 것이다. 끝으로 중요한 것은, 앞으로의 문화마케팅은 '마케팅을 위한 문화' 관점으로만 치우친 단기적 이익을 위한 투자 · 지원이 아닌 장기적 안목으로 접근하여 기업과 문화 사이의 지속적인 파트너십 형태로 유지 · 발전되어야 할 것이다.

• 참고문헌

1. 단행본

김민주, 『컬덕 시대의 문화마케팅』, 미래의창, 2005.

김소영 외, 『창조경영 시대의 문화마케팅』, 한국메세나협의회, 2006.

김우정, 『위대한 선택 컬처텔링』, 바람, 2009.

이서구, 『마케터라면 무조건 알아야 할 마케팅 키워드 55』, 위즈덤하우스, 2008.

이케가미 준 외, 황현탁 역, 『문화경제학』, 나남, 1999.

장용동, 『기업을 춤추게 하라』, 예아름미디어, 2009.

진종훈, 『지속 가능한 경영을 위한 기업의 문화마케팅』, 한국학술정보, 2009.

2. 학위 논문

김미경, 「기업의 문화예술마케팅 효과 연구-현대카드와 예술의 전당 전시사례를 중심으로」, 홍익대학교 석사학위 논문, 2010.

김민정, 「기업문화마케팅의 유형화연구-국내외 사례연구를 통한 효과성 중심으로」, 경희대학교 석사학위 논문, 2010.

김세정, 「기업 메세나 활동과 기업이미지, 공중관계성간의 상관관계에 관한 연구-KT&G의 메세나 활동을 중심으로」, 한양대학교 석사학위 논문, 2005.

손민경, 「메세나 활동이 기업이미지 형성에 미치는 영향 연구 : 전통음악극과 대중음악극을 중심으로」, 고려대학교 석사학위 논문, 2011.

3. 학술지 논문 및 보고서

심상민, 「문화마케팅의 부상과 성공전략」, 『CEO Information』 제372호, 삼성경제연구소, 2002.

______, 「문화예술인 문화마케팅 전략 연구」, 『인문콘텐츠』 vol.10, 인문콘텐츠학회, 2007.

오세종, 「장애인의 문화마케팅 효용성 및 홍보효과에 관한 연구」, 『브랜드디자인학연구』 통권 제18호, 한국브랜드디자인학회, 2011.

이금룡, 「불황기 기업의 문화마케팅 방안 및 사례」,한국메세나협의회 기업 문화예술 투자 환경 조성을 위한 세미나, 2009.

임상오, 「일본 기업메세나의 동기와 경험적 분석」, 『문화경제연구』 6권 제1호, 한국문화경제학회, 2003.
『상상마당 2009연감』, KT&G상상마당, 2010.
「한국메세나협의회 2011년도 연차보고서」, 한국메세나협의회, 2012.

4. 신문 및 잡지 기사

「'3박 4일 190만 원' 어디? 한국... 속병 든 '한류'」, 『머니투데이』, 2012.2.18.
「홍대앞 간 부장님들, 인디밴드에 '소통을 배우다」, 『동아일보』, 2012.3.9.
「KT&G, 매출액 대비 2.3%대의 사회공헌비 집행」, 『아시아투데이』, 2012.7.22.
「롯데면세점, 엔터투어먼트 마케팅…'패밀리 콘서트' 개최」, 『한국경제TV』, 2012.9.12.
「한류체험 늘리니 국산품 매출도 신장」, 『중앙일보』, 2012.9.27.
「KT&G, 국내 한계 딛고 해외로… 사업다각화 박차」, 『이데일리』, 2012.10.4.

5. 홈페이지

한국메세나협의회 홈페이지, http://www.mecenat.or.kr/mecenat/partner.jsp

소셜네트워크서비스(SNS)의 재인식과 디지털 문화콘텐츠의 함의 연구

자아효능과 에고 센트릭 콘텐츠의 관점에서

김 헌 식

미래콘텐츠 문화전략 연구소 연구위원

소셜네트워크서비스(SNS)의 재인식과 디지털 문화콘텐츠의 함의 연구

자아효능과 에고 센트릭 콘텐츠의 관점에서

1. 서론

1.1. 연구 배경과 목적

미디어융합시대에 화두는 '소셜(social)'로 수렴되고 있는 양상인데 디지털 미디어나 네트워크에 한정되는 것만은 아니다. 소셜이라는 단어는 보통 셀프보다는 나은 가치로 생각하는 경향이 많다. 개인보다는 사회를 강조할수록 바람직한 것으로 간주된다. 여기에서 사회를 뜻하는 소셜은 소통과 참여, 그리고 희생과 봉사라는 의미로 받아들여지기도 한다. 이런 의미를 생각할 때 특히, 소셜네트워크서비스(SNS)는 가치 차원에서 가중치를 가졌다. 하지만 이는 하나의 유행 현상을 이루었고, 그 긍정적인 지향점과 실제에도 부작용이 일어나고 있기도 하다. 무조건 소셜을 강조하는 경우 미디어 전략이 실패하는 예가 빈번하게 등장하고 있기 때문이다. 명분을 위해서 그것을 취하는 경우와 달리 실제의 사업적인 모델과 결과를 얻으려고 하는 경우 이에 부합하지 못하는 경우가 많아지는 것이다. 물론 공공성만을 위한다면 그것이 덜할 수 있지만 실제적인 투자나 예산에 따른 결과의 효과성을 생각하면 그대로 둘 수 없는 문제다.[1]

여기에서 검토하는 것은 '사회적 가치'와 '개인적 심리 충족'의 비교와 결핍의 상호보완이다. '소셜(social)'이라는 단어는 사회적 가치를 지향하는 공동체적 원칙을 반영하는 것으로 사회문화적인 행태만이 아니라 정보통신이나 미디어 이용행태에도 드러나는 징후로 보이기에 이를 겨냥한 기획들이 집행되고 있지만 자칫 공동체적 명분과 가치를 강조하는 선에서 평가와 환류까지 이루어지는 경우 최종 실패를 낳을 가능성도 제기된다. 왜냐하면 이러한 행태들을 움직이고 있는 개인의 심리충족 즉, 자아의 통제감의 메커니즘을 간과하는 경향이 빈번하기 때문이다. 미디어콘텐츠를 제작하거나 공연예술 창작자들이 SNS를 단순히 홍보수단(최윤영, 2011)으로 여겨 정보 주입의 수단으로 사용하는 것인 타당하지 않다. 더구나 단순반복노출이라는 전략에만 함몰하게 한다. 이는 게임의 요소가 왜 더 강력한 몰입을 낳는지 그것이 수출콘텐츠의 수위를 차지하는지 고려할 때 이런 점도 자기통제감과 자아의 충족감을 채워주는 것이 소셜네트워크에서 중요하다는 점을 알 수 있다. 게임적 요소라고 해도 미하이칙센트 미하이의 몰입이론 즉 플로우(Flow)의 관점을 생각할 때 단순히 '사람들이 퍼즐, 사냥, 레벨업 등 무한히 반복될 수밖에 없는 단순한 행위의 지루함을 견뎌내는 이유는

1 시민사회영역에서 이러한 공공성의 관점은 극대화를 이룬다. 『비영리 소셜네트워크로 진화하라 : 소셜미디어 시대의 비영리 조직 생존 전략』(베스 캔터 · 앨리슨 H. 파인, 2011)과 같은 저작에서는 이러한 소셜네트워크의 공공성을 강조하고 있다. 이러한 관점에서라도 그것이 성공하기 위해서는 개인들의 자기충족감을 채워주어야 한다.

단순히 그런 행위 자체에서 오는 재미가 아니라 게임에 숨겨진 경쟁심리와 성취감이라는 인간의 심리적인 욕구를 만족시키기 위한 것'임을 알 수 있다.[2] 이는 프랑스인 사회학자 로제 카이와가 『놀이와 인간(Les jeux et les hommes)』에서 주장하는 놀이의 심리와 연결되는 지점이기도 하다.

소셜(social)과 대별되는 자아충족은 자신 스스로 통제감(자아의 통제감)을 느낄 때 미디어콘텐츠에 빠져드는 현상이 가속화시킨다. 이러한 자아충족과 자아통제감의 관점에 따른다면, 명분과 실제의 괴리 현상에서 이용자와 수용자들의 높아진 자아통제감에 맞춘 정보통신과 미디어콘텐츠 기획이 수립·실행되어야 하며, 이는 플랫폼의 거버넌스 정책에서도 고려되어야 할 점이다. 단순히 사회적 소통과 친교를 위해서 이용자들이 SNS를 활용하고 있는 것은 문화산업이나 디지털콘텐츠의 수익모델과는 거리가 멀 수도 있다.

본 연구에서는 이러한 문제 제기를 전제하여 두고 소셜네트워크서비스를 본질적으로 확대시키거나 그것을 활발하게 활용하려는 이들의 심리적 메커니즘을 자아심리학적 관점에서 집단지성과 소셜네트워크서비스를 중심으로 논의해보고자 한다. 이는 공동체 지향과 개인 지향의 합일을 통해 좀 더 콘텐츠 기획과 제작의 실제화를 더욱 충실하기 위함이다.

2 http://www.inven.co.kr/webzine/news/?news=43816-게임 몰입의 심리에 대한 함의는 SNS에도 마찬가지로 적용될 수 있다. 반두라가 말하는 자기효능감이나 미하이칙센트미하이가 말하는 플로우(Flow)의 관점은 도전과제의 적절성과 그에 따른 성취감을 중요하게 여긴다. 여기에서 중요한 것은 자기를 중심으로 네트워크를 구축하는 것이 그 성취와는 별개로 몰입을 증가시킨다는 점이다.

1.2. 선행연구 검토

선행연구들을 검토할 때 SNS에 대해 우선 이용동기에 대한 연구가 빈번하다는 점을 알 수 있다. 안정민(2011)은 SNS 이용자 수가 폭발적으로 늘어나고 각광받는 이유는 인간의 기본욕구 중 하나인 연결(connection) 욕구를 충족시켜 주기 때문이라고 했다. 이는 다른 사람들과 연결되는 것 자체에 대한 욕구가 중요하다는 점을 말하는 것이다. 김형석(2012)에 따르면 SNS 이용동기는 정보지식획득동기(IKAM), 소통관계유지동기(CRMM), 의견정보제시동기(OIPM)로 나타났다. 정보를 얻고 소통을 유지하고 자신의 주장을 제기하는 점을 중요하게 여긴다. 그렇다면 그 공간이 어디인가는 부차적이다. SNS는 먼저 자기공간화를 중요하게 생각한다. 근원적으로 자기공간화는 SNS의 중요한 전제이다. 힘 그러니까 권력의 개념으로 분석한 연구도 있다. 푸코의 권력개념에 따른 권력은 '관계'와 같은 '과정'으로 해석한 이영천(2011)의 연구에 따르면 SNS는 타자들과의 관계를 중심으로 하는 소통으로 변화하게 되었고, 이는 타자들의 업데이트 정보를 중심으로 소비시킴으로써 지속적인 타자들과의 관계를 지향하는 구조를 취하게 된 것이라고 결론 내렸다. 이는 주로 지식의 권력에 초점을 맞추고 있다. 이러한 점은 일견 지식을 통한 권력의 자기중심화에 연결될 수 있지만 자기충족감이나 만족감보다는 권력과 네트워크에 초점이 맞추어져 있다. 몇 가지 요인들을 추출하여 분석하는 연구도 자주 시도되었다. 우공선 · 강재원(2011)에 따르면 트위터 이용 충족 요인은 총 6개로 '타인과의 커뮤니케이션', '즉시성', '관계형성', '단문성', '정보성', '유명인에 대한 접근성' 등이 추출되었다. 내가영(2010)에 따르면 이용동기 중 만족감에 영향을 끼치는 요인에서, '타인과의 커뮤니케이션', '관계 형성의 유용성', '정보성', '오프라인과의 관련성', '이용의 용이함'의 5가지 요인이 만족감과 정적 상관관계가 있음이 밝혀졌다. 김흥규 · 오세정(2011)은 이용자를 세 가지 유형으로 나누었는데 제1유형은 유희적 커뮤니케이션의 욕구를 충족시켜가는 익명성의 '탈체현된 노마드', 제2유형은 시공간에 구애받지 않고 끊임없는 커뮤니케이션과 정보의 교환을 통해 존재하는 '호모 코뮤니칸스', 제3유형인 '트랜스 휴먼'은 기본적으로 열려 있으며 노마디즘 성격이었다. 이러한 연구들은 자아심리에 대한 측면은 상대적으로 간과했고 전반적으로 행태적인 패턴을 변수로 규정하는 데 더 초점을 맞추었다. 물론 자아에 대한 변인 추출을 통한 연구도 있다.

심혜영 · 임걸(2011)의 연구에 따르면 SNS 이용동기는 크게 자아적 동기, 상호작용적 동기, 오락적 동기, 정보추구적 동기 4가지로 추출되었다. 이 연구에서는 자아적 동기가 어떻게 SNS의 생성과 유지에 연결되는지 구체성을 결여했다. 즉 자아중심화 즉 주목받고 존재감을 드러내고 상호확인하는 현존적인 관점은 덜하다.

다만, 곽윤희의 연구(2011)에서는 SNS 가운데 트위터의 활동성에 가장 영향을 미치는 요인이 일상적 자기확인요인으로 나타났으며, 다음으로 비즈니스적 자기확인요인, 커뮤니케이션 확장 순으로 나타났다. 자신을 확인하기 위한 수단으로 SNS을 이용한다는 측면에서 본 연구와 연관성을 가지고 있었다. 다만 자기확인성은 자아충족감의 한 유형에 머문다. 만족이나 몰입이라는 점이 자기효능감과 어떻게 연결되는지에 대해서는 미흡하다.

앞서 일부 살폈듯이 정보의 관점에서 연구한 측면도 자주 눈에 띈다. 박종철 · 전수정 · 이한준(2011)은 지식 창출이 어떻게 일어나는지에 대해 주목했으며, 상품사용지속에 한정되었다. 이석용 · 정이상(2010)은 소비자들이 SNS를 이용하게 되면서 정보를 생성, 가공 및 확산하는 주체가 되면서 정보의 주도권을 장악하게 되면서 정보의 이용자인 동시에 생산자 역할을 수행하는 프로슈머로서 그 역할이 변화되어 가고 있다고 밝혔다. 다만 1인 중심형 블로그와 개인간 관계 네트워크를 지향한다는 지적에만 그쳤다. 임수민 · 김형중 · 주상현(2011)은 이용자들의 새로운 정보 생성과 실시간 커뮤니케이션의 특징이라는 맥락에서 집단협업(mass collaboration)과 신뢰성 관계를 밝히기도 했다. 김근형 · 윤상훈(2012)은 정보의 질과 시스템의 질이 이용자의 만족도를 높인다는 결론을 내렸다. 왜 사람들이 지식이나 정보를 만들고 유통시키는지 그 종국의 목적이 무엇인지는 간과한다. 소셜이라는 측면은 반드시 경제적인 이익이 없더라도 공동체적인 가치의 성취에 이바지하고 있다는 만족감이 몰입을 증가시키는데 영원히 소모적이라면 이탈할 가능성이 많다. 즉 자기소유화되는 점이 있어야 한다.

많은 연구들이 정보공유와 관계형성이 이용자의 만족을 유도한다는 점에서 일치된 결론을 내린다(심선희 · 문재영, 2012; 조상현 · 김현, 2010). 윤여선(2012)은 사회적 자본의 축적에 논의를 확장시켰다.

이 같은 맥락에서 SNS 논의를 확장해 사회와 정치 참여와 연관시키는 연구도 활발해왔다. 김은미 외(2011)는 '인간의 참여 욕구, 소통 욕구를 맘껏 발산할 수 있는 모바일 플랫폼이 본격적으로 보급되면서 소셜미디어 혁명이 꽃을 활짝 피울 수 있었다'고 평했다. 제러드 듀발(2012)은 수많은 시민이 직접 '거버넌스'에 참여하는 모습으로 나타난다고 주장했다. 매튜 프레이저 · 수미트라 두타(2010)는 SNS로 지위의 변화는 물론 권력관계가 변했음에 주목했다. 정치혁명을 일으켜 낼 수 있다거나(한종우, 2012), 가브리엘 타르드(2012)는 여론과 군중에 관한 사회학적 철학적 접근을 시도하기도 했다. 에릭 퀄먼(2011)은 사회경제적인 측면, 특히 마케팅과 비즈니스 측면에서 소셜미디어의 등장과 그에 따른 세상의 변화를 분석했다. 이러한 주장은 그 안의 에고센트릭과 충족성은 간과했지만, 단순히 콘텐츠의 이용만이 아니라 디지털 상호작용성은 정치와 의사결정에도 중요한 점을 드러내주는 것이다.

다만 여기에서 주목하거나 관련시켜야 하는 연구들은 정치와 경제, 경영, 사회, 문화적인 영역을 가리지 않고 이용자들이 자기중심화하면서 사회에 연결짓는 행태들이다. 조용진 · 조선민(2011)은 소셜미디어를 자기중심화하는 방법에 대해서 논의하고 있다. 줄리엣 파월(2011)은 소셜네트워크서비스(SNS)의 사용으로 자신의 사업을 확장하는 방법, 리스크를 줄이는 방법, 비용을 절감할 수 있는 방법을 제시했다. 제니퍼 아커 · 앤드 스미스(2011)는 드래곤플라이 이펙트라는 개념을 통해 소셜네트워크의 세상에서 '나도 주인공으로 살 수 있을까' 또는 '나도 이 세상을 바꿀 수 있을까'라는 문제에 천착한다. 내가 주인공이 되어 세상을 바꾸는 데 다른 사람들을 참여시키는 메커니즘에 대해 논의하고 있는 것이다. 이러한 점은 소셜이라는 개념에 밀려버린 자기중심성을 통한 충족감이 콘텐츠의 기획과 제작 평가에 반영되어야 하는 점을 지적하고 있다. 본 논문에서 주목하고자 하는 점은 여기에 있다. 이러한 점을 드러내기 위해 연구 분석틀을 구성해보고자 한다.

1.3. 연구 분석틀

본고에서는 개념적 정리부터 연원적으로 구성한다. 시론적인 연구라 할 수 있기 때문에 각 개념의 특징들을 세밀화하고 이를 간단한 사례들에 적용하여 볼 것이다. 이런 점이 콘텐츠 특히 디지털콘텐츠의 기획과 제작에 대한 함의점을 도출한다. 우선 사회(social)와 자아(ego)의 개념을 대별하여 살펴본다. 근대성을 중심으로 이 개념들이 어떻게 진전되어왔고 어떠한 유형적 특징과 의미를 지니는지 요약 정리해본다. 그 다음으로 사회(social)와 자아(ego)의 관점을 통해 SNS를 어떻게 분석하고 그 특징을 정리할 수 있는지 검토한다. 똑같은 대상이나 현상이라 해도 이 두 가지 관점을 각각 대입, 적용했을 때 달라지는 점들을 살피려 한다. 이로써 현재 활성화되고 있는 SNS의 메커니즘은 소셜 자체가 아니라 개인들의 심리적 충족감이고 이것이 자아충족감과 통제감이라는 점을 도출하려 한다. 도출된 점을 바탕으로 SNS의 실제 이용자들의 행태들이 어떠한지 분석해본다. 이 과정에서도 잘 드러나지 않는 SNS 이용자들의 심리를 요약하여 소결로 재구성한다. 이러한 소결의 재구성이 콘텐츠 기획과 디지털 공간에서 문화예술적으로 어떤 의미가 있는지 본고의 결말에서 살펴본다.

2. 본론

2.1. 개념과 이론적 배경의 검토

2.1.1. 근대의 에고(ego)와 현대의 개인 미디어콘텐츠

자아의식은 근대기에 탄생했는데 근대 이전에는 자아라는 의식조차 희미했다. 이러한 점은 서양만이 아니라 동양도 마찬가지였다. 서양은 인간보다는 신에 더 귀의했고 동양은 개인보다는 사회 내지 국가를 더 우선하였다. 일찍 근대 자아의식에 눈뜬 것은 서양이었다. 데카르트는 우리가 유일하게 확신할 수 있는 것은 자아의식이라고 믿었는데 이는 '코기토 에르고 숨(Cogito ergo sum)'이라는 말이 잘 압축되어 있다. 즉 '생각한다, 고로 존재한다'는 말에는 근대적 인간의 자아의식이 담겨 있다.

프로테스탄트 혁명은 절대자에 귀의하는 범주 안에 있지만 아이러니하게도 자아의식의 확장이 이루어진 것이었다. 여기에서 중요한 것은 직접 소통이 주는 심리적인 충족감이었다. 사제들의 중보사역만이 아니라 가톨릭교회에 의존하지 않고 하나님과 직접 교통하게 되었다. 근대적 가치관이 종교적 세계관과 함께 연결되는 것이 그러한 결과를 낳을 것이다. 종교적 세계관을 벗어나려는 사상가들과 이를 따르는 이들은 정해진 운명보다 스스로 자신의 길을 개척해야 한다는 의식이 강화되었다. 과학의 역할은 개인들의 도전과 그에 따른 성취 그리고 내적인 충족감을 주게 된다. 과학은 특히 자신의 관찰과 검증으로 진리를 확인하려는 근대인의 의지와 열정 덕분에 크게 발달하기 시작했다. 자본주의는 개인의 능력과 소비를 중심으로 급격하게 발달했다. 민주주의의 발전은 개인의 권리를 통한 인격적 존중을 중심에 두고 성숙한 발전에 이르게 되었다.[3] 리처드 타나스(Richard Tarnas) 『서구정신의 열정(The Passion of Western Mind)』에서 이렇게 지적했다.

> '유럽에 근대에 이르러 형성된 현대적 자아는 개인주의, 세속성, 의지의 힘, 다양한 관심과 충동, 창조적 혁신, 인간의 활동을 규제하는 기존 관습에 대한 저항 등의 특성을 띠는 정신적 특징을 가지고 있다.'

현대적 자아의 탄생은 비단 개인주의에만 함몰된 것이 아니라 특정 영역이나 주제에 해당하는 다양한 의지를 갖게 했다. 절대적인 세계에 갇히지 않고 스스로 의지를 갖는 것만이 자신과 사회를 만들어갈 수 있다는 생각을 갖게 되었다. 의지가 있다는 것은 주장이나 의견이 많아지

3 존 판던, 『오! 이것이 아이디어다』, 강미경 옮김, 웅진지식하우스, 2012, 253~261쪽.

는 것을 의미하게 되었다. 이는 기존의 담론이나 체제와 갈등을 빚기도 하지만 모순을 해소하고 새로운 진보를 이루는 원동력이 되기도 했다.

이러한 점은 경제적인 영역에서도 마찬가지였다. 아담 스미스(Adam Smith)는 개인의 자기의식에 따른 행동들의 이점을 부각하였고, 슘페터(Joseph Alois Schumpeter)는 창조적 파괴와 함께 기업가 정신을 매우 중요하게 부각했다. 현대의 경제학은 개인의 판단과 의사결정, 선택을 핵심 전제에 놓고 있다. 21세기를 다품종 소량 생산의 시대라고 하고 문화예술의 차원에서 문화부족의 전성기라 일컫는 것은 이 때문이다. 만약 자아가 없었다면 이는 가능하지 않다. 더욱 더 자아는 문화콘텐츠의 발전과 진화에 밀접하다.

사회적으로 현대에서 대가족에서 핵가족, 이제 다시 1인가족의 형태로 끊임없이 분화하는 것은 타아보다는 자아를 더 강조하는 것이다. 가족이라는 개념도 자신을 중심으로 한 토대가 우선되는 것을 의미하는 것이며, 이는 자신의 직업적 선택의 대상이었던 기업에서도 마찬가지다. 자신의 이름으로 거는 직종만이 아니라 개인들은 1인 창조나 기업에 주목하고 있다. 조직에 묻히기보다는 드러나는 직업군 즉, 아나운서나 스타에 대한 대중적 열망은 어느 때보다 폭증한 것이 현대였다. 이는 미디어에서 대표적으로 알 수 있으며 이는 인터넷과 같은 상호작용성의 디지털 문화가 확립되면서 더욱 강화되었다. 기자들조차 자신의 이름을 건 프로그램이나 섹션을 자기 네이밍화하는 경향이 더욱 증가하고 있으며 이는 각 전문가들이 조직보다는 자신의 이름을 더 강조하는 현상에서 알 수 있다. 세계적으로 장기간 자신의 일거수일투족을 드러내는 리얼리티 프로그램이나 오디션 프로의 등장은 이러한 측면을 매우 강하게 대변하는 시대적 징후다. 집단 연희의 공간은 극장의 공간으로 분할되었고, 다시 라디오와 텔레비전으로 가족화되었으며, 퍼스널 컴퓨터로 개인화되었고, 모바일은 자아중심화되었다. 퍼스널 컴퓨터는 여러 사람이 돌려쓰기도 하지만, 모바일은 오로지 한 자아만이 투영될 수 있기 때문이다. 모바일 기기는 마침내 인간의 통제력을 극단적으로 강화시킨 채 스마트폰의 등장으로 판도라의 상자를 연 셈이 되었다. '인터넷 시대에는 컴퓨터와 인터넷이 자아의 확장이자 연장이다'(신상규, 2011)라는 말은 괜한 것이 아니다. 비록 겉으로는 공동체적인 가치와 윤리를 표방한다고 해도 그 안에 있는 본질적인 자아의 중심성과 확장에 대한 욕망은 변하지 않으며 오히려 그것은 더욱 대중화되었다고 보는 것이다. 민주주의의 요체는 바로 이러한 개인 안의 자아의 성숙과 확장 그리고 만족과 희열이다.

2.1.2. SNS(social network service)와 ENS(egocentric network service)의 비교

근대 이후 모든 것을 인간이 해야 한다는 사실은 한편으로 인간을 불안과 고독의 심리에 빠져들게 했다. 낙관적인 전망의 관점에서 보자면, 인간 개인은 열정과 의지로 자신의 운명을 개척하면서 스스로 자존을 지킬 수 있었다. 한편으로 부정적인 관점에서 보았을 때 인간은 스스로 운명을 열어가야 한다는 불안감 그리고 그에 대한 실패의 우려는 우울증과 스트레스를 불러일으켰다.

현대에 들어서서 사람들은 더욱 끊임없이 자기 자신의 자아와 그의 존중, 존재감의 확립을 위해 고군분투한다. 그러한 고군분투는 그야말로 고군분투이기 때문에 고독과 불안에 시달리게 했다. 이러한 점은 알랭 드 보통이 지적했듯이 개인의 실력주의를 강조하고 그것에 따라 더욱 심화된다(알랭 드 보통, 2005). 불안과 개인의 능력의 강조라는 이러한 점은 다른 사람들과의 네트워크 연결을 욕망하도록 했다. 이 때문에 사람들은 많은 사적인 모임들을 통해 네트워크를 확대했고 이런 점은 네트워크이론의 바탕이 될 수 있었다. 하지만 결국 사람들에게 전적인 관심 대상은 자기 자신이었고, 사람들과 관계를 맺는 것은 자기 자신의 인정과 존중이었다. 수평적이고 연대적이라는 불편부당의 객관적이고 단순한 관계가 아니라 자신을 중심으로 한 관계망의 형성이었다. 이를 통해 사람들이 원하는 것은 자아실현이었다. 그런데 자아실현은 단순히 자신에 대한 주목이거나 자신을 세상에 널리 드러내는 것일 수도 있고 사회문화적으로 영향력 있는 존재가 되거나 더 나아가 정치적 권력자의 위치에 오르는 것이다. 인터넷을 통한 발전은 더욱 자신도 그러한 위치에 오를 수 있다고 간주하게 되었다.[4]

이러한 점은 디지털 기술과 미디어 시스템에서도 마찬가지로 적용되었다. 찰스 다윈은 『종의 기원』의 후속판이라고 할 수 있는 『성 선택의 원리』라는 저서에서 인간이 진화에서 만물의 영장이 될 수 있었던 것은 지적인 능력이 아니라 도덕과 윤리를 통한 공동체의 영위였다고 지적했다. 지적인 능력은 도구의 발명과 쉽게 연결될 수 있다. 인간의 언어에서부터 사냥, 경작도구에서부터 산업기계 그리고 정보통신기기까지 모두 인간의 지적인 능력이 없었다면 불가능했을 것이다. 근대 이후 인간 개개인은 스스로 이러한 지적인 능력을 강화하여 신과의 관계에서 벗어나 과학의 힘을 배가하여 테크놀로지를 더욱 발전시켜왔고, 이것이 도덕과 윤리의 공동체보다 더 우선하는 경향성을 가져왔다. 자본주의는 그러한 산물들을 상품과 시장, 자본논리의 동력을 활용하면서 팽창했다.

4 참고로 이러한 점은 한국에서는 2002년 대선에서 결정적이었다. 젊은 층들이 특히 소셜네트워크서비스를 통해 노무현 대통령의 당선에 결정적인 기여를 하게 되었기 때문이다. 노무현 대통령이라는 성취는 SNS를 통한 참여자들에게는 강력한 성취감과 효능감을 준 게 사실이다.

즉 인간과 인간의 관계를 테크놀로지가 대신하고 있고 그것이 충분히 공동체를 대체할 수 있을 것으로 간주되었다. 인간을 대체하는 사이비인간(사이보그, 안드로이드)은 정점으로 치닫고 있다. 정보통신기술을 통해 사람과 사람과의 관계를 테크놀로지가 대신하고 있으며 인간의 영생을 테크놀로지가 보장하는 것으로 보이기까지 한다. 물론 테크놀로지에는 인간의 진화를 가능하게 했던 도덕과 윤리의 공동체는 존재하지 않는다. 중요한 것은 도덕과 윤리 그 자체가 아니라 이를 통해서 각 개인들에게 피드백 되는 것들이다.

일반적인 네트워크 맵과 SNS

일반적인 네트워트론에서는 링크와 노드를 기본으로 한다. 링크와 노드가 어떻게 연결되었는지가 중요하다. 그러한 집중성과 분산성을 연구하며 객관적인 데이터를 산출하는 데 연구 수행의 중심을 준다.[5] 얼마나 많은 링크가 어느 노드에 집중되어 있는지를 판별할 수 있다. 다만, 링크가 특정 노드에 집중되어 있다고 해서 그것이 반드시 질적인 관계도를 증명해주는 것은 아니다. 예컨대, 특정 기업의 사이트에 많은 사람들이 링크되어 있다고 해서 반드시 그들이 충성도 높은 고객이라고 볼 수는 없는 것이다.

소셜네트워크서비스(social network service)는 아리스토텔레스의 '인간은 사회적 동물'이라는 말을 여실히 보여주는 측면이 있다. 사회적 존재–동물이라는 점을 생각할 때 사람과 사람이 자유롭게 네트워킹하려

5 기초적인 개념에 대해서는 다음과 같은 자료를 참조. A.L. 바바라시,『링크 : 21세기를 지배하는 네트워크 과학(LINKED: The New Science of Networks)』(개정판), 강병남 · 김기훈 역, 동아시아, 2002쪽.

는 본능은 이러한 미디어 서비스가 잘 반영하고 있다. 이러한 견해는 다음과 같은 대목에서 잘 드러난다.

> 소셜네트워크서비스는 한 사회 내에서 정보, 감정, 의견 등이 소통되는 또 하나의 미디어, 즉 '소셜미디어'로서 기능하게 된다. 특히 상대적으로 사적 대화가 주종을 이루는 페이스북과 달리, 트위터는 공적 의견, 즉 여론 형성이 좀 더 활발하게 이루어지는 미디어이다.[6]

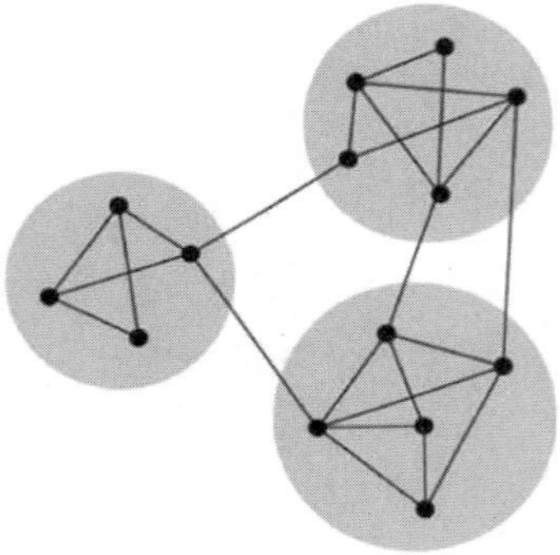

〈그림 1〉 일반적인 링크와 노드

일반적으로 학술적인 관점에서 이루어지는 소셜네트워크 분석은 이러한 관점에서 이루어지고 있다. 존 스콧(2012)에서 기본적인 연구방법과 접근법을 알 수 있다. 이는 객관적인 법칙을 탐구하는 것인데 이러한 점은 이용자들의 주관적인 요인들을 간과할 수 있기 때문에 무리하게 적용하는 것은 오히려 목적을 배반한다. 특히 콘텐츠의 기획과 제작에

6 김기훈, 「'트위터' 열면 여론 흐름이 보인다. '사회적 뒷담화' 활발히 이루어지는 '증폭성 미디어' 기능 / 여론이 '왜, 어떻게' 형성 · 확산되는지 과정 알게 해줘」, 『시사저널』 1135호, 2011.7.20.

는 더욱 세밀한 접근이 필요하다.[7]

자아중심적 네트워크(egocentric network)와 SNS

일반적으로 지칭되는 소셜네트워크서비스를 이용하는 것은 다른 사람들과 친교관계를 맺거나 사람과 어울리기 위함만이 아니며 각 이용자가 단지 살아 있다는 사실을 다른 사람에게 알리는 것만도 아니다. 자신의 생각과 행동을 다른 이들에게 전해주는 욕구만 반영하는 것이 아닐 뿐더러 다른 사람과 이런 콘텐츠를 공유하고 정체성을 확립하는 것에 그치는 것은 더더욱 아니다.

〈그림 2〉 자아중심적 네트워크

기본적으로 소셜네트워크는 1인 미디어의 속성이 강하다는 사실에 대해 간과하지 말아야 하는 이유가 여기에 있다. 비록 소셜이라는 개념이

7 예컨대 『네트워크로 10만 인맥 만들기』(백기락, 2011), 『소셜네트워크서비스 시대 누구나 블로그로 돈을 벌 수 있다』(조원선, 2011)와 같은 저술들은 간과될 여지가 많다. 하지만 일반 이용자들은 이러한 저술에 관심이 많다.

부가되어 공동체성이 강화되어도 기본적으로 현대인이 가지고 있는 심리적 특성을 간과하는 것은 큰 창작적 그리고 정책적 실패를 낳을 수 있기 때문이다.

많은 사람들이 기본적으로 1인 미디어나 1인 콘텐츠를 지향하는 것은 단순히 혼자 은둔하기 위한 것만은 아니다. 자기중심성을 지키기 위한 것이다. 다른 이들의 사이트를 방문하는 것은 단지 누군가와 연결되기를 바라는 것이 아니라 그 상대방이 자신의 사이트 즉 SNS에 방문하기를 바란다. 많은 SNS를 연결하는 것은 상대방들의 적극적인 참여를 유도하려는 것이다. 많은 사람들이 자신의 1인 미디어를 만드는 이유는 사람들이 자신의 사이트에 방문을 많이 하게 하는 데 있기에 자신의 미디어에 사람들이 적게 오면 아예 포기하는 현상이 벌어진다. 그러나 자신의 미디어에 사람들이 출입하는 횟수가 증가하면 그것에 매우 집중하고 몰입한다. 만약 사람들이 단지 주변의 친구들과 친교하는 데 목적이 있다면 그 네트워크 수에 관계없이 집중 몰입해야 할 것이다. 서로에게 방문을 해주는 목적은 상대방에게 도움이 되려는 것도 있지만 피드백의 상호성 원리에 따라 타아에 자아를 강화해 줌으로써 자기 자아중심성을 네트워크를 통해 강화하려는 것이다.

물리적 공간의 자아중심성(egocentricity)

트위터의 경우 이러한 자아집중성이 매우 강하다. 중요한 것은 성공하는 사람은 보통 개인의 수준에 머물지 않는다는 점이다. 한 사람의 자아를 중심으로 평등하게 누구나에게 무제한으로 팔로잉을 할 수 있게 했지만 이로써 양극화 현상이 심해지는데 팔로워들이 작가 이외수 같이 120만 명에 이르는가 하면 대부분은 한 자릿수에 불과한 경우가 많다. 유명인이거나 영향력 있는 지위에 있는 이들이 이러한 성공 모델에 오르는 이유는 자아집중성이 강한 측면이 있기 때문이다. 그들은 각 개인들이 되고 싶은 욕망의 대상이며 미래 자신의 모습이기도 하다. 수많은 사람들이 자신을 최대한 팔로워해주기를 바라는 심리들이 움직이고 있는 것이고 이는 페이스북도 마찬가지라고 할 수 있다. 수많은 사람들이 강화될수록 자신의 입지와 존재감이 강화될 수 있을 뿐만 아니라 영향력은 곧 권력의 중심에 이르는 것을 말하기 때문이다.

중요한 것은 다른 사람이 없는 상태에서 자아가 존재하거나 존중될 수는 없다는 것으로 다른 사람이 있어야 내가 있을 수 있다. 이는 '나'가 있기 위해서는 '네'가 있어야 하며 '네'가 존립할 수 있는 것은 '나'가 있기 때문이다. 그러나 사람들은 네가 되고 싶은 것은 아니라 '나'가 되고 싶어 한다. 그러한 원칙에 위배될 때 즉 나보다는 너를 위하는 것이 더 강화될 때 네트워크에서 이반하게 된다. 대의와 명분이 자아 위에 우월하게 존립할 때 이러한 자아중심적 네트워크는 성립할 수 없기 때문에 사회적 가치만을 강조하면서 자아의 가치를 도외시하는 국가나 공동체, 비즈니스, 사회조직은 모두 붕괴된다. 이러한 점은 민족주의 국가나 공산주의 체제보다 자본주의 체제가 존립을 더 길게 할 수 있었던 요인이기도 하다. 자본주의는 자아의 네트워크가 가진 중심성의 욕구를 충족시켜주면서 시장적 서바이벌 요인을 동력으로 삼았기 때문이다. 물론 이러한 시장적 서바이벌은 공동체적 서바이벌에 대한 갈구와 욕망을 불러일으켜서 소셜이라는 트렌드를 크게 확산시키는 요인이 되기도 했다.

좀 더 논의를 확장해보면, 사회적 기업은 사회의 공공가치를 강조하는 기업이지만 수익을 내지 않는 기업을 말하지는 않는다. 봉사단체와 다른 점이다. 수익을 일으키고 그 수익을 일부분 구성원들에게 분배하는데, 무엇보다 많은 사회적 기업들의 재정이 일하는 사람들이 직접 출자한 경우가 많다는 점이다. 즉 강한 참여가 경제적 · 재정적으로도 이루어지고 이것의 관계가 끊임없이 피드백의 원리에 따라서 자기중심성과 사회적 구성의 시스템이 상호 시너지 효과를 낸다. 이는 지역의 커뮤니티 비즈니스에서도 나타난다.

2.1.3. 자아중심적 공진화 네트워크 지성(egocentric co-evolution network Intelligence)

집단지성과 자아지성

2007년 『위키노믹스』에서 돈 탭스코트와 앤서니 윌리엄스는 '위키피디아'를 예로 들면서 사람들이 집단적으로 지혜를 모으는 현상을 강조했다. 2010년 『매크로위키노믹스』에서는 경제 분야만이 아니라 일상 영역에서 더 강력하게 집단지성이 영향력을 발휘하고 있음을 지적하고 있다. 이러한 논의의 한계를 확장하여 논의할 때 이러한 집단 지능은 집단자아에서 비롯하며 집단 자아는 각 개인들이 모여 융합이 있을 때 가능하다. 집단자아와 집단지성은 별개는 아니다.

집단자아와 집단지성은 공진화한다. 그것은 바로 자아와 지성의 특성 때문에 일어날 수 있는 것이다. 네이버 지식in이 활성화된 이유는 일반 이용자의 참여를 확대시켰기 때문이 아니라 순위 등급제를 부여했기 때문으로 여기에서 순위 등급은 이 네트워크서비스의 관리자가 아니라 이용하는 사람들이 자발적으로 부여하는 것이다. 많은 사람들이 지식in에 기입한 내용을 보고 자체적으로 판단을 하기 때문에 네트워크의 중심성이 자연스럽게 형성된다. 물론 포털 안에 갇혀 있기 때문에 자기중심적 네트워크 형성에 곧 한계를 보이고 이 때문에 지식in은 쇠퇴하며, 블로그에 뒤이은 페이스북이나 트위터에 자리를 내주게 되었다. 페이스북의 경우에 사람들이 호응을 자동적으로 보낼 수 있는 기능을 극대화하고 있다.

수많은 사람들과 연결하는 목적은 바로 다만 수평적인 연대가 아니라 자기중심성을 매우 강화하기 위한 심리적 요인에 부응하는 시스템이다. 결국 자연스러운 네트워크협업은 자신의 생각과 사고를 드러내고 그것을 주목받으려는 자아인정욕구와 투쟁의 결과물이다. 심지어 네이버와 같은 포털서비스는 일방적으로 뉴스를 전달받던 수용자들의 자기중심성을 채워주기 위해 위젯과 같은 방식으로 대응하기도 했다.

이러한 자아중심성은 단지 각 개인의 자아에만 함몰되거나 이기를 위해서만 작동하는 것은 아니며. 개인의 지적인 능력을 위해서 정보가 제공되는 것도 아니다. 이는 다른 집단지성의 개념이 더 확장된다. 집단지성의 개념은 많은 사람들이 모여 지혜를 발현할 때 한 개인보다는 현명할 수 있다는 점을 말하지만, 자아중심적 지능은 자칫 개인의 지성만을 더 낫게 하는 데 네트워크가 활용된다는 점을 강조한다. 대체적으로 집단지성은 각 개인들은 거세되고 집단적 결과물만을 평가하는 경향이 크다. 그러나 집단지성에서도 여전히 각 개인은 살아 있을 뿐만 아니라 오히려 더욱 진화한다. 각 개인의 진화는 집단의 지능에 영향을 주고 다시 집단지성의 증가는 각 개인의 지성에 영향을 준다. 하지만 각 개인들이 집단지성 이벤트에 참여하는 것은 단순히 집단을 위해서만 아니고 종국에는 자신을 위한 측면에서 기인하는 바가 크다는 점을 간과할 수 없다.

자아통제감과 사회적 자아의 공진 형성

김준호 · 홍진환(2011)은 비즈니스와 이타주의가 함께 공진하는 다양한 사례들을 분석했다. 정치, 경영, 사회, 보건, 교육, 정치에 이르는 다양한 영역에서 함께 공진화할 수 있는 가능성을 사례들로 살피고 있다. 다만, 여전히 참여와 소통을 강조하여 도덕적 · 윤리적 가치적 차원에 더 경도되어 있다.

중요한 것은 개개인의 통제감이 주는 피드백 차원의 만족과 효능이다. 전자동 자동차가 실용화되지 않거나 자전거의 부활, 그리고 게임의 한류콘텐츠 1위, 스마트 시스템은 모두 개개인의 통제감을 극대화시켜주기 때문에 존립한다는 점에서 공통점이 있다. 따라서 앞으로도 이렇게 자아의 통제감을 통해 미디어와 그에 따른 네트워크는 진화할 수밖에 없다. 하지만 반드시 그러한 메커니즘이 각 자아에만 한정되는 것은 아니다. 사회적 가치와 얼마든지 결합할 수 있으며 이는 확장될 수 있다.

『나의 문화유산 답사기』나 『오 마이 뉴스』 같은 콘텐츠는 자아의 영역과 사회적 영역이 같이 혼재되는 듯이 보이는데 모두 자아가 사회에 연장되고 다시 사회가 연장되는 연결메커니즘을 가지고 있다. 문화유산은

〈그림 3〉 상호진화

사회적 가치와 존재적 본질성을 가지고 있는 대상으로 장려되고 고(高)평가되지만 나의 입장이나 견해가 없다면 가치를 잃을 것이고 그것을 찾기 위해 사람들은 노력한다. 이 점은 콘텐츠들의 성공을 이끌어내었다. 뉴스는 대개 개인보다는 사회적 가치를 가지고 있지만 그것이 나의

관점이나 의식과 맞물릴 때 의미가 발현되고 지속성은 유지가 될 것이다. 이러한 메커니즘에서는 자아는 사회로 연장되고 좀 더 큰 자아, 이른바 사회적 자아를 형성해간다. 중요한 것은 사회를 형성하는 시민과 국민의 자아중심성이다. 그것은 서로 진화하는, 자아중심적 공진화 지능(egocentric co-evolution network Intelligence)이 된다. 디지털 미디어네트워크에서는 자아의 중심성이 다른 이의 중심성에 서로 뒷받침될 때 사회적 자아를 형성할 것이고 이는 자연스럽게 거버넌스의 공진지성으로 연결될 것이다. 이는 디지털 공간의 대중의 지혜를 통한 콘텐츠의 진화를 설명할 수 있는 대목이기도 하다.

2.2. 콘텐츠 차원의 몇 가지 사례 분석

2.2.1. 셀프콘텐츠와 존재감

미국 럿거스 대학 커뮤니케이션정보학부의 모어 나만 교수가 SNS 사용자 350명의 트위터 대화 내용을 분석한 결과에 따르면, '지금 자신이 무엇을 하는지'에 대한 내용의 글이 가장 많았다. 모바일 기기로 SNS를 이용하는 사람들과 여성들은 특히 더욱 심했다. 모바일 사용자 여성들은 특히 자기 얘기를 하는 경향이 두드러졌고, 남성들보다 자기가 지금 하고 있는 일에 대한 글이나 사진을 더 많이 올리는 것으로 나타났다. 이러한 차원에서는 자기를 표현하기 위한 것으로 이용자의 심리를 파악할 수 있을 것이다.

미국 국립과학원회보(PNAS)에 발표한 미국 하버드 대학 심리학부의 다이아나 타미르 박사팀의 연구에 따르면, 많은 사람이 트위터 · 페이스북 등 SNS에 사생활을 표현하는 것은 자신에 관한 이야기를 하여 보상받는 듯한 느낌을 받기 때문이었다. SNS에 자신의 일상사를 털어놓을 때 우리들의 뇌에서는 보상과 관련된 부분이 활성화되어 심리적으로 무언가 빈 부분이 보충되는 것 같다는 것이다. 또한 자기의 생각을 말할 때 뇌의 보상 중추가 훨씬 더 활발하게 반응하는 것으로 나타났다. 자신의 이야기 그리고 콘텐츠를 내보이는 것은 상대방의 반응을 원하는 것이며, 그러한 반응의 공간은 자신이 운영하는 SNS이다.

자신이 반응을 얻지 못할 때 누군가 그것을 대리성취해주는 이들이 선망의 대상이 되기도 한다. 2012년 1월 4일 '매셔블 어워즈'에서 'SNS에서 꼭 친구를 맺어야 할 밴드'로 슈퍼주니어가 선정되었다. 꼭 친구로 맺어야 할 대상이 되는 것은 사람들의 중심이 되는 것을 의미한다. 대중스타는 대리만족을 주는 존재이다. 친구를 맺고 싶은 대상이 되는 것은 거꾸로 자신이 그러한 존재가 되고 싶다는 것을 말한다. 그렇다고 해서 주목받는 사람이 되고자 하는 사람의 본능이 사라지는 것은 아니다.

SNS에서는 누구나 스타가 되고 인기인이 될 수 있다는 지침서들이 쏟아진다. 이도 자아충족감을 원하는 이들에게 소구하는 것이다. 2010년 12월, 미투데이에서 'SNS에서 인기인이 되는 십계명'을 발표한 맥락이 여기에 있다. 진심을 담은 솔직한 이야기나 꾸준한 소통은 가장 기본, 현장감을 느낄 수 있는 사진을 함께 포스팅할 것을 강조한다. 예컨대, 친구 24만 명을 돌파한 2NE1의 산다라박은 대기실 모습이나 멤버들 사진, 생일선물 사진 등 매번 '인증샷'이라고 불리는 사진을 함께 올려 팬들의 호응을 얻었다. 나만의 독특한 화법을 구사하는 것도 인기인이 되는 방법 센스 있는 태그를 다는 것이고, 촌철살인 메시지나 독특한 화법, 특히 며칠간 집중적으로 포스팅하는 것보다 꾸준히 소통하는 것이 모든 인간관계에서 통용되는 성공의 비결이라고 밝힌다. 사람들이 원하는 것은 많은 사람들이 주목하고 자신의 SNS를 방문하는 것이다. 다음의 사례를 보면 이를 짐작할 수 있다.

– 블로그를 운영하면서 자긍을 느낀 적이 있다면? 반대로, 기분 나쁜 체험도 해봤을 것 같은데.

"열심히 쓴 글을 인정받았을 때, 남들이 공감해 줄 때. 그런 때 긍지를 느낀다. 모르는 사람이 들어와 글을 읽고 '도움이 많이 되었다' '잘 보고 간다' 라고 댓글 남겨주면 뿌듯하다." [8]

거의 블로그 중독 증세까지 나타났다. 친구들과 수다를 떨다가도 블로그가 생각나 얼른 컴퓨터 앞으로 복귀했고, 세상에 지나다니는 말 하나하나에서도 '블로그 감'을 사냥하느라 늘 긴장을 늦추지 않았다. 늦바람이 더 무섭다고 내가 꼭 그런 꼴이었다. 그야말로 자나 깨나 블로그 생각만 했다. 사람이 변변치 못하다보니까 그렇게 하지 않고서는 하루에 한 건씩 '껀수'를 올린다는 게 생각보다 쉽지 않았다.

처음엔 한 20여 명 안팎의 방문객수를 기록했다. 그나마도 신기했다. 그러다 어느 날 최초의 '정기구독자'가 생겼을 때 그 기쁨이란!…. 방문객이 점점 늘어나고 정기구독자도 늘어났다. 미국 워싱턴과 뉴욕은 물론이고 도쿄 호주 태국 스웨덴 등지에 사시는 교민들까지 '정기구독자'가 되었을 땐 정말로 뿌듯하고 든든한 마음이었다….

…친구들과 가족의 후원도 대단했다. '기삿거리'를 제공하는 건 기본이고 그날그날 올린 블로그에 애정 어린 촌평을 아끼지 않았다. 칭찬에는 고래도 춤을 춘다는데 나 같은 소시민이야 오죽하겠는가![9]

다른 사람들이 자신의 SNS에 들어와서 인정을 해줄 때 사람들은 매우 즐겁고 재미가 더욱 증가하게 된다. 처음에는 몇 사람이 안 되는 방문자와 연결자들이지만 점차 자신의 콘텐츠 행동으로 사람들이 불어나고 인

8 「저 블로그는 뭐가 달라서 뜬 거야?」, 『오마이뉴스』, 2008.1.27.

9 「'블로그'라는 이름의 명약」, 『신동아』, 2007년 1월호.

정을 받게 되면 기쁨이 더욱 증가한다. 이것은 더욱 SNS에 대한 관심을 증대시킨다. 자신의 SNS를 중심에 두려 다른 이들의 SNS에 연관성을 갖게 되고 여기에서 사회성, 유대감이 형성된다. 바로 'Ego' 에서 'Social' 로 옮겨지게 되는 것이다. 한편으로 거꾸로 '소셜' 에서 '에고' 로 귀환하는 메커니즘이 반복된다.

2.2.2. 파워 블로거의 SNS 콘텐츠 제작 동기

디지털 공간에서 많이 이용하는 SNS는 블로그이다. 애초에 블로그는 자료를 저장하고 공유하는 공간이었지만 어느새 균등한 공간이 아니라 불균등한 공간이 되었다. 인기 있는 블로거, 즉 파워 블로거들이 생겨나기 시작했고 이는 또 다른 디지털콘텐츠의 지형도를 만들어냈다.

> 인기 블로거는 작은 아이디어 하나도 공론화할 수 있는 파급력을 갖는다. 이들의 포스팅은 블로고스피어의 다른 블로거들에게 즉각적인 반응을 불러 일으켜 일종의 연대를 형성한다. 이 연대는 네티즌의 생각이나 나아가 기업의 운영방식에까지 영향을 끼친다.[10]

블로거 중에서도 인기 있는 블로거는 상당한 영향력을 가지게 되는데 그들의 콘텐츠가 올라가는 동시에 그 블로그에 연결되어 있는 많은 이들에게 즉각 전달되기 때문이다. 다른 사람의 의식에 영향을 미치게 되고 그것은 바로 사회적 영향력을 의미하게 된다. 그러나 사람들은 영향을 받기만을 원하지 않고 자신도 그 영향력을 발휘하려 하기에 폭발적인 SNS의 콘텐츠 증가를 가져오는 것이다.

초기 블로그가 우리나라에 소개됐던 2002년 이후 수많은 블로거들

10 「숨은 욕망의 분출구, 블로거의 세계」, 『신동아』, 2007년 3월호

이 독자적인 블로그 사이트를 개설했고 블로그는 자신을 드러내며 비슷한 부류의 사람들을 끌어 모을 수 있는 사회적 네트워킹의 장이 되었다.[11] 개념적으로 파워 블로거는 각 분야에서 대중 인지도가 높아 영향력이 큰 개인 홈페이지 운영자를 말한다.[12] 유용한 정보를 알기 쉽게 설명해줘 네티즌들의 큰 관심을 받는 파워 블로거는 독립적 객관적으로 활동하는 인상을 주어 신뢰를 받는다.[13] 수십만에서 100만이 넘는 회원을 가진 유명 블로거일 때 기업에게서 각별한 대우를 받는다. 온라인의 입소문 마케팅 창구 역할을 톡톡히 하여[14] 예컨대, 파워 블로거의 상품평은 소비자에게 큰 영향력을 발휘하기 때문이다. 2011년 4월, LG전자는 온라인의 파워 블로거들로부터 '왜 LG전자 휴대폰-스마트폰'이 고전하는지에 대한 의견을 들었다. 기업이 파워 블로거를 좋아하는 이유는 영향력이라는 단어 하나로 요약된다.[15] 이러다보니 블로그에 영향력 있는 서평을 쓰는 '파워 북로거' 4명 중 1명은 저자나 출판사에게서 대가성 서평 청탁을 받은 적이 있다고 밝혔다.[16] 하루 방문자가 수만 명에 이르는 블로그를 운영하는 파워 블로거는 웬만한 잡지나 신문보다 구독자가 많아 특정 분야에서 실질적인 영향력을 행사한다. 이런 큰 영향력 덕분에 기업에서 수억 원의 돈을 받는 일들이 벌어지면서 2011년 11월, 공정위가 거액의 수수료를 받은 파워 블로거 7명을 전자상거래법 위반 혐의로 적발했다. 많게는 8억 8000만 원까지 판매수수료를 받고 특정 기업 제품의

11 「[리빙 앤 조이] 파워 블로거 되는 법」, 『서울경제』, 2008.1.2.
12 「[사설] 파워 블로거의 터무니없는 수익은 제재해야」, 『매일신문』, 2011.11.15.
13 「[사설] 소비자 속인 파워 블로거와 기업 엄벌 못하나」, 『동아일보』, 2011.11.15, A35면 3단.
14 「[사설] 소비자 우롱 '뒷돈 거래' 파워 블로거 응징 마땅」, 『부산일보』, 2011.11.14.
15 「기업이 파워 블로거를 선호하는 이유」, 『전자신문』, 2008.10.22.
16 「[사설] 소비자 속인 파워 블로거와 기업 엄벌 못하나」, 『동아일보』, 2011.11.15, A35면 3단.

공동구매를 알선했던 것이다. 국세청은 이들 파워 블로거들을 대상으로 강도 높은 세무조사를 벌였다. 국세청은 포털사이트 네이버에서 활동하고 있는 파워 블로거 800여 명과 다음에서 활동하는 500여 명 등 1300여 명에 대한 실태 조사를 벌여 세무조사 대상자를 선정했다. 또한, 그동안 개인들이 꾸린 블로그의 많은 수가 단지 클릭수를 높이기 위한 '펌질용 스크랩북' 으로 전락[17]하고 블로그 이벤트, 블로거 체험단, 블로거용 보도자료, 블로그 광고네트워크 기법 등[18]을 무분별하게 구사하여 신뢰를 잃기도 했다. '문제의 본질은 개인미디어의 영향력이 확대되면서 이런 현상이 이미 시작됐고, 점차 확대되고 있다는 것'[19]이라는 지적이 나올 만했다. 그러나 더욱 중요한 것은 사람들이 이런 파워 블로거가 되어서 자신의 영향력을 확대하고 싶어 하는 심리다. 누구나 그러한 도전 욕을 갖게 만들도록 독려하는 것이 네이버와 다음과 같은 포털사이트로, 포털사이트들은 이를 통해 많은 광고 수익을 얻는다. 그러한 심리가 있는 한 파워 블로거는 계속 만들어질 수밖에 없다. 이런 파워 블로거들은 일반시민들이다. 누구라도 사람들의 중심에 설 수 있다는 기대감을 갖게 하는 것이 블로그와 같은 SNS다. 파워 블로거는 되지 않지만 상당히 능동적으로 활동하는 이들이 만들어 내는 수많은 콘텐츠들은 고스란히 플랫폼을 제공한 이들의 수익으로 연결되고 만다. 이는 플랫폼 전략이 문화콘텐츠 영역에 어떻게 적용될 수 있을 지 가늠하게 만든다.

파워 블로거의 영향력은 비단 기업 홍보에만 한정되지 않는다. 2012년 3월 6일, 김문수 경기도지사가 30여 명의 파워 블로거와 만났다. 경

17 「파워 블로거 전성시대 「블짱에겐 뭔가 있다」」, 『매일경제』, 2005.11.22.

18 「[미디어 칼럼]파워 블로거 상업화의 그늘」, 2011년 5월 3일 21면 2단

19 「[시론] 파워 블로거, 毒인가 藥인가」, 『조선비즈』, 2011년 11월 22일

기도 관계자는 "이번 간담회는 인터넷상에서 영향력이 큰 다양한 분야의 파워 블로거들을 초청해 소셜미디어와 네트워크를 활용한 도정 홍보 및 소통의 통로를 제공하고 공감대를 형성하기 위해 마련했다"[20] 2011년 2월, 빈폴이 세계 1위 패션 블로거 스콧 슈만과 서울의 멋을 알리기도 했다. '각계에서 인정하는 파워 블로거가 될 수 있었던 성공 비결은 무엇인가?'라는 질문에 '자신만의 강점을 가진 콘텐츠가 중요하다. 나만의 주장을 많이 담아 블로거로서 '정치적인' 색깔을 분명히 했다.'[21]라는 대답은 흔히 볼 수 있다. 파워 블로거들이 강조하는 비법은 첫째도 콘텐츠, 둘째도 콘텐츠라는 것이고. 파워 블로거가 되고 싶다면 자신의 블로그에 항상 새로운 글, 새로운 정보가 올라올 수 있도록 해야 한다[22]는 지적도 마찬가지다. '왜 그렇게 열심히, 시간과 노력에 비해 보상은 없는데도, 블로그에 글을 올리느냐'는 물음에 "이만한 지적 유희가 없다"고 대답[23]한 것은 지적인 즐거움이 블로그에 빠져들게 하는 원인이라는 것인데, 이는 지식인의 범주에 가깝다. 일반인들의 경우에는 다음과 같은 심리에 더 연원한다.

외국의 블로그에는 공적 메시지를 담은 '1인 미디어'가 많다면, 한국에서는 이처럼 사생활을 살짝 보여주는 공개 일기장이 많다. 특히 여성 블로거는 아바타를 예쁘게 치장하듯, 자신의 방을 꾸미는 데 정성을 기울이고 있다. 여성들이 어릴 적에 종이인형에 옷 입히기를 즐겼듯, 온라인 아바타꾸미기에 매달리다가 요즘엔 블로그에 빠지고 있는 것이다. 내 과거와 현재의

---

20 「김문수 지사, 파워 블로거 20명 만난다..왜?」, 『아시아경제』, 2012년 3월 5일

21 「[기획]파워 블로거, 블로그를 논하다- 그들이 말하는 성공비결」, 『헤럴드경제』, 2007.10.31.

22 「[리빙 앤 조이] 파워 블로거 되는 법」, 『서울경제』, 2008.1.2.

23 「[노트북 단상] 왜 이 어려운 걸 하는 거지?」, 『부산일보』, 2010.8.1.

사진과 친구, 애인, 나에 대한 평가, 느낌 등을 고스란히 담고 있는 블로그는 온라인상에 형성하는 또 다른 자아인 셈이다. 자신의 외모를 가꾸고 싶은 것처럼 자신의 자아인, 미니 홈피도 가꾸고 싶어지는 것이다. 한 여성 블로거는 "오늘은 내 홈피에 누가 다녀갔는지, 어떤 답글과 방명록을 남겼는지 궁금해서 매일 들어가게 된다"고 말한다.[24]

야후!블로그의 인기 블로거(블로그 하는 사람)로 꼽히는 최수련 씨(26)는 "나의 글을 봐주는 사람이 있기 때문에 글을 쓰는 것처럼 블로그의 리플도 포스트(내용물)를 올리는 데 동기부여 역할을 한다."며 "많은 블로거들이 리플을 노골적으로 구걸하기도 한다"고 말했다. "기상천외한 리플을 맛보는 재미로 블로그를 열심히 할 때도 있다"고 설명했다.[25]

블로그는 자아의 공간으로 자신의 자아를 디자인하는 곳이며 그 디자인은 자신만을 위한 것이 아니라 다른 사람들에게 보여주는 공간이다. 그 보여줌은 단순히 보여주는 것이 아니라 반응을 기대하는 것이다. 그 반응은 단순히 주목하는 것이 아니라 긍정적인 평가를 기대한다. 즉 악플을 기대하는 이들은 거의 없다. 무플보다는 악플이 낫다는 정도이지 결국 기대하는 것은 긍정적인 반응이다. 그 반응을 위해 콘텐츠를 기획하고 제작 · 업로딩한다. 긍정적인 평가를 하는 사람이 많으면 많을수록 자신의 자아를 드러내는 것은 잘한 일이다. 잘한 것일 뿐만 아니라 자신의 정체성 나아가 그동안 삶의 궤적들이 인정된다. 삶을 영위해온 그 자체가 다른 이들이 빈번하게 방문하면서 가치평가된다. 이는 한편으로 앞으로 살아가는 데 큰 힘으로 작용한다. 그 힘은 다른 사람들과의 연대와 소통으로 이어진다. 자신의 자아가 외면당하는 형국에서 소설의 유

24 「사이버공간에 부는 '블로그' 열풍」, 『주간한국』, 2004.4.2.

25 「[트렌드] 리플 달아주면 안 잡아먹~지」, 『경향신문』, 2004.6.13.

대와 연결이 오래 지속될 것이라 기대할 수는 없을 것이다.

2.2.3. 스마트 시대 트위터와 페이스북의 자기중심화

트위터는 블로그보다 더 인기 있는 SNS가 되었다. 그것은 바로 스마트폰의 등장과 함께 가능해졌다. 실시간으로 접속할 수 있는 스마트 모바일 환경은 트위터와 페이스북의 이용을 폭증시켰다. 실시간으로 이동하는 와중에 접속하는 것은 단지 다른 사람들을 팔로잉하려는 것만은 아니다. 그러한 목적을 가진 사람들은 곧 이탈하게 된다. 자기충족감이 덜하게 될수록 이러한 현상은 벌어지기 마련이다.

> 김상범 | 들고 다니며 글을 올릴 정도로 사람들이 할 얘기가 많은 건가.
> 허진호 | 하루에 한 가지만 올려도 그 사람이 지금 뭘 하는지, 어떤 고민을 하고 있는 지 소식을 들을 수 있다. 그게 큰 것 같다. 다른 면에서는 정보를 유통하는 미디어 성격도 있다.[26]

'트위터는 그냥 즐기려고 하는 것이지 거기서 무슨 영향력을 행사하는 것은 아니다. 소통은 쌍방향이지 단방향은 아니기 때문이다.'라고 할 수도 있다. 하지만 이러한 지적이 거꾸로 의미하는 것은 사람들은 트위터를 통해 자신의 영향력을 과시하려는 것이다. 그것이 목적이라는 점은 변할 수 없는 기본적인 심리적 메커니즘에 근거하고 있다. 다른 사람들의 이야기를 보는 것은 다른 사람들에게 자신의 존재감을 드러내려는 행위다. 다른 사람의 이야기에 관심이 많은 것은 나의 이야기를 다른 사람들에게 전달하는 데 관심이 많다는 것이다. 다른 이를 팔로잉할수록 다른 사람들도 나 자신을 팔로잉한다. 여기에 독자적인 콘텐츠가 있

26 「[블로터포럼] 트위터 열풍, 그 힘의 원천과 미래는」, 『블로터닷넷』, 2009.6.28.

다면 다른 사람을 내가 팔로잉하지 않아도 다른 사람이 나에게 팔로잉을 할 것이다. 이를 이끌어내기 위해 스스로 콘텐츠를 기획하고 제작하여 스스로 채워야 한다. 자기중심화의 욕망의 클수록 다른 사람을 의식한 콘텐츠를 더 많이 기획하고 제작하여야 한다. 사람들이 글, 사진, 영상을 올리는 것은 바로 자신을 봐달라는 것이다. 중심은 다른 사람이 아니라 자기라는 점을 이야기하고 있다.

> 블로거에게는 방문자 수도 중요하지만 그보다 더 중요한 것이 RSS 피드 구독자 수다. 개인적으로 구독한다는 것은 그만큼 가치 있는 블로그로 여긴다고 생각한다. 트위터에서도 팔로워의 의미는 사용자 트윗이 그만큼 가치가 있기에 지켜볼 필요가 있다고 생각해서 팔로잉한다는 것으로 해석할 수 있다.
>
> 이런 이유 때문일까. 트위터를 하는 사람들 사이에서 팔로워가 많으면 많을수록 영향력이 높다고 생각하는 사람이 있다. 팔로워 수가 곧 내 트윗을 보는 사람이기 때문. 그래서 많은 트위터 사용자가 팔로워를 늘리려고 여러 가지 방법을 동원한다. 최근 트위터에서 문제가 되고 있는 맞팔로잉 요구 역시 자신의 팔로워를 늘리기 위한 방법 때문에 일어나는 일 같다.[27]

트위터가 인기 있는 이유는 그 간편성 때문이라는 지적이 많다. 또한 숙련도가 그리 높지 않아도 된다. 휴대전화로 문자 답장을 보낼 수 있는 정도의 실력이면 충분히 운영이 가능하다는 것도 장점이다.[28] 시간이 많이 부족한 유명 인사들도 단문메시지로 운영할 수 있으니 부담이 적다. 예컨대, 식사를 기다리면서 휴대전화 문자메시지로 트위터를 한다. 블로그의 경우에는 논리를 갖추고 자료가 충실해야 하고 이미지에 영상

27 「트위터, 팔로워 수가 영향력 척도?」, 『전자신문』, 2010.3.19.

28 「[사회]유명인사들 끄는 트위터의 은밀한 매력」, 『주간경향』, 2009.8.2.

등도 첨부되는 경우가 많다. 이는 콘텐츠의 풍부성에 초점을 맞추고 있다. 하지만 트위터는 오히려 콘텐츠 자체보다는 심리적 메커니즘에 초점을 맞추고 있다. 특정 인물을 중심으로 많은 이들이 접속하는 상황은 모방의 대상이 된다는 점에서 이를 알 수 있다. 즉 트위터가 성공한 것도 자신들과 일치하는 그리고 자신이 중심이 될 수 있는 네트워크성을 가지고 있기 때문이다.

> 수많은 사람이 모이고 흩어지는 광장에서 자신의 이야기를 뱉어내되 자신과 관계를 이룬 사람들의 목소리만 걸러서 듣고 대화할 수 있는 독특한 구조를 지니고 있다. 이른바 광장의 감성이 트위터 성공을 자극한 요소 중 하나라고 할 수 있다.[29]

따라서 트위터는 사회적으로 명성을 가지고 있는 이들에게는 폭발적인 성공을 가져다주었다. 그러나 이러한 명성이 적을수록 네트워크는 좁아질 수밖에 없다. 트위터는 SNS가 가지고 있는 네트워트의 과소성과 과대성을 극명하게 보여주는 매체였다.

> 트위터가 주목받고, 트위터 때문에 열광하는 이유는 무엇일까요? 외견상 트위터가 한국에서 여론의 주목을 받고 있는 것은 국내 서비스도 시작하지 않은 외국 서비스에 김연아, 이외수, 김형오, 이명박 등 유명인, 정치인들이 가입하고 트위팅을 하기 시작한 영향이 큽니다.[30]
>
> 트위터 열풍은 버락 오바마 미국 대통령, 오프라 윈프리, 샤킬 오닐, 브리트니 스피어스와 같이 정치 · 연예 · 스포츠 · 군사 등 다양한 분야의 아이

---

29 「['140자 혁명' 트위터 열풍]단순함이 강점…빛의 속도로 성장 – 트위터 성공의 비밀」, 『한국경제신문매거진』, 2009.7.22.

30 「이외수도 빠졌다는 트위터. 난 왜 재미가 없지?」, 『오마이뉴스』, 2009. 9. 9

콘들이 가세하며 더욱 거세지고 있다. 이들은 수시로 트위터를 통해 자신의 영향력을 확대하는 한편, 시민과 팬들의 반응까지 챙기고 있다. 선거운동에서도 트위터를 적극 이용했던 오바마 대통령의 팔로어는 150만 명을 넘어섰다. 지난 5월에는 우주왕복선 아틀란티스호의 승무원 마이크 마시미노가 우주에서 메시지를 전송하며 '우주 트위팅(Space twitting)'이 실현될 정도로 그 인기는 공간의 제약을 무색도록 했다.[31]

오마바 대통령은 트위터, 페이스북을 통해 많은 지지자를 모았고, 많은 정치인이나 정치지망생들의 성공적인 모델이 되었다. 이는 연임을 가능하게 했던 토대로 평가되기도 했다. 트위터가 초기에 폭발적인 신장세를 보인 것은 바로 오바마 효과 때문이다. 나도 온라인에서 네트워크를 자기 중심하면 대통령은 아닐지라도 특정한 목적을 달성할 수 있으리라는 기대감을 높여주었기 때문이다. 한국에서도 김연아 선수가 트위터를 사용하면서 폭발적인 계정 생성이 이루어졌다. 2009년 4월 할리우드 영화배우 애쉬튼 커쳐가 CNN에 출연해 누가 먼저 100만 명의 팔로워를 갖게 될 것인지 내기를 제안해 이틀 만에 성공한 것은 많은 팔로워를 갖고 싶은 대중욕망을 대리적으로 드러내준 것이다. 그냥 유명인들에게 연결되어 있다는 점을 충족하기 위해 팔로잉하는 것은 과거 대중의 행태였다. 트위터가 성공한 이들은 유명한 대중스타이거나 정치인들이었고, 사회적인 영향력을 발휘하고 싶은 욕망은 끊임없이 트위터에 자신의 이야기와 콘텐츠를 올리는 열정의 에너지를 제공하고 있다. 급속하게 성장하던 트위터의 열기가 급속하게 식은 것에 대해서 다음과 같은 지적이 있었다.

31 「트위터의 인기 비결…마케팅으로 고객 끌기도」, 『매경이코노미』, 2009.7.15.

그렇다면 트위터 열기는 왜 이렇게 빨리 식었을까요?

제 주변의 한 지인은 이에 대해 "트위터 회원 중 상당수가 군중 속의 고독을 느끼고 있다"고 분석했습니다. 인터넷 검색을 해 보니 이런 느낌을 이야기한 사람들이 적지 않은 것 같습니다. 블로그나 트위터에 이 같은 심정을 토로하는 글들이 상당수 보이는군요.

다른 사람들은 무언가 지속적으로 화제를 만들며 이야기하는데, 자신은 그런 타임라인을 들여다보고 있으면 그들과 동떨어진 느낌이라는 것입니다. 파워 트위터리언(트위터 이용자)이나 유명인사들은 이 같은 이야기에 공감하지 못하겠지만, 적지 않은 이용자들이 트위터에서 소외감을 느끼는 것으로 보입니다.[32]

늘리는 팔로워도 중요하지만 줄어드는 팔로워에 대한 심리는 그 행태의 목적을 단적으로 드러내준다. 한 조사에 따르면 트위터 이용자의 경우 '팔로어 두 명 준 것이 종일 신경쓰일 때'[33] 자신이 중독감을 느낀다고 대답했다. 일반 사람들은 몇 명이 늘고 주는가에 연연하는데 이 또한 자신이 중심화가 되고 싶은 욕망의 반영이다. 그 욕망에서 우리가 생각할 수 있는 것은 고독과 불안, 인정에 대한 욕구, 자아존중감의 충족을 현대인들이 고민하고 있다는 점이다.

지금까지는 트위터를 살펴보았는데 페이스북도 마찬가지 맥락에 있다. 페이스북이 무려 120조 원의 기업 가치를 얻게 된 비결은 이용자들이 스스로 올리는 '정보', 즉 데이터(Data)에 있는데, 이용자들이 하루 평균 13분(월 405분) 동안 페이스북에 올리는 소소한 일상과 사진, 동영상, 뉴스, 의견(좋아요 포함) 때문에 페이스북은 '나보다 더 나를 잘 아는' 사이트로 컸다. 특히 미국인들은 '페이스북에서 논다'고 해도 지나침이 없

32 「트위터 열기는 왜 식었을까?」, 『디지털데일리』, 2011.1.11.
33 「틈만 나면 SNS…당신도 중독?」, 『스포츠 동아』, 2012.6.2.

다. 평균적으로 미국인들이 온라인에서 쓰는 시간의 20%를 페이스북에 할애하고 있고 매일 사진 3억 개가 업로드된다. 이 같은 정보가 페이스북의 핵심 자산(Core Asset)이라는 지적도 나왔다. 하지만 페이스북이 크게 성공한 비결은 다른 데 있다. 바로 그 비결은 자신의 페이스북에서 상대방의 모든 정보와 움직임을 체크할 수 있다는 점이다.

> 폐쇄적 커뮤니티였던 페이스북이 개방적 소통 공간인 소셜네트워크서비스(SNS)에 걸맞은 모습으로 바뀐 것은 2006년 뉴스피드 기능을 도입하면서부터. 뉴스피드는 페이스북 이용자가 친구의 프로필 페이지로 이동하지 않은 채 자신의 홈 화면에서 페이스북에 올라온 최신 소식을 한 번에 볼 수 있도록 만든 것이다. 친구의 행적을 빠짐없이 수집해 뉴스 리스트처럼 보여주는 뉴스피드는 '파도 타기' 기능을 통해 '일촌'의 미니홈피를 번거롭게 방문해야만 소식을 알 수 있는 한국형 SNS 싸이월드와 결정적으로 다른 점이었다.[34]

홈 화면에 모든 이들의 최신소식이나 사진을 볼 수 있도록 한 것은 자신의 페이스북이 중심이라는 인식에 부합하는 것이다. 애써 다른 사이트에 방문하지 않아도 되는 것인데 이는 자아중심의 네트워크성의 특징을 잘 반영한 것이다. 이러한 맥락에서인지 '누군가 찾아와야 하는 블로그와 달리 온라인에 글을 쓰는 행동을 인간의 관계 및 자아실현과 연결시켜 성공한 대표적인 사례가 페이스북'[35]이라는 평가가 있었다.

제니퍼 아커 · 앤드 스미스(2011)는 페이스북을 통해 최대 규모의 저항

---

34 「페이스북, 2010년 '좋아요' 버튼으로 이용자 감성 충족에 결정적」, 『한국일보』, 2012.2.2, 7면 2단.

35 박용진, 「[NDC2012] 나는 왜 게임을 하는가? 심리적 보상의 매커니즘」, 2012.4. http://www.inven.co.kr/webzine/news/?news=43816

운동을 조직한 사람 등의 사례를 통해 '드래곤플라이 이펙트'가 작용하는 네 단계의 과정을 설명한다. 목표를 설정하는 '집중하기', 상대방의 관심을 유발하는 '관심 끌기', 관심을 행동으로 연결시키는 '참여시키기', 마지막으로 주변 사람들에게도 이 목표를 확산하도록 하는 '행동 유발하기'다.

> "드래곤플라이 효과의 핵심은 작은 노력이 모여 하나가 되는 것, 네 개의 날개가 하나로 움직여서 당신이 더 속도를 내고 하늘로 날아오르는 것이다. 작은 행동들이 큰 변화를 만들어낼 수 있다. 그것들이 함께 움직여 당신의 능력을 최대화할 것이고, 당신은 당신이 택한 방향으로 멀리, 그리고 빠르게 갈 수 있을 것이다."(222쪽)

이러한 유형의 출간물들이 많은 것과 이에 대한 대중적 선호는 일반적인 SNS 이용자의 기호를 나타내주는 것이다. 사람들이 페이스북에서 바라는 것은 자신의 생각이나 느낌, 그리고 그것을 담은 콘텐츠들이 계속 축적되고 그것에 연결되어 있는 이들이 자기중심으로 몰려드는 것이다. 자기중심으로 온다는 것은 거꾸로 다른 이들에게 영향력을 확대하는 것을 의미한다. 그 사이에서 사회적 그리고 유대와 협력이라는 점이 실질적인 효과와 가치를 지니게 된다. 이럴 때 공동체성이 구현되는 긍정성을 개인으로나 집단적으로 경험하게 되는 것이다. 뉴스, 검색, 게임, 사진, 커머스 등이 혼재하는 '인터넷 포털' 시대가 끝나고 소셜네트워크 등 개인화 서비스 중심의 '휴먼 웹(human web)' 시대가 오고 있다는 지적은 또 하나의 대중매체와 같았던 포털을 이제 SNS가 추월하고 있는 현상[36]을 말해준다. 하지만 여기에서 추월은 단순히 수동적인 이용자들의 욕망이 아니라 자기중심화의 적극적인 행태 때문이다. 이러한 논의들을 바탕으로 문화콘텐츠 기획과 제작 차원의 함의를 살피고자 한다.

---

36 「인터넷포털 시대 끝나나」, 『매일경제』, 2012.1.19., A2면.

2.3. 문화콘텐츠 기획 – 제작 차원의 함의

2.3.1. 자아존중과 충족의 네트워크와 디지털 문화콘텐츠 기획

김준호 · 홍진환(2011)은 소셜네트워크를 통해 이타적인 공진화가 이루어지고 있다고 했으며, '문화콘텐츠 분야에서는 미디어 간 경계, 고급문화와 대중문화의 경계가 사라지며, 일반인들이 다양한 경로를 통해 문화에 참여'하고 있다고 분석한다. 참여의 관점을 중요하게 보고 있는데 그 안의 수용자들의 내적 충족심리는 상대적으로 간과된다. 바람직한 가치의 실현 예컨대 그 참여의 동인이 도덕과 윤리 범주의 준수에 다시 환원되어 버린다.

참여의 메커니즘은 단순히 사회적 가치를 실현하기 위해서 이루어지는 것이 아니라 자기통제감을 통해서 자아존중감을 실현하기 위한 것이다. 흔히 자아심리학에서 말하는 자아실현에만 머무는 것이 아니라 전체적인 지성을 상승시키면서 자아의 지성도 상승하기를 바란다. 이런 면에서 서로 진화하는 이른바 공진화 현상이 집단지성을 넘어서서 개개인과 집단에게 발현된다. 집단지성의 진화가 개개인의 지성 진화로 연결되고 그것이 자기통제감–자아존중감–자기실현으로 이어질 때 다시금 진화의 궤적으로 연결될 것이다. 일방적으로 자신의 생각이나 주장, 행위들을 알리는 것들은 모두 실패한다. 서로 자아존중감을 충족하는 쌍방향의 자아중심네트워크가 구축되어야 한다.

콘텐츠 기획자가 해야 할 일은 이런 시민과 수용자들이 언제 어디서든 자신들의 자아를 중심으로 한 네트워크를 구축할 수 있도록 도와주고 그것이 집단지성의 형태로 미디어콘텐츠 영역에 반영될 수 있도록 유도하는 것이다. 또한 이런 것이 집단지성과 공진화의 형성을 이룰 수 있도록 유도하는 정책이 필요하다. 이것이 플랫폼 거버넌스 원칙을 실현시키는 기제로 삼아야 할 방향성이 될 것이다. 시민은 단지 참여와 소통을 하는 객체적 대상이 아니라 네트워크의 능동적 중심이 되도록 실현시켜 주어야 한다.

2.3.2. 디지털 미디어와 예술콘텐츠의 깊이감 제고

자아중심적 네트워크는 넓이가 아니라 깊이이며 양(量)보다는 질이다. SNS는 소셜네트워크서비스의 약자로, 이는 시스템을 말한다. 시스템은 엄밀하게 콘텐츠에 대한 함의가 적다. 네트워크는 많은 사람들이 어떻게 연결되고 누가 많이 연결되어 있는가에 더 관심이 많다. 어떤 콘텐츠 때문에 그 네트워크의 두터움은 관심의 대상이 되지 못한다. 역설적으로 많은 노드와 링크가 있다고 해도 그 질(質)의 정도를 가늠할 수 없는 것이다. 특히 문화예술의 영역은 그러한 질을 매우 중요하게 여긴다. 이러한 점은 SNS에도 필요하다. 단순히 정보를 나열하는 것은 문화예술에 함의가 없다.

> 전문가들이 운영하는 블로그가 '정보의 힘'으로 파워 블로그의 반열에 들었다면, 영화나 음악, 드라마나 공연예술 등의 리뷰가 자주 게재되는 블로그는 운영하는 사람의 '글 솜씨'가 인기의 관건이다.
>
> 보통 사람들은 문화예술을 즐기는 소비자에서 그치지만, 이들은 자신만이 경험한 특별한 느낌을 기록해 두는 것으로 블로그의 가치를 높인다.[37]

여기에서 글 솜씨는 단순히 유려한 문체만을 의미하는 것은 아니다. 자신만의 경험과 특별한 느낌을 다른 사람들에게 공감할 수 있도록 전하는 것이다. 트위터도 진정한 이들을 거느리려면 그 안에 글 솜씨가

37 「인기블로그, 뜨거운 이슈를 시원하게 쏜다」, 『오마이뉴스』, 2008.1.27.

구현하는 자아의 세계가 존재해야 한다. 자아의 깊이는 문화예술의 깊이를 의미한다. 글 솜씨는 미디어와 문화예술콘텐츠를 의미한다. 단순한 정보의 나열을 통해 많은 팔로워들이나 이웃을 거느린다고 해도 그것은 문화예술적으로 함의가 적을 수 있다. 문화예술은 특히나 자아의 특별한 느낌을 충족시킨다. 섣불리 네트워크만 확장시키려 할수록 이러한 자아의 특별함 느낌을 충족시키지 못한다. 따라서 '자아중심적 네트워크(egocentric network)'에서는 반드시 링크가 많이 연결되어 있는 것을 성공의 기준으로 삼을 수 없다는 점을 인식할 필요가 있다.

2.3.3. 한류와 플랫폼

한류는 한국 문화콘텐츠의 현재이자, 미래로 일컬어진다. 그 수익 배분율을 보았을 때 90% 이상은 현지인들에게 돌아간다. 일본에서 활발하게 활동하는 아이돌 가수들이라고 해도 현지 기획사와 프로모션, 유통사들이 가져간다. 빌보드 차트에 올라오는 많은 곡들은 결국 미국에게 막대한 수익을 만들어준다. 이는 유튜브라는 디지털 공간에서도 마찬가지다. 아이돌 가수들이 많은 인기를 끌어도 정작 그들이 가지는 수익은 상대적으로 적다. 이러한 점은 가수 싸이도 마찬가지였다. 높은 인기에도 불구하고 전체 수익에서 싸이가 차지하는 비율은 상대적으로 적었다. 자기중심적인 플랫폼을 한국이 적극적으로 가지고 있는 게 중요하다. 한류를 다른 국외 지역의 디지털이나 물리적 공간에 위임할 때 자기중심적 충족감은 덜할 것이다.

또한 심리적 관점의 자기중심화는 사회와 국가 차원의 충족감과 연결된다는 점을 생각해야 한다. 특히 초기에 싸이에 대한 열광적인 유튜브 반응은 한국인들이 이끌었다고 볼 때 이는 한국인들이 자기충족적인 만족의 심리가 민족주의 혹은 국가주의 관점에서 증대되었기 때문이다. 무엇보다 세계화와 다문화 시대라고 해도 민족주의와 국가주의가 여전히 유효한 것은 바로 자기중심적 네트워크의 심리적 메커니즘에 기반하고 있다. 무조건적인 문화의 결합은 한계일 수밖에 없으며 진전은 없을 수밖에 없다. 다만 한국의 전통문화에만 초점을 맞추어 한류전략을 추구하는 것은 세계 보편성과 수용자의 선호를 간과하고 마는 것이다. 대중문화 차원의 콘텐츠가 선호되려면 어떠해야 하는지를 반드시 생각해야 한다.

플랫폼의 기본적인 철학은 다른 이들의 콘텐츠를 받아들여 난장을 피우게 만들고 수익을 얻는 것과 마찬가지로 자신의 콘텐츠도 보편성을 갖도록 상생의 경쟁을 갖는 것이다. 이러한 양면 전략은 모두 자기중심적 충족감이 사회적으로 공진화하는 것이다.

3. 결론 – 에고와 소셜의 공진화를 위해

본 논문은 소셜(social)에 대한 재검토를 통해 인터넷 개인 미디어들의 성공요인에 대한 착오를 살피려 했다. 이는 비단 단순히 인터넷에만 해당하는 것이 아니라 문화예술콘텐츠의 창작과 수용에도 연관이 있다. 이 논문에서 주목한 것은 소셜이라는 개념의 과잉이었다. 소셜의 유행은 나름의 가치를 가지고 있기 때문이지만 그것은 자칫 무분별한 적용을 통해서 애초의 좋은 명분까지 해칠 가능성이 많다. 특히 공공적 가치를 실제의 수익의 결과까지 담보할 수 있다 과신은 공공성과 수익모델 사이의 오류를 불러오기도 한다.

신뢰와 상호 존중은 SNS의 과제이며 이는 디지털 미디어와 문화예술적 창작에도 해당한다. SNS의 활성화는 한편으로 부작용을 낳고 있는데 정보에 대한 불신이 그 가운데 하나이다. 2012년 2월, 글로벌 정보분석 기업 닐슨의 조사에 따르면 SNS가 후보 선택에 영향을 미친다는 답변이

85.1%에 달했다. 그러나 SNS 정보의 신뢰성은 크게 낮은 것으로 드러났다. 14.1%만이 SNS상 정보를 '신뢰한다', 또는 '매우 신뢰한다'고 했다. '보통이다'가 63.3%로 대다수를 차지했고 '신뢰하지 않는다', '전혀 신뢰하지 않는다'는 답변은 22.5%였다.[38] 다만, SNS를 활용하는 사람들은 그렇지 않은 사람들보다 사람들을 신뢰했다. 퓨리서치센터가 2011년 6월 16일 발표한 'SNS와 우리들의 삶(Social networking sites and our lives)'이라는 보고서에 따르면, 인터넷 이용자들이 비이용자에 비해 다른 사람을 훨씬 더 신뢰하는 것으로 나타났다. 인터넷 이용자들 중 46% 가량이 "대부분의 사람들은 신뢰할 만하다"고 응답했고, 인터넷 비이용자들은 신뢰한다는 응답이 27%에 그쳤다.

이런 관계는 소셜네트워크서비스(SNS)에서 더했다. 페이스북 이용자들의 다른 사람들에 대한 신뢰도가 높게 나타난 것이다. 또한 페이스북을 하루에도 몇 차례씩 이용하는 사람들은 다른 인터넷 이용자들에 비해 다른 사람들을 신뢰하는 비율이 43% 가량 더 높았다. 특히 인터넷을 쓰지 않는 사람들에 비해선 3.07배에 달했다.

이렇게 신뢰가 높은 이유는 다른 사람들이 자신의 SNS에 적극 호응하기 때문이다. 언제나 다른 사람의 뒤만 좇아다니는 관계라면 이러한 심리적 상태는 불가능할 것이다. 여기에서 적극 호응은 긍정적인 것이다. 존중을 받고 싶은 심리가 사회적 관계는 상호 충족될 때 지속된다.

상호적으로 자아존중감을 높여주는 것이 이러한 신뢰를 만들어주는 것이고 SNS의 긍정성이라고 볼 수 있다. 서로 간에 존중하여 줄수록 신뢰감은 증진되고 자기충족감을 느끼게 마련이다. 무조건적으로 소셜을

38 2013년 2월 20일부터 24일까지 서울, 대전, 대구, 광주, 부산의 만 18~54세 남녀 1000명을 설문조사한 결과.

강조한다면 오히려 사회적 가치에 대한 권태와 염증이 생길 수도 있다. 무엇보다 자기 자신을 사랑하기 때문에 남을 사랑할 수 있다. 자신을 사랑하지 않으면 다른 사람을 사랑할 수 없다. 도산 안창호가 말한 '애기(愛己)애타(愛他)'[39]이다. 자기 SNS를 사랑하지 않으면 다른 이들의 SNS를 사랑할 수가 없다. 이는 자신의 예술작품이나 문화콘텐츠를 사랑하지 않으면 다른 이들의 것을 사랑하지 못하는 것과 마찬가지다. SNS는 바로 자기 자신을 사랑하기 때문에 남들을 사랑하고, 사회적 관계들을 심화시키는 것이고, 이 과정에서 문화콘텐츠의 다양성과 풍부함이 창조될 수 있다. 서론부터 본고에서 자기중심적 네트워트와 집단적 공진화가 일어나는 메커니즘을 강조하는 이유였다. 단지 연결하는 데만 치중하는 기획 제작 전략은 결국에는 자신 자체의 빈곤함을 부추기게 된다. 이는 문화예술콘텐츠의 결핍으로 이어질 수밖에 없다.

39 서상목 · 안문혜, 『도산 안창호의 애기애타 리더십, 사랑 그리고 나눔』, 북코리아, 2010.

• 참고문헌

1. 국내서

김은미 외, 『SNS 혁명의 신화와 실제』, 나남, 2011.

김준호 홍진환, 『코에볼루션 이타적 공진화 소셜네트워크 시대의 트렌드와 미래전략』, 한스컨텐츠, 2011.

조상현 · 김현,『소통혁명: 미래 세상은 소셜네트워크와 모바일이 지배한다』, 황금사자, 2010.

조용진 · 조선민, 『소셜미디어 SNS 콘텐츠의 강자가 되자』, StoryBlossom, 2011.

조화순 엮음, 『소셜네트워크와 정치변동』, 한울아카데미, 2012.

한종우, 『소셜 정치혁명 세대의 탄생 : 네트워크 세대는 어떻게 21세기 정치의 킹메이커가 되는가』, 전미영 옮김, 부키, 2012.

2. 국외서

가브리엘 타르드, 『여론과 군중 : SNS는 군중의 세계인가 공중의 세계인가?』, 이상률 옮김, 지도리, 2012.

매튜 프레이저 · 수미트라 두타, 『소셜네트워크 e혁명: 개인과 조직, 시장과 사회를 뒤바꾸는(THROWING SHEEP IN THE BOARDROOM : HOW ONLINE SOCIAL NETWORKING WILL TRANSFORM)』, 최경은 옮김, 행간, 2010.

알랭 드 보통, 『불안』, 정영목 옮김, 이레, 2005.

에릭 퀄먼, 『소셜노믹스 Socialnomics: 세상을 바꾼 SNS 혁명』, inmD 역, 에이콘출판사, 2011.

A.L. 바바라시,『링크 : 21세기를 지배하는 네트워크 과학(LINKED: The New Science of Networks)』(개정판), 강병남 · 김기훈 역, 동아시아, 2002.

제니퍼 아커 · 앤드 스미스, 『드래곤플라이 이펙트』, 김재연 역, 브랜드앤커머니 감수, 랜덤하우스코리아, 2011.

제러드 듀발, 『넥스트 데모크라시: 소셜네트워크 세대는 민주주의를 어떻게 바꾸는가(Next Generation Democracy, 2010)』, 민음사, 2012.

존 스콧, 『소셜 네크워크 분석』, 이효동 김광재 옮김, 커뮤니케이션북스, 2012.

줄리엣 파월, 『33M 소셜네트워크 성공스토리』, 제이펍, 2011.

3. 논문

곽윤희, 「모바일 SNS 이용동기와 이용행태의 상관관계 연구 - 트위터 이용자를 중심으로」, 홍익대학교 석사학위 논문, 2011.

김근형 · 윤상훈, 「SNS사용자 만족도의 영향요인 도출 및 서비스 형태별 비교 분석」, 『인터넷전자상거래연구』 제12권 제1호, 한국인터넷전자상거래학회, 2012.

김형석, 「SNS의 이용동기와 커뮤니케이션 행동에 관한 연구」, 『한국산학기술학회 논문지』 13(2), 2012.

김흥규 · 오세정, 「SNS 이용자들의 심리적 유형 : 새로운 커뮤니케이션의 가능성을 향해」, 『주관성연구 : Q방법론및이론』 제22호, 한국주관성연구학회, 2011.

내가영, 「모바일 SNS 이용자들의 이용 동기와 만족감에 대한 연구 - 트위터와 미투데이를 중심으로」, 서강대학교 석사학위 논문, 2010.

박종철 · 전수정 · 이한준, 「소셜네트워크서비스(SNS) 활동이 소비자의 지식창출 및 지속적 사용의도에 미치는 영향」, 『서비스경영학회지』 12권 4호, 한국서비스경영학회, 2011.

신상규, 「SNS 시대의 자아 개념」, 『기호학연구』 30권, 한국기호학회, 2011.

심선희 · 문재영, 「모바일 SNS속성이 관계형성과 정보공유를 매개로 사용자 만족도에 미치는 영향」, 『한국품질경영학회보』 40권 1호, 한국품질경영학회, 2012.

심혜영 · 임걸, 「SNS 이용동기가 참여활동에 미치는 영향 연구」, 『디지털콘텐츠학회지』 제12권 제3호, 한국디지털콘텐츠학회, 2011.

안정민, 「SNS 사용자의 이용 행태와 성격이 정서적 유대감 형성에 미치는 영향에 대한 연구」, 아주대학교 석사학위 논문, 2011.

윤여선, 「인터넷 이용기반과 이용유형이 사회 자본에 미치는 영향에 대한 연구 : SNS관계망의 매개효과를 중심으로」, 숭실대학교 석사학위 논문, 2012.

이석용 · 정이상, 「웹 2.0 시대의 SNS(Social Network Service)에 관한 고찰」, 『경영교육저널』 29권 4호, 대한경영정보학회, 2010.

이영천, 「시선의 권력과 동일시를 통한 SNS 서비스의 관계지향성 분석 - 모바일 싸이월드 및 페이스북 중심으로」, 홍익대학교 석사학위 논문, 2011.

임수민 · 김형중 · 주상현, 「Mass Collaboration 사례를 통한 SNS 정보 활용 접근 방법」, 2011년도 제35회 춘계학술발표대회, 한국정보처리학회, 2011.
우공선 · 강재원, 「이동형 SNS(Social Network Service)의 이용 충족, 의존, 그리고 문제적 이용 – 트위터(Twitter)를 중심으로」, 『사이버커뮤니케이션학보』 제28권 4호, 사이버커뮤니케이션학회, 2011.
최윤영, 「공연 마케팅에서의 SNS 활용에 대한 시사점」, 『대한무용학회논문집』 66권, 대한무용학회, 2011.

제2부

콘텐츠의 응용과 적용

지금의 광고를 이해하는 몇 개의 키워드

김 정 우

한성대학교 한국어문학부 교수

1. 무한경쟁 시대에도 승리자는 있다
2. 감성 : 견고하게 닫힌 마음의 문을 열다
3. 참여 : 조금 더 적극적으로 소비자를 끌어들이다
4. 편승 : 다른 콘텐츠의 힘을 내 것으로 만들다
5. 이야기 : 어느샌가 소비자는 광고 안에 깊이 들어와 있다
6. 다시 한 번, 콘텐츠의 숙명을 생각하다

지금의 광고를 이해하는 몇 개의 키워드

1. 무한경쟁 시대에도 승리자는 있다

콘텐츠에도 숙명이 있다면, 단언컨대 그것은 선택받아야 한다는 것이다. 아무리 잘 만든 콘텐츠라고 하더라도, 아무리 수준이 높은 콘텐츠라고 하더라도 사람들에 선택받지 못하면 좋은 콘텐츠라고 할 수 없다. 어떤 콘텐츠도, 사람들이 의무적으로 봐야 하는 것은 없다. 그리고 수많은 콘텐츠들을 모두 다 볼 수도 없다. 사람들은 그럴 시간도 없고, 그럴 만큼 관심의 폭이 넓은 것도 아니다. 사람들은 그저 자신을 유혹하는 수많은 콘텐츠들 가운데서 자신의 마음이 끌리는 극히 일부만을 선택해서 보게 된다.

광고도 마찬가지이다. 개별 소비자의 활동반경, 그가 누리는 생활환경, 미디어와의 접촉시간, 개인적인 관심 등등에 따라 차이는 있겠지만, 한 사람의 소비자가 하루에 접촉할 수 있는 광고의 수는 대체로 5,000~6,000개 사이라고 한다. 생각해보면 엄청난 숫자이다. 소비자 한 사람이 하루에 6시간 정도를 잔다고 할 때, 나머지 18시간 동안 만날 수 있는 광고는 시간당 280~330개 정도이다. 1분에 4~5개의 광고를 보는 셈이다. 생각해보면, 광고를 제외한 다른 콘텐츠를 볼 수 있는 시간이 있기나 하는 것일까 의심이 들 정도로 많은 광고와 만나게 된다. 그런데, 그들 중에서 소비자들이 기억하고 있는 광고는 몇 개나 될까.

더군다나, 다른 콘텐츠에 비해 소비자들이 광고를 접하는 태도는 매우 비협조적이다. 영화를 보러 간 사람은 그야말로 열심히 몰입해서 본다. 영화보다는 몰입도가 떨어질 수도 있지만, TV 드라마도 마찬가지이다. 콘서트나 축제의 현장에 가면 정말 내일 지구가 망할 것처럼 열심히 즐긴다. 이들 여러 형태의 콘텐츠들은 향유자들이 능동적으로 선택한 것들이기 때문에 몰입하기가 쉽다. 처음부터 거기에 몰입하겠다는 마음가짐을 갖고 있었기 때문에 몰입하기 쉬운 것이다. 그러나 광고는 그렇지 않다. 광고를 업으로 삼고 있거나, 광고에 대해 지대한 관심을 갖고 있는 사람이 아니라면 광고를 열심히 보지 않는다. 대체로 광고란, 어떠한 콘텐츠를 접하는 과정에서 부가적으로 접하게 되는 경우가 대부분이다. 그래서 영화를 보는 중에는 조용히 집중하지만, 시작 전 광고가 나올 때는 대개 웅성대며 딴 짓을 한다. 그들은 광고를 보기 위해 극장에 온 것이 아니기 때문이다. TV를 보다가 광고가 나오면 채널을 바로 돌려버린다. 리모컨은 그럴 때마다 가장 강력한 도구가 된다. 굳이 TV까지 가지 않더라도 TV에서 멀찍이 떨어져 앉아 손가락만 한 번 까딱 하면 채널을 휙휙 돌릴 수 있기 때문이다. 콘텐츠의 숙명이라는 측면에서 얘기하면, 광고는 '선택하고 싶지 않은' 콘텐츠인 경우가 대부분이다.

그런데, 또 하나의 문제가 있다. 소비자는 늘 같은 기준으로 광고를 보는 것이 아니라는 점이다. 광고를 보는 소비자의 기준은 자신이 처해 있는 상황에 따라 변한다. 이를테면 경기가 가장 대표적인 요인이다. 경기가 좋으면 소비자들은 대체로 광고를 관심 있게 본다. 쉽게 말해, 주머니에 돈이 좀 있으니 뭘 살까 하는 마음이 든다는 뜻이다. 물론, 반대라면 소비자들은 더욱 위축되게 된다. 오히려 자꾸 뭔가를 사라고 유혹하는 광고에 대해 반감을 가질 수도 있다. 사회적 이슈도 요인이 될 수 있다. 이를테면 국가적으로 절전 캠페인이 벌어진 올 여름과 같은 경우, 전기 사용량이 많은 제품은 당연히 기피 대상이 된다. 제품은 아무것도 변한 것이 없는데, 그것을 바라보는 소비자의 마음이 변한 것이다. 마음이 변했으니, 광고를 보는 시선도, 광고를 받아들이는 정도도 당연히 변한다.

그러나 입장을 바꿔, 광고의 제작자들이나, 그 광고를 돈을 내고 미디어에 게재하는 광고주의 입장에서는 어떻게든 소비자들에게 선택되기를 바란다. 그러기 위해서 다양한 방법을 동원한다. 비싼 모델비를 감수하면서 톱스타를 캐스팅하기도 하고, 기발한 아이디어를 적용해보기도 하고, 영화보다도 멋진 화면을 선보이기도 한다. 관심이 없고, 비협조적인 소비자들에게 어떻게든 선택을 받기 위해 눈물 나는 노력을 하고 있다. 하루에 한 사람의 소비자가 볼 수 있는 5,000~6,000개의 광고만이 그 경쟁자가 아니다. 광고 이외의 수많은 콘텐츠들이 광고의 경쟁자들이다. 어차피 소비자들은 무엇이 되었건 '자신이 보고 싶은 것'만 본다. 그것이 영화든, TV 드라마든, 광고이든 상관없이.

그렇다면 한 편의 광고가 어떻게 소비자들에게 선택될 수 있을까? 콘텐츠들 간의 무한경쟁 시대에도 승리자는 있다. 소비자들에게 깊은 인상을 남기거나, 제품의 판매에 직접적으로 영향을 발휘하는 광고들은 있는 것이다.

이 글은 광고콘텐츠의 제작자들이 그 문제를 해결하기 위해 찾아낸 몇 가지 방법론들을 키워드 중심으로 살펴보는 데에 그 목적이 있다. 대체로 2013년 상반기에 TV를 통해 방영되었던 광고들이 분석의 대상이며, 필요에 따라 그 이전의 광고들도 일부 분석의 대상이 되었다.

2. 감성 : 견고하게 닫힌 마음의 문을 열다

Rolland Hall은 말했다.

"이성은 결론을 낳고, 감성은 행동을 낳는다."

논리적으로 냉철하게 분석한 결과에 따라 자신이 어떻게 행동해야 할까를 결정해서 움직이는 사람이 없는 것은 아니다. 그러나 그런 사람은 상대적으로 볼 때 큰 비율을 차지하지 않는다. 대부분의 사람들은 마음이 내키는 대로 행동을 한다. 물론, 그 행동이 무책임하고 무분별한 것이라는 의미는 아니다.

이를테면, 시험 전날 공부할 것이 많은데도 TV나 인터넷에서 재미있는 것을 보며 낄낄대는 경우가 있다. 이성적으로는 공부를 해야 한다는 것을 충분히 알고 있고 이해하고 있지만, 감성적으로는 공부를 해야겠다는 마음이 들지 않았기 때문이다.

제품을 구매하는 것도 마찬가지이다. 이성적으로 분석해보면 좋은 제품이지만, 정작 구매하려고 할 때 마음이 끌리지 않으면 망설이게 된다. 그래도 여러 제품이 갖고 있는 품질의 차이를 명확히 알 수 있는 경우에는 좀 덜하다. 하지만, 소비자들이 생활 속에서 구매하는 수많은 제품들 가운데 품질의 차이를 명확히 알고 구매하는 것들이 얼마나 되겠는가. 소비자들의 머릿속에 어떤 제품이 더 좋고, 어떤 제품은 좀 그렇다는 인식이 형성되어 있는 것은 사실이지만, 그것이 논리적인 분석에 의해 형성된 경우는 드물다. 그냥 그런 느낌을 갖고 있는 것이다. 그냥 갖고 있는 '그런 느낌', 그것이 바로 소비자들을 움직이게 하는 강력한 힘이다.

감성적인 광고가 갖고 있는 힘은 오래전부터 광고에 많이 활용되어 왔다. 그런데, 최근에는 그러한 감성이 좀 더 강도 높게 반영된 광고들이 나타나고 있다.

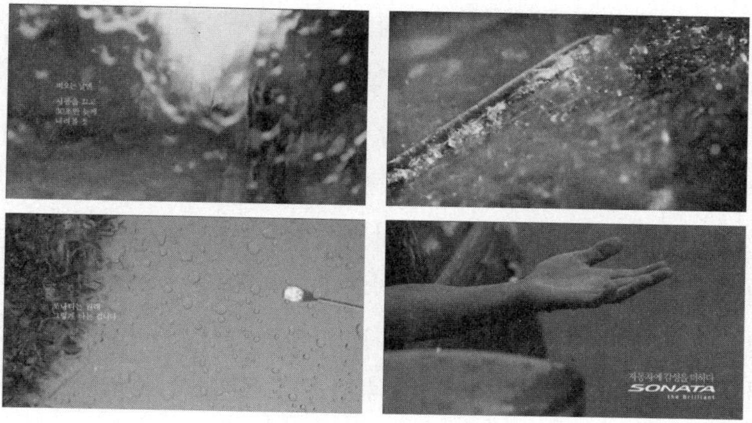

현대자동차, 〈쏘나타〉

자막 : 비오는 날엔 시동을 끄고 30초만 늦게 내려볼 것.
쏘나타는 원래 그렇게 타는 겁니다.
자동차에 감성을 더하다.
쏘나타, 현대자동차.

자동차는 대표적으로 이성적인 제품이다. 소비자들이 자동차를 살 때는 많은 고민을 한다. 승차감은 좋은가, 고장은 혹시 잦지 않은가, 연비는 좋은가 등등의 기계적인 측면에서부터 색깔이나 스타일과 같은 감성적인 측면까지 고민의 폭이 넓게 마련이다. 왜냐하면 자동차는 비싸기 때문이다. 한 번 구입하면 몇 년을 타야 하는데, 잘못 사면 매우 곤란한 일을 겪게 되므로 그러한 위험성을 최소화시키고 싶어 하게 마련이다. 그러나 소비자들이 자동차의 기계적 성능을 파악하기란 쉽지 않다. 더

군다나 〈쏘나타〉와 같이 오래된 브랜드인 경우에는 더더욱 그렇다.[1] 어쨌든 대한민국을 대표하는 자동차 브랜드 중의 하나이므로 기계적인 측면은 믿고 구입하는 것이 대부분이다.

그럴 경우 중요한 것은 감성적인 측면이다. 그러므로 감성적인 광고가 필요하다. 자동차 광고로서 가장 대표적인 감성광고는 자동차의 기계적인 성능을 강조하기보다 스타일을 강조하는 광고이다. 그러나 이 광고는 그보다 한 발 더 나아가 있다.

특이하게도, 이 광고에서는 자동차의 모습을 보여주는 장면이 전혀 없다. 첫 장면은 운전자의 시각에서 본 비 오는 차창이다. 그리고 계속 비 오는 모습들만 등장한다. 청각적으로 다닥거리는 빗소리가 매우 선명하다. 내레이션도 없다. 오로지 자막만으로 메시지를 이야기하고 있다. 자동차를 보여주지 않아도 〈쏘나타〉라는 브랜드만 보면 소비자들은 어떤 차인지 다 알고 있다. 그만큼 〈쏘나타〉가 갖고 있는 브랜드 파워는 강력하기 때문이다. 그러므로 소비자들의 섬세한 감성을 건드리는 광고를 통해 〈쏘나타〉에 대한 감성적 공감을 이끌어내려 하고 있는 것이다. 지금까지 자동차는 이성적인 만족에 의해 탔다면, 〈쏘나타〉는 감성적인 만족을 느끼면서 타는 차라고 주장함으로써, 여타 브랜드와의 차별성을 확실하게 부각하고 있다.

1 〈쏘나타〉는 1985년에 처음 시장에 선을 보였고, 지금까지 디자인과 성능 개선을 통해 지속적으로 생산 · 판매되고 있다. 우리나라 자동차 가운데에서는 가장 오랫동안 수명을 유지하고 있는 브랜드이다.

대웅제약, 〈우루사〉

자막 : 괜찮다.
야근쯤이야 괜찮다. 라면으로 때우는 것쯤이야 괜찮다.
속 아픈 것쯤이야 괜찮다. 주말에 일하는 것쯤이야 괜찮다.
자존심 굽히는 것쯤이야 괜찮다. 외로운 것쯤이야 괜찮다.
아빠니까 괜찮다.
힘들어도 피곤해도 아빠니까 괜찮다는 사람, 아버지 당신을 응원합니다.
이 캠페인은 우루사가 함께 합니다.

검은 화면에 '괜찮다'라는 자막이 뜨면서 광고는 시작된다. 내레이션도 없이 잔잔한 음악만이 들리면서 계속 자막이 흐른다. 자막의 배경에는 가족들의 즐거운 모습이 담겨 있는 사진들이 등장한다. 물론, 그 사진 속에 아빠는 없다. 가족들을 위해 몸과 마음으로 희생을 아끼지 않는 아버지의 마음이 담긴 자막이 이어지고, 마지막에는 '아버지 당신을 응원합니다'라는 자막으로 마무리된다.

〈우루사〉가 처음으로 발매된 것은 1961년이다. 50여 년이 넘는 시간 동안 〈우루사〉는 '간'과 '피로회복'이라는 두 가지 키워드를 소비자들의 가슴속에 명확히 인식시켜왔다. 제약광고는 그 속성상, 문제를 제시하고 그것을 해결하는 구성의 광고가 많다. 하지만, 이 광고는 전혀 다른 구성을 갖고 있다. 가족을 위해 모든 것을 희생하는 아버지에 대해 이야기하고 있는 것이다. 물론, 그 아버지가 〈우루사〉의 핵심 소비자인 것은 틀림이 없지만, 아버지의 지친 간과 피로를 〈우루사〉를 통해 풀어주자는 말 한 마디 없이, 아버지에 대해서만 이야기하고 있다. 대한민국 아버지의 삶이 어떤 것인지를 아는 사람이라면, 계속 '괜찮다'고 하면서도 사진 속에서 늘 부재할 수밖에 없는 아버지의 삶을 아는 사람이라면 충분히 감성적으로 공감할 수 있는 내용이다.

소비자는 늘 광고를 경계한다. 광고를 보면서, 이 광고는 나를 설득하여 물건을 사도록 유혹하는 것이라는, 일종의 방어기제가 작동하기 때문이다. 그래서 늘 광고를 보면서 견고하게 마음의 문을 닫고 있다. 감성적인 접근은 그렇게 견고하게 닫힌 마음의 문을 여는 열쇠가 된다. 감성은 '행동'을 낳기 때문이다.

3. 참여 : 조금 더 적극적으로 소비자를 끌어들이다

TV라는 미디어는 그 속성상, 시청자가 소극적일 수밖에 없다. 일방적으로 전달되는 미디어이기 때문이다. 그러므로 소비자는 광고가 하는 이야기를 그저 보고 듣기만 해야 한다. 자신의 의견을 개진하거나, 뭔가 행동을 하고 싶어도 당연히 아무것도 할 수 없게 마련이다. TV란 그런 것이다. 그렇기 때문에 광고를 만드는 사람들 역시 늘 그런 방법으로 광고를 만들어왔다. 그러나 그렇기 때문에 TV광고가 갖는 효과가 한계에 이르기도 한다. 시간이 갈수록 소비자들은 점점 더 소극적이 되고, 그것이 심해지면 광고 자체에 대한 흥미를 잃어버릴 수도 있기 때문이다.

이러한 문제점을 해결하기 위해 소비자들을 조금 더 적극적으로 끌어들이는 방법이 있다. 어떤 형태로든 참여하게 하는 것이다.

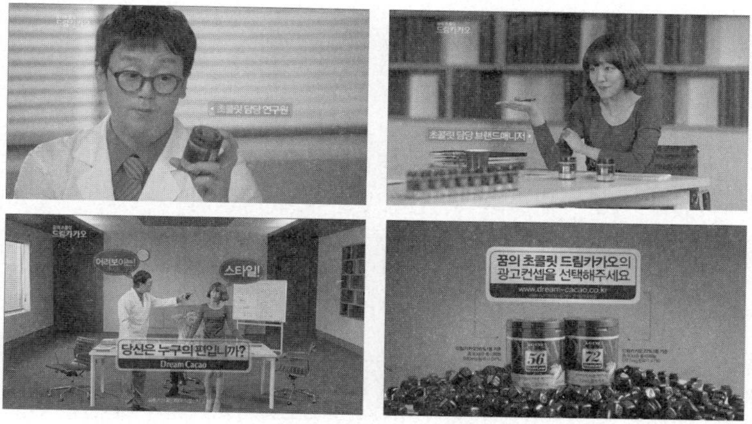

롯데제과, 〈드림카카오〉

자막 : 꿈의 초콜릿 드림카카오 마케팅 컨셉회의

남 : 56과 72, 카카오가 많다는 건?

초콜릿담당 연구원 : 폴리페놀이 많다는 얘기죠.

초콜릿담당 브랜드매니저 : 왜 찾는지를 봐야죠. 요즘 스타일 때문에 많이 찾는다구요.

초콜릿담당 연구원 : 어려 보이는 친구들이 더 많이 먹는다구요.

초콜릿담당 브랜드매니저 : 스타일 몰라요?

초콜릿담당 연구원 : 진짜 고집 세네!

자막 : 당신은 누구의 편입니까?

Na : 당신의 선택은?

자막 : 꿈의 초콜릿 드림카카오의 광고컨셉을 선택해주세요.

Na : 꿈의 초콜릿, 드림카카오.

〈드림카카오〉 광고는 마케팅 컨셉회의 장면으로부터 시작된다. 카카오가 많이 들어있다는 것이 제품의 특성인데, 그것을 소비자의 이익으로 전환시켜 설명하는 포인트에 대해 연구원과 브랜드매니저 간에 이견이 있다. 연구원은 젊어 보이는 효과가 있다는 점을, 브랜드매니저는 스타일이 좋아진다는 점을 이야기하고 싶어 한다. 그리고 서로 한 치의 양보도 없이 팽팽하게 대립한다.

광고 안에서는 결국 결론을 내지 못한다. 그리고 소비자들을 향해 질문을 던지고 있다. 연구원과 브랜드매니저 두 사람의 주장 중 어느 쪽을 선택하겠냐는 것이다. 그리고 인터넷을 통해 응모할 수 있도록 안내하고 있다.

소비자들은 누구의 손을 들어줄까? 그 결과는 아직 광고로 드러나지 않고 있지만, 한 가지 명확한 성과는 있다. 소비자들이 〈드림카카오〉에 좀 더 관심을 갖게 된다는 것이다. 나도 〈드림카카오〉의 마케팅 컨셉을 결정하는 데 기여할 수 있게 된다는 사실이 소비자로 하여금 능동적으로 움직이게 만든다. 그럼으로써 소비자의 마음속에 다시 한 번 〈드림카카오〉가 각인되게 되는 것이다.

삼성전자, 〈UHD TV〉

자막 : 아프리카 르완다 수도에서 238km

Na : 아프리카, 르완다 수도에서 238km.

우리는 지금 사비뇨 밀림을 향해 가고 있다.
지구상에 얼마 남지 않은 그들의 털 한 올 한 올에서
주름 하나하나까지 살아 숨 쉬는 것처럼
UHD의 디테일로 당신의 눈앞에 불러오기 위해.
Discover True Detail, 삼성 UHD TV.

TV라는 제품을 광고하는 데 있어 가장 핵심이 되는 것은 언제나 화질이다. 화질의 뛰어남은 곧 기술력의 뛰어남을 과시하는 중요한 기준이 될 수 있으며, 또한 소비자에게 가장 큰 만족을 줄 수 있는 부분이기도 하기 때문이다. 더 진보된 화질을 느낄 수 있도록 하기 위해 TV광고에서는 다양하고도 화려한 영상을 선보여왔다. 그런데 문제가 있다. 새로 출시된 TV의 놀라운 화질을 기존의 TV로는 볼 수 없다는 점이다. 광고 속의 제품이 아무리 놀라운 화질을 보여줄 수 있다고 하더라도, 그 광고를 보는 소비자들의 TV는 광고 속 제품보다 구형이기 때문이다.

그러한 한계를 극복하는 방법으로 삼성전자에서는 참여를 선택했다. 사라져가는 동물들을 촬영하여 〈UHD TV〉로 보여주는 전시회를 개최한 것이다. TV의 화질을 보기 위해서 매장을 방문해야 했던 소비자들에게 화질을 확인할 수 있는 다른 방법을 제시하고 있다. 그럼으로써 삼성전자는 자신들의 기술력을 과시할 수 있게 되었고, 소비자들은 독특한 형식의 전시회를 볼 수 있는 기쁨을 얻게 되었다.

TV라는 미디어는 늘 시청자를 전제로 하지만, 정작 커뮤니케이션이 이루어지는 과정에서 시청자는 소외되어 있게 마련이다. 광고를 보는 소비자들도 마찬가지이다. 소비자들이 광고를 봐주어야 효과를 거둘 수 있게 되고, 광고 효과가 높을수록 TV광고량이 많아질 것이다. 그렇게 되면 소비자들은 점점 더 질 높은 프로그램을 볼 수 있게 될 것이고, 결국 소비자와 방송국, 광고주가 함께 성장하는 계기가 될 수 있다.

그러나 지금까지 TV광고를 보는 소비자는 TV를 통해 전달되는 메시지를 일방적으로 받아들이기만 할 수밖에 없었다. 이제 그런 문제점을 극복하기 위해 참여라는 포인트를 통해 지금까지 고정되어 있던 소비자의 역할을 바꿔줌으로써 소비자들이 조금 더 제품에 관심을 가질 수 있게 되고, 제품과 다른 방법으로 접할 수 있는 기회를 마련해주고 있다. 그리고 그러한 노력을 통해 TV광고가 갖는 한계를 조금이라도 극복할 수 있는 방법들을 찾아가고 있다.

4. 편승 : 다른 콘텐츠의 힘을 내 것으로 만들다

새로운 아이디어란 어떤 것일까? 하늘 아래 새로운 것은 없다는 말이 있듯이 완벽하게 새로운 것을 만들어낼 수는 없는 법이다. 새로운 아이디어란 듣지도 보지도 못했던 생소한 아이디어를 이야기하는 것이 아니라, 보는 사람들에게 새롭다는 느낌을 주는 아이디어를 말한다.

그렇다면 그 '새롭다는 느낌'을 주는 방법은 무엇이 있을까? 수많은 방법이 있을 수 있는데, 기존의 아이디어에 편승해서 거기에 살짝 새로움을 가미하는 것이 그중 하나이다. 여기에서 중요한 것은 보는 사람들이 어떤 아이디어에 편승하고 있는지를 명확히 알아야 한다는 점이다. 그래야 패러디라고 인정될 수 있다. 그것이 명확하지 않다면 표절이다.

KT, 〈올레tv〉

여 : 똑같은 야구중계, 지겹지도 않아요?
남 : 뭐라구? 이거 보라구!
여 : 그래봤자 뭐가 다르겠어요?
남 : 잘 봐. 경기정보, 타구장소식, 하이라이트. 스마트한 올레tv는 다르다구. 괜히 1등인 줄 알아? 넘버원 IPTV 올레tv라구.
여 : 넘버원? 리얼리?
Song : 대한민국 IPTV 넘버원, 스마트한 올레tv, 올라잇 All-IP, olleh!

광고의 내용만으로 보면 참으로 건조하기 짝이 없는 광고이다. 특히 제품의 특징을 이야기하는 길고 긴 남자 모델의 멘트는 너무나 노골적이어서 촌스럽기까지 하다. 그러나 그럼에도 불구하고 이 광고는 소비자들의 시선을 끈다. 그 이유는 이 광고가 〈금 나와라 뚝딱!〉이라는 드라마를 패러디한 것이고, 광고가 방영되는 시점에도 이 드라마의 시청률이 매우 높았기 때문이다.[2] 광고에 등장하는 두 남녀 배우는 〈금 나와라 뚝딱!〉이라는 드라마와 똑같은 캐릭터로 등장한다. 드라마가 갖고 있는 막강한 힘을

2 〈금 나와라 뚝딱!〉은 2013년 9월 7일자 시청률 순위에서 20.8%의 시청률로 TV로 방영되는 모든 프로그램 중 종합 2위를 기록할 정도로 높은 시청률을 유지하였다.

광고에서 이어감으로써, 광고의 힘도 함께 높여가고 있는 것이다.

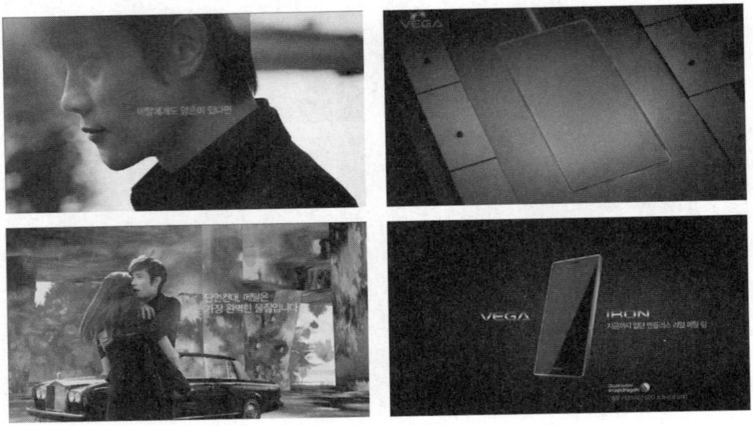

팬택, 〈베가 아이언〉

Na : 메탈에게도 영혼이 있다면 물불을 두려워 않고 뛰어드는 용기와
어떤 시련에도 상처받지 않는 강인함,
차갑지만 약한 자를 감싸 안는 따뜻함을 가졌을 것입니다.
단언컨대, 메탈은 가장 완벽한 물질입니다. 베가 아이언.

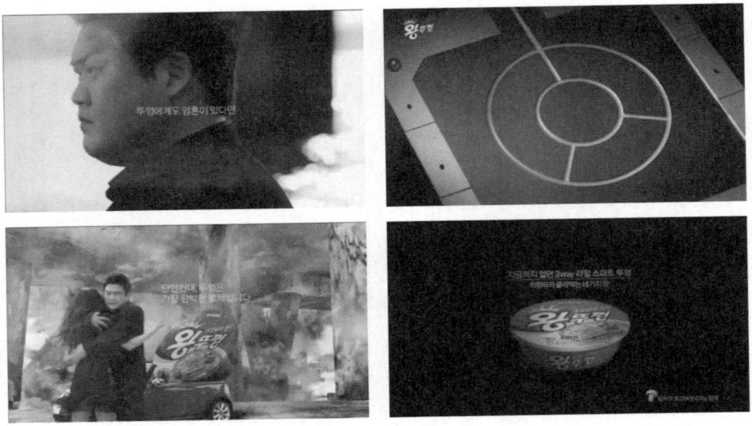

팔도, 〈왕뚜껑〉

Na : 뚜껑에게도 영혼이 있다면 뜨거운 김을 두려워 않고 견뎌내는 인내와
어떤 시련에도 맛을 지켜내는 책임감,
덜어서 나눠 먹을 수 있는 따뜻함을 가졌을 것입니다.
단언컨대, 뚜껑은 가장 완벽한 물체입니다. 팔도 왕뚜껑.

〈왕뚜껑〉 광고는 드라마나 영화와 같이 다른 장르의 콘텐츠를 패러디한 것이 아니라, 다른 광고를 패러디하였다. 〈왕뚜껑〉 광고가 패러디한 광고는 팬텍의 〈베가 아이언〉 광고이다. 캡처된 사진에서 보이듯이, 전체적으로 화면의 구성도 매우 유사하다. 〈왕뚜껑〉은 이미 2004년에 같은 회사의 〈뮤직폰〉 광고를 패러디해서 화제를 모은 바 있다. 이후 10년 후에 다시 팬텍의 제품광고를 패러디한 광고를 선보이고 있다.

패러디의 대상이 되었던 팬텍의 〈베가 아이언〉 광고가 매우 진지하고 세련된 톤을 유지하고 있다면, 〈왕뚜껑〉 광고는 〈베가 아이언〉 광고와 비슷한 톤의 화면과 음악으로 시작하고는 있지만, 등장인물이 개그맨이라는 점에서 시작부터 웃음을 자아내게 한다. 더군다나, 끝까지 진지함을 유지하는 모습이 소비자들에게 더욱 큰 웃음을 준다. 이전의 패러디를 기억하는 소비자라면 그것을 기억하고 있기 때문에, 그것을 기억하지 못하는 소비자들은 패러디가 재미있게 되어 있다는 면에서 이 광고를 더 쉽게 기억할 수 있을 것이다.

패러디는 두 가지 요건을 반드시 갖춰야 한다. 앞에서 말했듯이, 먼저 패러디의 대상이 된 콘텐츠가 어떤 것인지를 소비자들이 명확히 알 수 있어야 한다. 소비자들에게 친숙한 콘텐츠이면 더욱 좋다. 그럴수록 소비자들의 시선이 멈출 가능성이 많기 때문이다. 또 하나는 패러디의 대상이 된 콘텐츠와 확실한 차별점을 두어야 한다. 그래야 패러디된 것임을 소비자들이 알 수 있으며, 그것을 아는 순간 광고에 대한 관심이 높아지게 된다. 예로 든 광고를 보면, KT의 〈올레tv〉 광고는 등장인물이나

캐릭터가 원래 드라마에 나오는 그 관계 그대로 나온다. 다만 그들이 하는 대화가 다를 뿐이다. 팔도 〈왕뚜껑〉 광고는 영상의 구성, 음악 등은 원래의 광고와 똑같지만, 가장 중요한 비중을 차지하는 주인공이 다르다는 점에서 확실한 차별성을 보여준다.

5. 이야기 : 어느샌가 소비자는 광고 안에 깊이 들어와 있다

이야기는 힘이 세다. 흥미로운 이야기는 사람들을 단숨에 사로잡는다. 영화가 그렇다. 재미있는 영화를 볼 때면, 불과 30분도 보지 않은 것 같은데 두 시간이 훌쩍 지나가 있는 것을 알 수 있다. 어디 그뿐인가. 영화의 감동은 오랫동안 가슴에 남아 두고두고 이야깃거리가 되기도 한다. 그리고 그렇게 가슴속에 남은 이야기는 후에 다른 이야기의 감동을 배가시키는 역할을 한다.

광고가 이러한 이야기의 힘을 놓칠 리가 없다. 이야기를 잘 활용하면, 전하고자 하는 메시지를 훨씬 쉽고 강력하게 전달할 수 있다는 점을 간파한 것이다.

광고에서 이야기를 활용하는 핵심은 제품과 갈등과의 관계 설정이다. 어떤 이야기든 갈등이 존재한다. 근본적으로 갈등이 없는 이야기는 이야기로서의 힘을 발휘하지 못한다. 사람들은 갈등이 만들어지고, 그것이 예상하지 못한 방법으로 해결되는 것을 보며 쾌감을 느낀다. 광고에서 사용되는 이야기 역시 늘 갈등이 제시되고, 그 안에서 제품의 역할이 부각되게 된다.

유한양행, 〈유한락스〉

아내 : 아유, 웬일이래, 평생 빗자루도 안 잡던 양반이 청소도 다 하고…

남편 : 딸이 딸을 낳았단다.

딸 : 엄마, 저 왔어요.

아내 : 아이구, 내 새끼 왔구나.

남편 : 왔니?

딸 : 아빠…

아내 : 니네 아빠가 하루 종일 쓸고 닦고…

남편 : 고생했다.

딸 : 할아버지야…

Na : 세상의 나쁜 것들로부터 건강하게 지켜주고 싶어서
마음청소, 유한락스.

중년의 남자가 열심히 집안 청소를 한다. 그러나 서툴고, 그래서 힘들다. 그의 옷차림을 보자. 집에서 편안하게 입은 옷차림이라기보다는 출근했다가 막 돌아온 듯한 차림이다. 하나하나가 어색하고 어설프다. 그러나 청소를 열심히 하는 마음만은 진실하다. 아내의 말처럼 생전 빗자루 한 번 잡아본 적이 없는 그이지만, 딸이 딸을 낳았기 때문에 열심히 청소를 하고 있는 것이다. 그리고 집으로 온 딸은 아빠의 어색한, 그러

나 자신을 위해 하루 종일 노력을 아끼지 않은 아빠의 모습에 감동한다.

생활 속에서 있을 법한 작은 에피소드이다. 이 광고에서 주인공들이 해결하고자 했던 갈등은 무엇인가. 바로, '세상의 나쁜 것들'을 없애는 것이다. 〈유한락스〉는 그러한 갈등을 직접적으로 해결해주는 역할을 한다. 더군다나 생전 청소 한 번 하지 않던 아빠가 선택한 〈유한락스〉 아닌가. 그만큼 정성을 다해 깨끗이 청소하고 싶은 마음이 〈유한락스〉를 통해 드러나고 있으며, 그러한 마음을 읽어낸 소비자들에게 살균 청소를 위해서 〈유한락스〉를 사용하는 것이 좋겠다는 인식을 심어주게 되는 것이다.

동아제약, 〈박카스〉

남 : 몇 시에 온다고 그랬지?

여 : 거의 다 왔대요. 그렇게 좋으세요?

남 : 아들 손주가 오면 좋지, 좋아…

어휴…

밥 먹고들 갈 거지?

남 : 가면 더 좋지.

Na : 풀려라 5천만, 풀려라 피로!

여 : 어, 둘째냐?
남 : 오지 마, 오지 마!
Na : 건강을 지키는 동아제약

할아버지는 아들과 손자의 방문이 무척 기다려진다. 그래서 청소를 하면서 그들을 기다린다. 그러나 그렇게 기다렸던 손자들은 집에 오자마자 온갖 사고를 저지르면서 온 집안을 쑥대밭으로 만들어놓고 돌아간다.

손자가 있는 집안에서는 늘 있을 법한 이야기이다. 손자들의 얼굴을 보는 것은 반갑지만, 그들의 뒤치다꺼리를 하는 것은 할아버지, 할머니로서 굉장히 힘든 일이기 때문이다. 그렇기 때문에 돌아가고 난 후 정리를 하고 나면 당연히 피곤할 수밖에 없고, 그 과정에서 피로를 풀어주는 〈박카스〉의 효용이 드러나게 된다. 이 광고에서도 〈박카스〉는 이야기 속의 갈등을 직접적으로 해결해주는 역할을 한다. 잔뜩 어지르고 간 손자들의 뒤치다꺼리로 인한 피로가 이야기 속에서의 갈등이다. 그 피로를 풀어주는 역할을 〈박카스〉가 하기 때문에 갈등을 직접적으로 해결해주는 것이다.

이밖에도 광고에서 이야기를 활용하는 방법은 다양하다. 제품의 부재로 인해 갈등이 일어나는 상황을 보여줄 수도 있고, 제품이 오히려 갈등을 일으키는 경우도 있다. 광고 속의 갈등이 모두 해결된 후, 그때 제품을 사용하는 경우도 있다. 이렇게 다양한 방법으로 이야기는 사용된다. 그러나 역시 중요한 것은 앞에서도 이야기하였듯이 갈등과의 관계 설정이다. 그 관계가 잘 설정될 때 제품이 갖고 있는 특성이 광고 안에서 명확히 드러날 수 있기 때문이다.

6. 다시 한 번, 콘텐츠의 숙명을 생각하다

이밖에도 2013년도 상반기에는 상당히 인상적인 광고들이 많았다. 상반기에 가장 광고비를 많이 쓴 회사는 617억을 쓴 삼성전자였는데, 월 100억에 달하는 광고비를 지출한 회사답게 광고 제작편수 역시 많았다. 갤럭시 시리즈가 계속 출시되면서, 삼성전자는 여러 편을 만들어 동시에 방영하는 멀티스팟 전략을 많이 활용하였는데, 한 편 한 편의 광고가 제품이 갖고 있는 특성을 잘 드러냈다는 면에서 좋은 평가를 할 수 있겠다. 단 하나의 꾸밈도 없이 진솔한 메시지를 던졌던 IBK 기업은행 광고도, 만화영화와 같은 설정으로 낯선 재미를 주었던 빙그레의 〈싸만코〉 광고도, 청소년들에게 깨끗한 물을 마시게 하자는 캠페인을 전개하여 기업 메시지의 공익적인 역할이 돋보였던 코웨이의 광고도, 요일별로 역사적 이슈들을 사용하여 7개의 광고를 집행하였던 현대자동차의 〈아반떼〉 광고도 주목할 만한 광고들이었다.

이들 광고들이 공통적으로 갖고 있는 특성은 무엇인가. 아주 원론적이고 당연한 이야기이지만 소비자의 마음속으로 들어가려는 노력이 돋보였다는 점이다. 오늘의 소비자들이 무엇을 생각하고 있고, 무엇에 목말라 있는가, 그리고 오늘의 소비자들을 놀라게 할 수 있는 것은 무엇인가 등등에 대한 깊은 통찰이 필요한 것이다.

수많은 콘텐츠들 간의 경쟁 속에서 하나의 광고가 소비자들에게 선택받기 위해서는 소비자들의 마음속으로 들어갈 수 있어야 한다. 이 글의 서두에서 언급했던 것처럼, 상황에 따라 광고를 바라보는 소비자의 마음은 바뀐다. 그렇기 때문에 그 안으로 들어가는 것이 결코 쉬운 일은 아니다. 그러나 결국 선택받는 것은 소비자의 마음 깊은 곳에 있는 욕망을 찾아내고, 그것을 해결해주는 광고들이다. 광고를 만드는 사람들은 흔들리는 표적지를 맞추는 마음으로 소비자를 끊임없이 연구하고, 사람들을 폭넓게 관찰한다.

사회가 변하고, 생활이 변해도 인간의 본성은 변하지 않는다. 소비자는 자신의 마음속에 있는 아주 조그마한 이기심이라도 채워주는 광고를 좋아한다. 그래서 그런 광고만이 소비자들의 선택을 받는다. 그리고 그런 광고를 만들어내는 것만이 수많은 콘텐츠 간의 전방위적 경쟁에서 이길 수 있는 유일한 방법이다. 2013년의 상반기에도 그랬고, 2013년의 하반기에도 그럴 것이다. 그리고 앞으로도 영원히 그럴 것이다. 그것이 콘텐츠가 갖고 있는 숙명이므로.

인터랙티브 스토리콘텐츠 장르론

조은하

강원대학교 교수

1. 스토리와 상호작용성의 등장
2. 인터랙티브 스토리텔링의 매체적 분화
3. 인터랙티브 스토리콘텐츠의 시대

인터랙티브 스토리콘텐츠 장르론

1. 스토리와 상호작용성의 등장

대부분의 디지털콘텐츠들은 사용자들의 능동적인 참여를 전제로 하거나 요구한다. 예외적으로 제작자 위주의 일방형 스토리텔링으로 전개되는 콘텐츠도 물론 존재하지만, 특별한 경우를 제외하고는 대개 사용자들의 적극적인 참여가 디지털콘텐츠의 성패 여부를 결정한다. 이는 제작자 의도에 따른 접근방법에서는 양방형 스토리텔링이 되며, 사용자 태도에 따른 접근방법에서는 능동형 스토리텔링이 된다고 할 수 있다. 그렇다면 바라보는 입장에 따라 같은 콘텐츠라도 다르게 구분될 수 있다는 말이 된다.

그러나 여기에는 미묘한 차이가 존재한다. 즉 양방형 스토리텔링의 경우는 순전히 제작자 입장에서 사용자의 반응을 적극적으로 수용하되, 작품을 창작 혹은 생산하는 것은 어디까지나 제작자 자신이라는 정통적인 자부심하에서 사용자의 능동성이 부각되는 정도이며, 이에 비해 능동형 스토리텔링은 사용자 입장에서 자신이 작품의 감상 혹은 소비자가 아닌, 제작자로서 작품을 생산해낸다는 주인(主人) 혹은 주연(主演)의식이 지배적이다.

이러한 주체적 태도의 상징적 키워드가 바로 '상호작용성'이다. 사전적 의미에서 'interactive'는 일정한 정보를 교환하고 서로 영향을 주고받으면서 쌍방향의 대화가 가능하다는 뜻으로, 일방이 아닌 쌍방의 소통 가능성을 뜻한다. 이러한 방식은 '(작가의) 저작-(독자의) 독서'라는 획일적 교감에 대한 혁명적인 변화이자 진화라고 할 수 있다. 이에 비해 반(동)작용(reactive)은 순차성을 내포하는 개념이다. 즉, 일정한 영향이나 자극에 대한 반응으로서의 반작용을 의미하기 때문에, 순차성을 배제한 'interactive'와는 개념적으로 차이가 있다.

상호작용은 경험이 완료된 상황이나 특정한 노드나 링크에서 발생하는 것만이 아니다. 전통적 내러티브가 컴퓨터 매체에 의해 독자(사용자) 반응을 거치면서 상호작용적 내러티브로 변환된 결과이며, 각자의 관심사와 직관에 따라 일련의 노드를 선택하고 링크된 텍스트 · 이미지 · 사운드 · 동영상 등을 체험하게 된다. 물론 이러한 상호작용성은 아직까지는 소극적이다. 링크된 데이터나 콘텐츠는 그 자체로 완성된 형태이기 때문이다. 보다 적극적인 의미의 상호작용성은 기성의 데이터나 콘텐츠를 독자(사용자)가 선택하는 데에만 그치는 것이 아니라, 그러한 선택에 따라 변형되고 편집되는 방식이 된다.

그렉 로치(Greg Roach)는 상호작용성을 근본적으로 사용자(user)와 소재(material) 사이의 대화로 규정하고, 사용자는 다양한 유형의 정보를 입력하고, 소재는 그것에 반응한다[1]고 보았다. 이러한 관점은 접두사 'inter'

1 Carolyn Handler Miller, *Digital Storytelling*, Focal Press, 2004, p.56.

가 가지고 있는 '사이(between)'라는 의미를 중심으로 사용자와 콘텐츠 사이의 활동적 관계에 대하여 설명한 것이다. 크리스 크로포드(Chris Crawford)는 상호작용성을 둘 이상의 활동적인 사용자들이 대화를 통해 번갈아 듣고, 생각하고, 말하는 순환적 과정으로 보았는데, 여기서 중요한 것은 각 단계의 질적 조합과 조화이다. 즉, 대화는 각 단계 하나만을 가지고 완성될 수 없으며, 대화의 성공을 위해서는 각 단계가 충실하게 성공적으로 이루어져야 한다.[2] 따라서 로치와 크로포드의 개념적 논의를 종합해볼 때, 상호작용성의 개념적 본질은 순환적인 대화의 과정으로 볼 수 있다.[3]

결국 인터랙티브 스토리콘텐츠에서 중요한 것은 결말이 아니라 과정이며, 이를 지속시키는 가상적 에너지가 바로 상호작용이다. 스토리콘텐츠 산업은 생산자와 소비자, 소비자와 다른 소비자, 그리고 소비자와 다른 생산자를 잇는 상호작용성의 점성(黏性), 그 인적 네트워크의 엄청난 부가 가치에 주목하고, 이를 콘텐츠 및 미디어와 접목시켜 다양한 마케팅 전략들을 제시함으로써 새로운 디지털콘텐츠 시장을 개척하고, 급기야 문화콘텐츠 산업의 새로운 블루칩으로 자리매김하고 있다.

2 Chris Crawford, *Chris Crawford on interactive storytelling*, New Riders, 2005, p.29.

3 오동일 · 김효용, 「인터랙티브 엔터테인먼트로서의 플래시 애니메이션에 관한 연구」, 『애니메이션연구』 Vol.6, No.1, 한국애니메이션학회, 2010, 43~44쪽.

2. 인터랙티브 스토리텔링의 매체적 분화

2.1. 물성을 넘어선 책, 전자책

최근 모바일 기술의 발달과 더불어 전자책(electronic book)[4] 산업이 출판계의 새로운 도약의 발판으로 각광[5]받고 있으며, 정부 차원에서도 전자책산업 활성화 정책[6]을 추진하여 출판 및 독서문화의 급속한 지형 변화가 예상된다. 기존 종이책과 변별되는 전자책의 장점은 무거운 책을 들고 다닐 필요 없다는 휴대의 간편성과 PC나 인터넷에 접속할 필요 없이 언제 어디서든 유용한 정보를 얻을 수 있다는 무소부재의 편리성, 그

4 전자책에 대해 이정춘(2000)은 "종이책의 대체매체로서 PC를 통해 보는 CD-ROM, PDA, 전자책 전용 단말기를 포괄하는 광의의 개념"으로, 박근수(2000)는 "인터넷과 컴퓨터상의 문서 저장 및 교환 표준방식으로 구성된 데이터이면서 범용 PC 또는 전용단말기, 미니디스크, CD-ROM으로 작동되는 전용 소프트웨어 뷰어로 볼 수 있는 파일"로, 한국전자책컨소시엄(EBK)은 "도서로 간행되었거나 또는 도서로 간행될 수 있는 저작물의 내용이 디지털 데이터로 전자적 기록매체, 저장장치에 수록되고, 유무선 정보통신망을 경유하여 컴퓨터 또는 휴대단말기 등을 이용해 그 내용을 읽고 보고 들을 수 있는 콘텐츠"로 정의한다.

5 2010년 전 세계 전자책 시장규모는 35억 달러 이상이며, 2013년에는 89억 달러 이상의 고성장이 예상된다. 이미 2010년 초에 미국 시장조사기관 '포레스터 리서치'도 e북 시장이 올해 미국에서만 5억 달러 규모로 성장할 것이라고 전망했으며, '전자잉크(기술)-킨들(제품)-아마존(사업자)'의 라인업이 독식해온 시장에 새로운 기술-단말기-사업자가 뛰어들면서 경쟁이 더 치열해질 것을 예측하였다.

6 문화체육관광부는 2010년부터 5년간 총 6백억 원을 투입해 전자책산업 육성계획을 추진하여, 2009년 1천 3백억 원의 전자책 시장규모를 2014년에는 7천억 원을 상회하는 시장규모로 확대하여 전자출판산업 선도국가로 도약한다는 비전을 발표했다. 전자책산업 육성계획은 전자출판산업의 도약을 위한 산업기반 구축, 전자출판 콘텐츠 창작 및 공급기반 확충, 전자출판산업의 선순환구조 환경 조성, 전자출판 이용활성화를 위한 기술혁신 및 표준화, 전자출판 활성화를 통한 독서문화 창달, 전자출판산업 선진국 도약 및 창의적 지식사회 마련 등의 육성방안을 담고 있다.

리고 아날로그 시대의 방식과 유사하게 책장을 터치하는 방식을 통해 독자의 무한한 상상력을 자극하고, 이에 기대면서 오히려 스토리텔링의 가능성을 증폭시킨다는 데에 있다.

컴퓨터와 커뮤니케이션 기술의 결합으로 기존의 가치체계를 토대로 하여 정보라는 새로운 가치를 창출하는 정보화 사회에서는, 정보를 축적 · 가공하여 전달하는 일이 사회활동에서 매우 중요한 위치를 차지하게 된다. 정보화 사회의 이러한 역할은 대체로 컴퓨터를 매개로 하는 새로운 축적 및 전달매체에 의해 수행되고 있다. 기존 아날로그 시대의 출판환경과 관행으로 컴퓨터 기술의 발전과 이를 적용한 디지털화된 출판물의 수요와 환경 변화에 적절하게 대응할 수 없다. 이에 따라 현재 출판분야의 화두는 디지털 출판 개념을 적극적으로 반영한 형태의 컴퓨터를 이용한 출판행위, 즉 컴퓨터 매개 출판(computer mediated publication)이다.

그러나 현재 디지털 출판 분야는 개념의 정립이나 현황의 분석 · 파악, 발전 방향의 수립 등에서 여전히 미진한 실정이다. 일반적으로 출판물은 인쇄형태에 따라 나무펄프나 화학펄프로 만든 종이에 인쇄한 종이출판물, CD-ROM이나 DVD에 저장하여 상품으로 출판하는 디스크출판물, 국내통신망 전자게시판(BBS)이나 국제통신망 인터넷에 업로드 방식으로 출시되는 화면출판물로 구분된다. 전자출판물은 광의로 볼 때, 모든 전자적 매체를 통한 출판형식으로서 오프라인 형태의 CO-ROM 등과 온라인 형태의 인터넷과 PC통신을 이용한 출판을 포괄하는 개념으로 볼 수 있으며, 협의로는 HTML과 XML을 응용하여 디지털 파일로 제작하여 인터넷에서 판독기를 사용하여 읽거나, PC · PDA 등에 다운로드 받아 읽을 수 있도록 한 새로운 개념의 출판물이다.

특히 가장 잘 알려진 전자출판물인 '전자책'은 전자적 읽기장치로서의 단말기와 이를 통해 읽을 수 있도록 제작된 문서를 총칭하는 것으로, 최근 전자책이 시판되면서 본격적인 전자책 시장이 형성되고 있다. 2007년 이후 아마존 킨들, 아이리버 스토리와 커버스토리, 북큐브, 인터파크의 비스킷, 페이지원, 아이패드, 갤럭시탭 등 전자책 단말기가 진화되면서 콘텐츠의 형태가 다양화되고 있다. 전자책은 종이책을 그대로 재현하는 방식이 아니라 사운드, 이미지, 영상, 인터넷, 게임 등을 삽입하고, 전자필기구를 사용하여 밑줄을 치거나 메모 가능하며, 인터넷으로 독후감을 올리거나 관련 행사에 참여하는 등 인터랙티브하게 경험을 공유할 수 있다는 강점이 있다.

전자책은 출판환경의 급격한 변화 속에서 살아남기 위한 출판계의 자구책으로서, 전자책 출판에 따른 하드웨어, 소프트웨어 개발, 마케팅, 유통 등에 앞다투어 동참하고 있다. 콘텐츠 기획사와 단말기 개발사, 그리고 통신업체 간의 제휴협력을 통한 시장구조가 형성되면서, 기존 출판사의 기능이 전자책 제작환경에 맞게 분화되어 종이책 유통을 담당하던 온라인 서점을 비롯해 출판사와 단말기 제조업체 등도 전자책 판권을 확보해가며 전자책 유통 플랫폼을 구축하고 있으며, 전자책 콘텐츠 확보를 위해 교보문고, 한국이퍼브, 한국출판콘텐츠, 인터파크 등 전자책 유통업체들의 제휴협력이 활발하게 진행 중이다.

이에 비해 기존 문단에서는 종이책의 죽음과 세대간 독서경험의 단절, 그리고 '1인 출판' 시스템이 확산되면서 비전문가의 문단 진입이 수월해진 만큼 출판물의 질적 퇴보를 예고하며 우려를 표하고 있다. 그럼에도 불구하고 전자책은 종이책이 그 물성으로 인해 가지는 본질적인 단점, 즉 환경 문제와 정보의 전달과 자료의 보존 등을 극복할 수 있는 대안일 수 있다. 또한 전자책은 편집에 소요되는 시간을 단축할 수 있으며, 유통이나 물류 문제가 발생하지 않는다. 종이책의 경우 한 권을 만들어낼 때마다 비용이 드는 반면 복사와 재생에 있어서 아무런 질적인 손실이 없는 전자책은 사실상 적은 비용을 들여 무한대로 생산 · 유통할 수 있다는 엄청난 장점을 가지고 있다.

즉 제작비와 유통비를 절감할 수 있고, 상호작용적인 화면구성으로 영상세대 독자들에게 친근할 뿐 아니라, 관련내용의 업데이트도 용이하고, 재고(在庫) 없는 재판성(再版性)으로 품절이나 품귀 현상으로부터 자유로울 수 있다는 점은 전자책의 장점이다. 더불어 간편한 휴대성은 공간적 시간적 제약을 받을 필요가 없으며, 글자크기나 선명도를 자유롭게 조절할 수 있고 공간을 차지할 필요 없이 무한의 콘텐츠를 저장할 수 있는 만큼 노인이나 교육소외계층에 독서를 통한 교육의 기회를 부여할 수 있다.[7]

그러나 전자출판이 활성화되기 위해선 저작권[8]에 관한 문제가 남아 있다. 무한복제가 가능한 전자책의 장점은 저작권료의 측면에서는 전혀 장점으로 작용하지 못한다. 최근 디지털 기술의 발전으로 이 저작권료 문제는 많은 부분이 해소되고 있는 과정에 있지만, 대부분의 저작권자들은 이를 전적으로 신뢰하지 못하고 있는 것도 사실이다. 그리고 유통 불안과 수익감소 등을 이유로 저자 및 출판사가 전자책 출판에 소극적

7 현재 국내 전자책 이용률은 인터넷 이용자의 8.8%이며, 20대(17.0%) 및 12~19세(15.4%)가 주이용자이다. 향후 전자책 이용 의향자는 78.7%이며, 12~19세 및 20대의 이용의향이 각각 91.5%, 89.6%이다. 인터넷 이용자의 38.6%가 전자책이 향후 종이책을 대체할 것으로 전망하고 있다.

8 출판문화산업진흥법 제22조의 출간된 지 18개월이 지나지 않은 신간에 대해서는 "간행물 정가의 10% 이내에서 할인하여 판매할 수 있다"는 규정에 따르면, 전자책도 현행법상 도서정가제 대상에 포함된다. 그러나 최근 전자책에 대해서는 인터넷 서점 마음대로 할인율이 적용되고 있는 실정이다. 이에 따라 인터넷 서점의 경쟁과열이 콘텐츠 비즈니스를 붕괴시킬 우려가 있다는 지적도 제기되고 있다.

인 입장을 취하고 있는 만큼, 단말기에 맞는 콘텐츠 확보와 새로운 출판 환경에 적용 가능한 기획력을 갖춘 인재의 양성이 시급하다.

무엇보다도 전자책은 기존 종이책과는 다른 단말기를 활용한 방법은 게임이나 플래시 같은 영상적 · 오락적 측면으로 먼저 인지되기 때문에 문학작품의 감상을 위한 최적의 환경을 제공하지 못하는 단점이 있다. 그리고 전자책의 출판경향을 보면, 장르의 편중화가 심하기 때문에 전자책의 활성화가 오히려 인문학을 비롯한 전문 분야의 사양세를 부추길 우려가 있다. 뿐만 아니라 영상을 감상하거나 게임을 플레이하는 것과 동일한 방식으로 독서를 경험한다는 것은 책에 대한 근본적인 인식의 변화를 가져오는 문제인 만큼, 예술과 기술의 통섭을 위한 신중한 접근이 필요하다.

2.2. 예술의 새로운 경험, 미디어 아트

디지털 시대의 기본은 정보의 디지털화이다. 즉, 텍스트 내에서 정보의 생산자와 소비자(사용자)가 상호작용할 수 있는 양방향성을 실현하면서 단수(單數) 감각에 의존하는 것이 아니라, 복수(複數) 감각을 통해 구현되는 공감각적인 멀티미디어 성향을 가진다. 또한 가상공간에서의 주체 · 객체 간의 경계상실, 멀티미디어가 유발하는 감성적 이미지들의 영향, 컴퓨터 시스템과의 상호작용을 통한 쌍방향 커뮤니케이션의 능력, 미디어 개념의 재정립, 분화 및 전문화와 공존하는 집단화와 거대화 조직의 문제, 비트적 균등성, 네트워크를 통한 관계성, 과정적 구성성 등이 디지털 환경을 정의한다.

즉 디지털 시대의 가장 중요한 패러다임 변화는 아날로그 시대의 관습적 장르 구분과 경계에 대한 부정의지이다. 디지털 시대의 모든 예술장르는 한편으로는 독자적으로 존재하면서도, 다른 한편으로는 서로 긴밀하게 상호작용하고 있다. 그렇다면 이러한 저변에 있는 각 장르의 연결 요소 혹은 동기를 어떻게 설명할 수 있을까. 모든 장르로 확산되면서 동시에 모든 장르를 수렴하는 내적 에너지를 어떻게 정의할 수 있을까. 전자시대는 콘텐츠 자체의 특성에 따라 정태형과 동태형을, 독자 입장에 따라 수동형과 능동형을 적절하게 혼합하여 작용과 반작용의 긴장감을 극대화하는 상호작용성을 보여준다. 매체의 결합방식에서는 단식형은 거의 찾아보기 힘들고 대개 복식형이되 몇 가지 이상의 매체가, 얼마나 자연스럽게 적용되는가에 무게중심을 두기도 한다. 더 이상 멀티미디어 시대는 새로울 것도 없으며, 바야흐로 하이퍼미디어의 시대가 도래한 것이다.

전자시대 스토리텔링의 세부적인 내용은 구술시대와 변별되지만, '틀'에 있어서는 구술시대에 대한 초혼이라 해도 과언이 아니다. 작가가 '자기만의 방(房)'에서 작품을 창작한다는 점에서는 문자시대와 동일하다. 다만 독자도 '자기만의 방(房)'에서 작품에 동참한다는 점이 다를 뿐이다. 또한 작가와 독자는 각자 '자기만의 방'에서 작품에 임하지만, 실상 누구의 소유도 아닌 '공동의 장(場)'에 작품을 업로드/다운로드함으로써 결과적으로 물리적 거리감을 떠나 작가와 독자는 동시적으로 창작에 참여하는 셈이 된다. 모든 것은 공유된다. 디지털 스토리텔링에 사용되는 매체는 시각형(graphic type), 문자형(text type), 청각형(audio type), 가상형(virtual type) 등으로 세분된다. 텍스트만으로는 불가능한, 소리와 영상이 삽입된 형태로 전달하는 하이퍼텍스트 방식은 직관적 호소력과 효율성 등에서 상당히 유리한 점이 있는 것이 사실이다.

일련의 디지털 스토리텔링을 통해 볼 때, 영상과 문자는 화해롭게 조우하는 듯싶다. 이런 경향은 다다이즘의 음향시나 시청각시와 같은 맥락에서 이해될 수 있다. 기존의 예술양식을 부정하고 새로운 양식을 혁신적으로 제시한 다다이즘은 다양한 실험의 과정에서 문자로 의미를 전달하는 언어예술의 기본방식을 부정하고 시에 시각적 요소와 청각적 요소를 도입한다. 새로운 언어를 창조하자며 아무 의미 없는 음향을 시에 도입하였다. 다양한 두께의 글자들을 활용하여 강약을 부여하는 시청각시들은 당시 읽는 시에서 보고 듣는 시로의 변화를 꾀하는 노력들이 웹아트에서는 매체 자체의 본질적인 속성으로 구현되고 있는 것이다. 음향으로서의 소리, 문자의 움직임과 크기의 변화로 글의 내용을 형식으로 표현하고 있다. 이것이 바로 공감각적(synesthesia) 접근이다.

활자매체만으로는 불가능한, 소리와 영상이 삽입된 형태로 전달하는 공감적인 접근은 디지털 스토리텔링의 중요한 특성 중 하나이다. '공감각'의 어원을 분석해보면, 'syn'은 '함께', 'aesthesia'는 '느낀다'는 뜻으로, 인간의 오감 중에서 둘 이상이 동시에 감각되는 현상이다. 한마디로 한 감각영역으로부터 생겨난 감각 양상들이 다른 감각영역에 적용되는 현상을 일컫거나 한 양상의 자극이 다른 양상에서 지각적인 경험을 이끌어 낼 때 사용되어진다. 게슈탈트 심리학에서는 모든 감각기관을 단위로 본다. 처리감각기관의 정보가 중심에 각각 연결되어 있으며 감각기관이 그 감각 간 그리고 감각 중의 대화를 인도하는 것처럼 보인다. 즉 시각적인 정보만을 얻는 것이 아니라 색채 자극이 다른 감각적인 경험을 이끌어낸다.[9]

이처럼 공감각은 인간의 가상세계 혹은 상상력을 자극하고 그 영역을 넓히는 데 중요한 촉매역할을 하면서, 급기야 현상과 구분하기 힘든 가상성(virtuality)을 창출한다. 일반적으로 'virtual'은 존재감 없는 대상물을

9 조은하, 「디지털 스토리텔링」, 『한국근대문학연구』 15, 한국근대문학회, 2007 참조.

실제로 존재하는 것처럼 효과적으로 표현하는 상태 혹은 현상을 의미하며, 현실과 일정한 관련을 맺는다는 점에서 환상이나 환각과는 변별되고, 현실과 일정한 거리를 둔다는 점에서 현상과도 구별되는 모호한 경계에 있다. 가상현실은 사이버스페이스, 가상공간, 가상세계, 가상환경, 합성환경, 인공환경, 인공현실 등과 동의로 사용되는데, 공통점은 현실공간에 대해 '가상성의 지배를 받는 공간'을 칭하고자 한다는 점이다.

초고속 브로드밴드에 의한 네트워크 정보사회에서는 모든 것을 가상으로 표현하려는 의지가 충만하다. 특히 가상성은 컴퓨터를 통해 매개된 사이버스페이스를 설명할 때 주로 사용된다. 실체가 없는 허상의 상태로 네트워크를 통해 거듭 창조되고, 실재와 유사하게 모의하면서 물리적 거리감을 상실한 원격실제감(tele-presence)에 의해 인체의 모든 감각기관이 인공적으로 창조된 세계에 몰입됨으로써 공존하는 듯한 착각에 빠지게 된다. 무엇을 가상으로 보는가는 그것에 대립되는 현실적인 것으로서 무엇을 상정하느냐에 따라 여러 종류의 가상이 성립될 수 있는데, 원본과 사본의 개념을 초월하고, 그 경계를 무너뜨리면서 무수히 복제되는 가상성이야 말로 컴퓨터로 매개된 상상력의 극단이며, 디지털 스토리텔링을 위한 공감각적 상상력의 총화이다.

특히 크로스 미디어를 통한 컴퓨터 매개 문화(computer mediated culture)는 문화콘텐츠의 생산과 소비, 유통 과정에까지 영향을 미치면서 오디오, 비디오, 사운드, 웹, 플래시, 타이포그라피(typography) 등 미디어 믹스를 유기적으로 활용한 미디어 아트 시장을 발전시키게 된다. 미디어 아트는 영상과 노래, 시각과 청각, 현실과 허구의 만남을 통해 가상공간과 현실공간 사이에 교류하는 감동의 장(場)을 형성한다. 다양한 미디어와 결합한 인터랙티브 콘텐츠로서 미디어 아트는 고정된 장소나 한 폭의 캔버스가 아닌, 비디오 파일이나 스크린 및 개인화된 디바이스까지 표현매체로 삼는다. 따라서 효과적인 콘텐츠 개발을 위해 디지털 기술이 제공하는 창조적 잠재력을 무용, 연극, 음악 및 미디어 아트의 접목을 통해 구현하며, 디지털 퍼포먼스의 방법론과 미학적 · 문화적 의의에 관한 연구를 학제통합적, 즉 통섭적 시각에서 수행할 필요가 있다.

국내의 경우, 인터랙티브 콘텐츠로서 성공한 미디어 아트 사례를 보면, 우선 세계적 미디어 아트 축제의 일환으로 기획된 〈서울빛축제〉를 들 수 있다. 여기서는 '역사의 빛', '문화의 빛', '소통의 빛', '창조의 빛', '휴식의 빛' 등 테마별로 광화문광장과 청계광장, 서울광장으로 이어지는 문화벨트를 구성하고, 광장을 캔버스로, 미디어를 '붓'으로 활용한 미디어 파사드(media façade)[10]를 선보였다. 아시아문화중심도시 조성사업의 일환으로 기획된 〈디지로거가 되다〉는 대학 건물에 초대형 컴퓨터 그래픽 영상을 투사해서 디지털화하여 물리적 공간에서 새로운 디지로그 물질이 되는 과정을 형상화했다. 이는 개인들의 이야기가 모여서 함께 공유할 수 있는 새로운 콘텐츠를 만들어가는 실시간 인터랙티브 스토리콘텐츠의 솔루션을 제시한다. 이밖에도 도심의 건물뿐만 아니라, 자연을 그대로 활용하는 미디어 아트도 가능하다. 청계산을 거대한 스크린으로 활용한 초대형 미디어 퍼포먼스 〈山에서 꿈을 꾸다〉는 꿈과 현실, 가상과 실제를 넘나드는 환상적인 미디어 신세계를 보여준다.

이러한 미디어 아트는 사진, 영화, 비디오, 음악 등을 단순히 전시하고 감상하는 정적인 방식이 아니라, 디지털 시대의 일상에 내재된 다양한

10 미디어 파사드는 건물의 외관을 뜻하는 'façade'에 LED 등 미디어를 활용하여, 건물 자체를 거대한 공공디스플레이(public display)로 만들어 미학적 비주얼을 선보이는 방식을 총칭한다.

▲ 그림 1. 〈서울빛축제〉

▲ 그림 2. 〈山에서 꿈을 꾸다〉

빛의 요소들을 '현장' 속으로 끌어들임으로서 '경험'이라는 동적인 방식으로 관객과의 교감을 이끌어 낸다는 의미에서 오프라인에서 실현 가능한 인터랙티브 스토리콘텐츠의 대표적인 장르이다. 디지털콘텐츠 시대를 맞이하여 과학과 문화예술의 융합에 대해 세계가 주목하는 지금, 우리는 디지털 정보기술의 장점에도 불구하고 문화적 측면에서 원활하게 소통하지 못하고 있다. 따라서 첨단기술과 문화예술의 접목을 통해 새로운 문화콘텐츠 산업의 규모를 키우고, 다양한 미디어와의 결합을 통해 보다 창의적인 스토리콘텐츠 창출을 시도할 필요가 있다.

2.3. 사람들 사이의 스토리텔링, SNS

SNS(Social Network Service)는 오프라인에서 맺고 있는 기존의 사회적 관계를 온라인으로 확장 및 재현하여, 다양한 온라인 미디어를 통해 이들과 소통함으로써 보다 폭넓고 긴밀한 연대를 형성하는 등 인적 네트워크를 효과적으로 관리하려는 목적에서 출발한다. 즉 사용자들의 참여를 유도하여 생각과 의견, 경험 등을 공유하기 쉽도록 고안한 개방화된 온라인 툴과 미디어 플랫폼이다. 방문자 수가 많은 인터넷 웹사이트 중에서 SNS를 표방하는 사이트가 최상위에 포진하고 있는 것이 최근의 현상을 잘 말해준다.[11] 국내에서는 이미 온라인 커뮤니티 서비스 초창기에 다양한 정보와 지식의 데이터베이스로서 포털사이트가 등장했으며, 공통의 관심사를 공유하기 위한 '동호회' 콘셉트의 다양한 클럽 및 카페 사이트, 학연 · 지연 등의 인맥 개념을 온라인에 도입한 '동창회' 콘셉트의 네트워크 서비스가 제공되어 크게 주목받았다.[12]

이후 특정 소프트웨어와 웹사이트의 인터페이스에 익숙한 전문가 집단의 전유물이었던 폐쇄적 개인홈페이지 시장이 디지털 인터페이스의 발달과 대형 포털사이트의 공격적 마케팅에 힘입어 비전문가 집단의 접

---

11 실제로 회원 수 5억 명(2010년)의 '페이스북(Facebook)'이 가입자 5백만 명을 확보하는 데 2년밖에 걸리지 않은 점을 감안하면 그 성장세는 매우 위협적이다. 또한 2008년 47만 명이던 '트위터(Twitter)'의 순 방문자 수는 1년 만에 7백여 만 명으로 증가하여 1400%의 성장세를 보이고 있으며, 2010년 1일 트윗 건수만 5천만 건을 넘는 것으로 조사되었다. 한편, 중국판 페이스북 '런런왕(人人网)'의 회원수는 2011년 현재 1억 6천만 명이며, 중국의 대표 메신저 QQ메신저의 모회사 텐센트홀딩스의 회원은 총 6억 4천만 명에 달한다.

12 한국인터넷진흥원의 인터넷이용실태조사 보고서에 따르면, 국내 인터넷 이용자 수(2010년)는 전체인구의 75%(3천 7백만 명) 이상이고, 국내 인터넷 이용자 연령(2009년)은 만 7세부터 65세까지의 인구 중 80.3%가 인터넷을 이용하고 있는 것으로 나타났다.

근이 용이한 개방형으로 전환되면서 '1인 1홈' 시대를 넘어, 기존의 개인 홈페이지, 미니홈피, 페이퍼, 블로그, 플래닛 등 소위 '다주택 시대'가 열린다. 이와 더불어 인스턴트 메시지를 주고받는 메신저 프로그램도 각 포털 및 커뮤니티 사이트마다 배포되어 다양한 방식으로 실시간 커뮤니케이션이 가능하게 되었다. SNS에서는 무엇보다 선점이 중요한 만큼, 기존 네트워크를 활용한 개성적인 커뮤니티 활동으로 일단 대중성을 확보하게 되면, 전체 활동량이 기하급수적으로 증가하여 후발 서비스에 진입장벽을 형성하게 된다. 이 과정에서 디지털 문화의 유행에 따라 사용자의 선호도가 달라지면서 특정 사이트나 메신저의 부침(浮沈) 현상이 발생한다.

현재 국내 SNS 시장을 주도하고 있는 '싸이월드' 미니홈피의 득세 배경에는 이와 같은 부침 현상이 있다. 결국 한때 경쟁구도를 형성했던 '버디버디'의 미니홈피는 현재 특정 연령층에 편중된 서비스를 제공할 따름이며, 대대적인 리뉴얼로 의욕적인 기획들을 선보였던 '다음'의 플래닛도 이미 서비스를 중지했다. 그러나 영원한 승자는 없는 법, 최근 '페이스북(Facebook)'이나 '트위터(Twitter)' 등 미국식 SNS 사이트의 성장은 국내 SNS 시장에 위협요소로 작용하고, 그 결과 국내 인터넷 시장 역시 미국식 SNS 중심으로 활동량과 사용자가 급증하고 있다. 유일하게 노익장을 과시하면서 기존 웹에서 독점적인 권력을 행사하고 있는 싸이월드의 미니홈피 역시 최근 이용량이 하락하는 추세이다. 네이버의 '미투데이' 등을 필두로 대형 포털사이트들이 모바일과 결합된 SNS를 재가동하고 있으나, 미국식 SNS의 대규모 물량공세와 합리적인 인터페이스, 기술을 통한 서구적 디지털 문화의 이식 등에 기반한 성장추세를 따라잡기에는 어려울 것으로 보인다.

그렇다면 초고속 브로드밴드의 최대 수혜국인 우리의 웹서비스 시장을 위협하고 있는 미국식 SNS의 저력은 무엇일까. 첫째, 정보의 신뢰성에 큰 차이가 있다. 기존 포털사이트를 통해 유통되는 신뢰도 낮은 익명의 콘텐츠와 달리, 미국식 SNS를 통해 유통되는 콘텐츠는 높은 신뢰도를 확보하는데, 그 이유는 검증된 콘텐츠 생산자를 추종하거나(following) 검증된 콘텐츠 소비자에 의해 추종되는(follower) 방식으로 생산자와 소비자를 연대보증하는 시스템이기 때문이다. 둘째, 정보의 유동성에 큰 차이가 있다. 국내 SNS의 경우, 대개 사용자의 양적 증가를 목표로 하는 '인맥 형성'에 무게중심을 두기 때문에 콘텐츠의 생산이나 정보의 유통에 있어서 폐쇄적 혹은 제한적인 만큼 콘텐츠의 활용가치가 낮을 수밖에 없다. 이에 비해 미국식 SNS는 완전한 개방형을 지향하는 만큼 콘텐츠의 생산이나 정보의 유통이 자유롭고, 이로 인해 정부의 정책 홍보, 기업의 마케팅 전략, 개인의 소규모 커뮤니티 등 다양한 장으로 활용될 수 있다.

이처럼 미국식 SNS는 사용자의 활동을 최소화하고, 사회적 관계에 따른 행동의 결과를 사용자의 공간에 반영함으로써 사용자는 크게 활동을 하지 않더라도, 사회적 관계를 가진 사람들의 행동을 통해 자신의 공간이 풍성해지는 것을 경험할 수 있다. 이런 사이트의 특징 덕분에 SNS는 세계적으로 가장 활발한 웹 서비스의 형태로 자리잡을 수 있었다. 하지만 이는 사용자의 피로도를 줄이는 강점 못지않은 약점을 지니고 있다. 사용자의 활동을 요구하지 않기 때문에, 사용자가 지속적으로 서비스를 이용할 이유와 동기를 찾지 못한다. 그렇기 때문에 많은 가입자 수에도 불구하고, 전체적인 사이트 활동은 매우 낮게 나타난다. 가입 회원에 비해 활동이 없는 이런 SNS의 특징은 서비스의 경제적 가치, 그리고 서비스로서의 가치에 대한 전반적인 의문과 회의를 발생시켰다.

2.4. 컴퓨터 게임

컴퓨터 게임의 서사구조는 작가에 의해 의도적으로 배치되고 선형적으로 운용되는 문학적 내러티브에 비해, '이야기' 나 '스토리' 라고 지칭되는 일정한 현상들과는 구분되는 사용자의 '사건체험' 그 자체를 의미하게 된다. 즉 컴퓨터 게임 문학의 가장 중요한 특징은 독서를 통한 단순한 '문학적 감상' 이 아니라, 게임을 통한 '문학적 체험' 에 있다. 상품화된 컴퓨터 게임 자체는 완성된 것이 아니라, 그것을 구매 혹은 사용하는 게이머(혹은 독자)가 컴퓨터 게임을 실행하고 참여하는 과정 중에 다양한 편차의 피드백이 이루어진다. 컴퓨터 게임의 진행은 목표 혹은 임무를 달성하여 결말에 이른다는 선형성에도 불구하고, 결말까지 이르는 과정에 있어서 무한한 자유와 열린 차원의 경험을 중시한다. 다양한 방법으로 단계마다 임무를 달성할 수 있으며, 혹은 다음 단계로 이동하지 않고 그 이전 단계로 오히려 역행하는 자유도를 누릴 수 있다. 그러한 역행의 선택일 경우에도 서사는 흐른다.

따라서 컴퓨터 게임의 서사는 게임디자이너에 의해 고안된 메인 내러티브와 사용자가 매번 선택하여 즐길 수 있는 개별적 내러티브가 항상 중첩되어 공존한다. 즉 컴퓨터 게임의 문학적 체험은 본질적인 의미의 체험으로, 단순히 인물들의 행동과 심리를 텍스트 기반으로 추적하는 것이 아니라, 그 인물로서 행동하고 사고하고 판단할 수 있다. 카메라 시점으로 자신이 그 인물이 되어 행동하고 성장하고 변화하는 것을 목도할 수 있다. 이러한 사용자의 체험과 반응은 단순히 텍스트나 스토리 형성에 영향을 주는 것에 그치지 않고, 기술적인 부분과 영상적인 부분에까지 광범위하게 영향을 준다. 상호작용성은 컴퓨터 서사의 가장 기본적이며 중요한 특성으로, 게임 시나리오를 바탕으로 사용자와의 상호작용을 통해 인터렉티브 스토리텔링이 가능해질 때, 비로소 컴퓨터 게임의 진정한 완성이 이루어진다.

컴퓨터 게임은 본질적으로 상호작용적이다. 사용자는 자신이 암묵적으로 합의한 게임의 가상세계에서 발생하는 다양한 이벤트를 게임시스템으로부터 안내 혹은 지시받고, 자신의 능력에 적합한 임무를 선택하여 수행하고 그 결과를 수용한다. 게임을 플레이하는 사용자는 게임의 시스템과 서사구조, 그리고 NPC(Non-Playable Character)를 비롯한 다양한 캐릭터들을 통해 다양한 정보교환을 하면서 서로 영향을 주고받게 된다. 즉, 일종의 쌍방향 대화를 하고 있는 것이다. 물론 게임의 장르에 따라 상호작용성의 정도 차이는 있을 수 있으나, 구체적인 게임의 '체험'을 위해서는 보다 높은 수위의 상호작용성이 요구된다.

인터렉티브 스토리텔링으로서 게임서사의 상호작용성을 살펴보기 위해서는 구조적인 접근이 필요하다. 전통적인 스토리텔링은 작가에 의해 의도된 방식으로 진행되는 '처음–가운데–끝'의 선형구조(linear structure)에 따라 진행된다. 그런데 대개의 게임서사가 비선형적이라고 언급할 때조차도 선형성을 전제한다. 게임서사는 대개 비선형구조(non-linear structure)를 가지지만, 분명 작가(기획자)에 의해 의도된 '처음'이 있으며 '끝'이 있기 때문이다. 뿐만 아니라 게임서사의 경우, 독자(사용자) 임의로 순서를 바꿀 수도 없다. '처음'과 '끝'은 고정되어 있으되, 다만 무한의 '가운데'가 존재한다. 독서행위(게임플레이)를 멈추지 않고서도 결말에 이르지 않을 수많은 방법이 존재한다는 뜻이다.

그만큼 컴퓨터 게임의 경험은 주관적이다. 한국식 온라인 게임을 대표하는 〈리니지〉의 경우, 기존 콘솔이나 PC 게임의 소비경험이 전무한 사용자들이 처음 컴퓨터 게임을 접하는 관문이 되었던 만큼, 직관적인 인터페이스와 단순한 시스템을 주요 특징으로 한다. 반면 다양한 디바이스와 플랫폼을 통해 충분하게 컴퓨터 게임을 경험한 사용자들은 이러한 단순한 시스템에 대해 비판하고, 정교한 시스템과 높은 난이도를 특징으로 하는 정통 서구식 (T)RPG(Table-top Role Playing Game) 시스템으로의 전환을 촉구하였다. 그러나 한국식 온라인 게임에 익숙한 사용자들은 '포스트 리니지' 시대가 도래했음에도 불구하고 여전히, 정통 서구식 사용자들과는 달리, 단순한 시스템을 선호하는 방식으로 진화하면서 이러한 스타일이 한국식 온라인 게임의 특징으로 자리 잡게 되었다. 이러한 한국식 온라인 게임의 접근용이성은 큰 강점으로 작용하여, 초기 해외 온라인 게임 시장을 장악하는 힘을 발휘하지만, 이후 해외 온라인 게임은 복잡한 시스템이나 스토리텔링에 대한 해외 사용자의 수요를 충족시키는 방향으로 선회하면서 한국식 온라인 게임과는 다른 위상을 점유하게 된다.

물론 초기 한국식 온라인 게임을 접한 해외 사용자들처럼 진입장벽이 낮은 쉬운 게임에 대한 수요도 여전히 존재하는데, 이러한 욕구는 SNG(Social Network Game)로 충족된다. SNG는 앞에서 상술한 SNS를 기반으로 하는 새로운 방식의 컴퓨터 게임으로, 가장 큰 특징은 극단적인 단순성과 짧은 플레이타임이다. 본격적인 의미의 컴퓨터 게임이라기보다는 컴퓨터와 사용자 간의 '놀이'에 가깝다. 한 번의 클릭으로 공격을 하거나 방어할 수 있으며, 건물을 세우거나 파괴할 수 있고, 곡물을 파종하거나 추수할 수 있으며, 애완동물을 분양받거나 육성할 수 있다. SNS 사이트에 등록된 친구들과 선물을 주고받을 수도 있고, 친구의 게임공간을 방문해서 일손을 제공할 수도 있으며, 친구의 용병이 되어 참전할 수도 있다. 이 모든 행위가 몇 번의 클릭으로 이루어진다.

기존의 게임 관점에서 본다면 실감나는 그래픽 비주얼도, 캐릭터 성장이나 승전을 위한 복잡한 전략도 필요가 없다. 하지만 SNG에 대한 해와 사용자 반응은 가히 폭발적이었으며, 기존의 '순수한' 웹 서비스 사용자들에게 불식간에 게임을 경험하게 함으로써 정체기를 겪던 SNS 시장에 활력을 불러일으키고, 급기야 디지털 서비스 시장의 판세를 바꿔놓았다. 기존 온라인 게임 시장은 포화상태인 만큼 SNG는 그 틈새이자 대세라고 할 수 있으며, 차세대 컴퓨터 게임 시장에 성공적으로 안착하기 위해서는 SNS를 게임적으로 활용하기 위한 발상의 전환과 기존 SNS 게이트를 거치지 않고 직접 SNG를 플레이할 수 있는 전략적 기술 개발이 필요하다.

물론 컴퓨터 게임의 스토리는 본격적인 문학과는 변별된다. 컴퓨터 게임의 스토리는 텍스트 의존도가 낮을 뿐만 아니라, 읽고 인지하는 전통적 독서방식이 적용될 수 없으며, 서사의 진행은 단속적이고 순발적이다. 따라서 서사의 흐름에 따르는 지속적 긴장감은 부재하거나 미흡한 반면, 시각적 자극으로 인해 극적 효과는 증대된다. 게임서사는 시각과 청각, 영상 등 디지털 기술에 힘입어 작가 혹은 디자이너의 의도를 전달한다는 점에서 하이퍼텍스트 문학의 발전된 형태인 하이퍼미디어와 흡사하다.

다만 게임서사는 시작(opening/game start/dialogue click/quest accept)도 있고, 끝(quest complete/mission clear/game over/ending)도 있다. 그런 의미에서 선형적이다. 선형성을 확보한 게임서사는 서사적 접근이 가능한 유리한 고지를 선점한 듯 보인다. 그러나 시간의 문제에 있어서 게이머에 의해 체험되는 게임 시나리오의 시간은, 기획단계에서 설정된 시간적 배경에 무관하게, 항상 현재적이다. 반면, 전통적 의미에서 서사의 시간은 과거적이다. 서사의 중요한 준거가 되는 시간의 문제는 컴퓨터 게임의 서사성에 중대한 회의[13]와 갈등을 야기한다.

또한 공간의 문제에 있어서도 전통적 의미에서 서사의 공간이 독자로 하여금 작가가 의도한 곳에만 집중하도록 하는 반면, 게임 시나리오의 공간은 목표를 달성하거나 혹은 주변을 탐사하는 등 게이머의 목적이나 상황에 따라 무제한으로 확대될 수 있다. 컴퓨터 게임은 게이머가 명령을 내리거나 참여하는 동안만이 아니라 단순히 '접속'이나 '실행'되어 있는 상태에서도 게임이 진행되며 서사가 이루어진다. 이처럼 게임서사는 컴퓨터 게임 자체의 본질에 해당하는 '자유성'으로 인해, 서사의 자율성을 넘나드는 곡예적 행보를 하면서도, 궁극적으로는 서사성을 확보하기 위한 방향으로 나아가고 있다. 즉 게임서사는 경제적인 서사의 틀을 통해 게이머의 수의적인 참여를 유도한다. 이는 현 시점에서 가장 현명한 선택이라고 할 수 있다. 게이머의 자유성을 침범하면서까지 서사성을 확보하는 것은 모험이며 위험이다. 게이머의 경험과 숙련도, 선택과 결정에 따라 각기 상이한 과정과 경우에 따라서는 상이한 결말에 이르게 된다.

이처럼 게임서사는 기존의 문학적 통념에 비추면 문학의 범주 안에서 언급할 만한 가치판단을 내리기 힘들다. 게임서사는 텍스트화되어 있으면서 동시에 하이퍼텍스트의 일정 차원까지도 넘어서고 있으며, 동시에 인간과 프로그램의 상호작용에 의해 운용되기 때문이다. 책은 고정되고 완결된 완성체로 간주되는바, 문학행위를 인간과 책의 상호작용이라고 표현할 수 없는 만큼, 컴퓨터 게임의 서사행위가 상호작용을 통해 이루

13 Juul, J., "A Clash Between Game and Narrative: A Thesis on Computer Games and Interactive Fiction", *Institute of Nordic Language and Literature*, University of Copenhagen, Copenhagen, 1999 (in Danish)/2001 (in English). www.jesperjuul.net/thesis/AClashBetweenGameAndNarrative.pdf 참조.

어진다는 점은 전통문학과는 다른 범주에 존재하고 있음을 보여준다.

오히려 독서행위가 발생하는 형식적 측면에서 하이퍼텍스트나 하이퍼미디어와 유사성을 보여주고 있으며, 단순히 텍스트의 행간(行間)을 이해하는 것이 아니라, 마치 영상체험을 통해 서사를 면간(面間)으로 이해하는 영화감상법과도 유사하다. 이제 게임서사는 게임 분야의 질적 성장에 기여하는 일차적인 목표에서 진일보하여, 보다 다양한 매체와의 산업적 상호작용을 주도하는 방향으로 역할을 확대하면서 발전해야 한다.

3. 인터랙티브 스토리콘텐츠의 시대

이제 디지털은 문화와 문명의 화두다. 디지털 기술, 디지털 예술, 디지털 생활 속에서 콘텐츠까지도 디지털콘텐츠로 변모한다. 그런데 디지털콘텐츠를 설명하기 위해서는 아날로그콘텐츠를 전제하지 않으면 안 된다. 콘텐츠를 아날로그와 디지털로 이분할 수 있는가의 문제를 거론하기에 앞서, 우선 아날로그와 디지털의 사전적 의미와 문화적 의역을 살펴볼 필요가 있다. 아날로그는 '조화'를 뜻하는 'ana'와 '균형'을 뜻하는 'logos'의 라틴합성어 'analogus'에서 유래한다. 따라서 아날로그는 기능 및 비율적 유사성에 의거하여 부분적으로 비교 대상을 동등하게 간주하는 만큼, 전체적으로는 유사하지 않은 경우의 수까지 포함하게 된다.

이에 비해 디지털은 '손가락이나 발가락이 몸체와 만나는 접점'을 뜻하는 라틴어 'digitus'를 어원으로 한다. 자고로 손가락과 발가락은 셈에 사용되는 만큼 디지털은 계산 가능한 수식이나 문제 해결을 위한 연산 과정, 즉 알고리즘을 가진다. 예를 들어 뇌와 컴퓨터를 비교한다고 가정하는 경우, 아날로그적으로는 기능에 초점을 두어 둘을 동급으로 설명할 수 있고, 디지털적으로는 연산과 정보처리능력에 초점을 두어 둘을 동급으로 비교할 수 있다. 즉 관점이 다를 뿐 결과는 같게 된다.

그렇다면 콘텐츠를 아날로그와 디지털로 이분하는 문제도 이와 동일하게 설명될 수 있겠다. 관점이 다를 뿐, 콘텐츠는 같다. 콘텐츠를 생산하고 소비하는 과정 중 어디에 무게중심을 두느냐의 문제일 뿐이다. 통시적으로 살펴보면, 구술문화시대에서 문자문화시대로 이행하면서 소리 · 그림 · 몸짓 등과 병행하여 문자 · 활자 등을 사용했으며, 이제 전자문화시대로의 이행단계에서 우리는 문자와 병행하여 다시 구술문화시대의 소리와 이미지를 부각시키는 동시에 새로이 전자를 적극 활용하고 있다.

수천 년 동안 문자와 활자, 필사본과 인쇄본 등의 종이책에 의존해온 저장 및 유통기능을 디지털 전자언어와 컴퓨터 저작도구가 대체하였으며, 그 결과 선형성을 강조하는 전통적인 작법에 비해, 비선형적일 뿐 아니라 다중 결말 및 열린 결말 등의 이단적인 작법을 과감하게 시도하는 하이퍼텍스트 픽션, 공동창작 형태의 온라인 소설 등이 소비되면서 작가와 독자의 경계를 무너뜨리고, 다양한 전자책이 시판되면서 종이책의 죽음이 공론화되기도 했다.

이처럼 디지털콘텐츠의 생산 및 소비방식은 상상할 수 없을 정도로 다양하고 급속하게 발전하고 있으며, 이에 따른 미디어의 양적 질적 변화는 콘텐츠의 생산과 소비방식에 지속적인 영향력을 행사한다. 하나의 콘텐츠가 하나 이상의 미디어로 생산과 동시에 소비되고, 유통 자체가 생산이 되고, 나아가 생산과 소비의 경계가 모호해지고 있다. 이에 필연적으로 디지털콘텐츠는 다양한 미디어를 활용하여 콘텐츠의 생산 및 전달 과정에서 발생하는 문제들에 대해 효과적인 솔루션을 제공하려는 의지를 가지게 된다.

따라서 인터랙티브 스토리콘텐츠는 결말이 아니라 과정을 중시하면서 사용자들의 능동적인 참여를 전제로 이를 지속시키는 상호작용성,

'생산자-소비자-생산자'를 잇는 상호결속, 그 인적 네트워크의 부가가치에 주목하고, 이를 콘텐츠 및 미디어와 접목시켜 다양한 마케팅 전략들을 개발하고 제시함으로써 새로운 디지털콘텐츠 시장을 개척함으로써 문화콘텐츠 산업의 새로운 블루오션으로 부상하고 있다.

• 참고문헌

오동일 · 김효용, 「인터랙티브 엔터테인먼트로서의 플래시 애니메이션에 관한 연구」, 『애니메이션연구』, Vol.6, No.1, 한국애니메이션학회, 2010.

조은하, 「디지털 스토리텔링」, 『한국근대문학연구』 15, 한국근대문학회, 2007.

Carolyn Handler Miller, *Digital Storytelling*, Focal Press, 2004.

Chris Crawford, *Chris Crawford on interactive storytelling*, New Riders, 2005.

Juul, J., "A Clash Between Game and Narrative: A Thesis on Computer Games and Interactive Fiction", *Institute of Nordic Language and Literature*, University of Copenhagen, Copenhagen, 1999 (in Danish)/2001 (in English).

한국 애니메이션 활성화 방안

극장용 애니메이션, 국제 공동제작을 중심으로

이 영 기

애니메이션 제작자

한국 애니메이션 활성화 방안

극장용 애니메이션, 국제 공동제작을 중심으로

1. 머리말

바야흐로 세계의 중산급 이상의 국가에서는 이제 콘텐츠를 생산하고 수출하기 위한 전쟁 중에 있다고 볼 수 있다. 중공업 개발이나 소비재의 개발, 생산 시장은 포화된 레드오션이 되었고, 지적재산권을 기반으로 하는 IT, 게임, 영상, 뉴미디어 시장이 가장 뜨거운 개척 대상의 시장이다.

미국은 생산과 소비가 이미 최대치로 성장하여 정체되어 가고 있고, 유럽은 경제위기로 오히려 수축하고 있는 모습이며, 중국을 필두로 한 아시아와 인도, 그리고 브라질, 멕시코를 중심으로 한 라틴 아메리카 시장의 성장이 두드러지고 있다.

특히 중국의 박스오피스 시장의 성장은, 한국의 콘텐츠 제작자로서 주지해야 할 부분이다. 매년 30% 성장을 거듭하고, 이미 일본을 제치고 세계 2위의 시장이 된 중국, 이제 6~7년 후면 미국보다 더 큰 전 세계 1위의 시장이 될 것이다.

급성장하는 시장 규모에 비해 콘텐츠 생산 능력은 그를 따라가지 못하므로 해외의 콘텐츠 제작사를 인수하는 일이 급격히 이뤄지고 있고, 해외 제작사와의 합작 시도도 많이 생겨나고 있다.

애니메이션 시장은 크게 방송용 시장과 극장용 시장으로 구분될 수 있는데, 보통 방송 시장의 규모가 극장 시장보다 훨씬 크고 라이센스, 토이 시장과 복잡하게 엮여 있다. 본 연구에서는 극장용 애니메이션에 한해 중점을 두어 시장 분석 및 방향 제시를 한다.

겨우 1조를 넘어서고, 세계 시장에서 3% 정도의 규모인 국내 시장의 한계를 지닌 애니메이션 제작자로서, 중국, 미국과의 협력을 통해 세계 시장으로 나가는 길이 한국 애니메이션 산업의 미래라 생각한다.

2. 애니메이션 제작의 방향

국내에서 애니메이션의 제작은 크게 두 부류로 나눠 볼 수 있다. 국산 창작물인 경우와 해외 합작인 경우이다.

국산 창작물의 경우, 소재의 제한이 없이 자유롭게 창작할 수 있는 장점이 있고, 특히 한국적 소재와 한국의 역사물, 한국의 정신을 담은 스토리텔링을 만들 수 있으므로, 한국 문화를 다음 세대에게 알리고 세계에 알리는 데 큰 의미가 있겠다.

국산 순수 창작물의 단점으로는, 위의 장점이 역으로 세계 시장에서 한계가 되어 완성 후 해외 판매가 어렵기 때문에 제작비 회수의 어려움이 있다는 점이다. 한국 시장의 크기가 충분하여 제작비가 회수될 수 있는 구조가 나온다면 별 문제가 없겠지만, 현재 1조를 약간 넘은 극장 시장에서, 보통 10% 이내를 애니메이션 시장으로 친다면, 1천억 원 규모가 애니메이션 시장이라고 볼 때, 제작비가 최소 20억에서 100억까지 하는 장편 애니메이션의 수익을 한국에서만 만들어내는 것은 구조상 한계가 있다고 본다.

〈마당을 나온 암탉〉의 경우 국내 220만 관객 동원으로 제작비 회수를 완성하였지만, 해외 판매가 대단히 미미한 경우이고, 이런 케이스는 그 후 나오지 않았기 때문에 특수한 경우로 분류하는 것이 합당하다고 판단 된다.

두 번째 제작방식으로 해외와 합작을 하는 경우인데, 보통 자본 투자유치의 목적으로 공동제작이 되는 경우가 많고, 두 개 이상의 시장을 대상으로 하여 공동창작으로 풀어가는 경우도 있다. 보통 방송용 TV 시리즈의 경우 제작비 대비 회수가 어렵기 때문에, 텍스 크레딧 지원이 강한 국가들—프랑스, 호주, 캐나다 등—과 합작으로 풀어가는 경우가 많다.

장편 애니메이션의 경우도, 픽사나 드림웍스 같은 미국 메이저 애니메이션 스튜디오를 제외한다면 중급, 인디 스튜디오에서는 제작비 회수의 위험성을 분산하기 위해 합작으로 접근하는 경우가 점점 많아지고 있다.

실사영화와 달리 애니메이션의 경우, 국적성이 거의 없으므로 보다 유니버셜 랭귀지로 제작된다고 볼 수 있다. 캐릭터의 외형도 국적 제한을 두지 않고 제작이 가능하고, 보통 영어로 제작되어도 각 나라별로 더빙 처리를 통해 문화적, 인종적 특징성을 회피할 수 있다. 이로서 보통 몇십 개국 이상 판매를 할 수 있는 판로가 확보되는 셈이다.

국가의 제작지원과 텍스 크레디트 등 지원을 풍부하게 받는 프랑스, 캐나다, 호주 등과의 합작은 이에 따른 어려움이 또 있다. 포인트 시스템을 통해 대부분의 창작부분—스토리, 디자인, 음악, 편집 등에 더 많은 점수를 부여함으로, 이런 나라와의 합작 제작에서는 단순 메인 프로덕션만을 담당하여야 하고, 대부분의 창작권과 권리를 포기하여야 할 경우가 생기기 쉽다.

동등한 조건으로 국제 공동제작을 위해선 개별 프로덕션 별로의 프로젝트 준비가 잘 패키지되는 것도 있지만, 정부 차원에서 공동제작의 시스템적인 지원과 인력풀을 양성할 수 있는 제도가 필수적이다.

2.1. 순수 국내 창작물

순수 국내 자본과 창작력, 제작력으로 만들어진 최근의 장편 애니메이션 작품과 흥행기록의 보자면 아래와 같다.

타이틀	개봉년도	감독	관객동원
원더풀데이즈	2003	김문생	224,000
로보트 태권 V	1976/2007	김청기	656,670
천년여우 여우비	2007	이성강	482,988
마당을 나온 암탉	2011	오성윤	2,201,722

(Kobis 통계)

1976년 재개봉한 〈로보트 태권 V〉의 경우 2007년 재개봉하여 큰 호응을 얻었다. 이를 기반으로 한국 창작물의 재제작 및 브랜드화가 이뤄졌으면 좋았겠지만, 불행히도 이후 지속적인 재발굴의 시도가 없었다.

〈마당을 나온 암탉〉의 경우, 베스트셀링 책의 인지도를 기반으로 하고, 명필름의 성공적인 마케팅에 힘입어, 애니메이션 역사상 국내 최고 흥행 성적을 거두었다. 하지만 해외판매 부진으로 국내 시장 내에서의 흥행으로 마감되었다.

그외에도 국내 창작물로 극장 개봉작들이 있지만, 상업적으로 성공한 케이스는 거의 없는 상황이다.

타이틀	개봉년도	감독	관객동원
파닥파닥	2012	이대희	13,406
아치와 시팍	2006	조범진	107,154
돼지의 왕	2011	연상호	19,645

(Kobis 통계)

대부분 애니메이션 지원센터나 기타 지원을 통하여 제작에 큰 도움을 얻고 있지만, 보통 최소 20억 이상이 소요되는 애니메이션 장편의 경우, 제작자 개인이 안아야 하는 제작리스크가 너무 커서, 연간 1~2편도 지속적인 제작이 되지 않고 있는 실정이다.

단기적으로 보자면, 국내 창작의 경우, 해외수출의 한계를 보이고 있는 것이 사실이므로 사업적 매력이 떨어져 투자자에게 외면 받는 경우가 많다. 하지만 좀 멀리 보자면 한국의 스토리텔링 기술과 자체제작의 명맥을 유지하기 위해 반드시 성장되어야 할 시장이니, 정부와 주요 영화배급사의 특별한 지원이 유지, 확대되어야 한다.

2.2. 해외 공동제작

두 번째 구분으로는 해외와의 공동제작방식을 들 수 있다. 본인도 이 부분에 촛점을 맞춰서 작품제작을 계속 해오고 있고, 애니메이션 문화가 산업화되기 위해 반드시 풀어야 할 첫 숙제가 여기 있다고 판단한다.

그간 해외합작으로 제작된 대표적인 한국 애니메이션 작품은 아래와 같다.

타이틀	개봉년도	감독	관객동원	해외판매
파이스토리 1	2006	이경호 외	267,588	미국 내 DVD 50만 장 및 해외 약 45개국 판매

타이틀	개봉년도	감독	관객동원	해외판매
파이스토리 2	2013	박태동 외	267,379	해외 20여 개국 판매, 지속판매 중
코알라키드: 영웅의 탄생	2010	이경호 외	206,344	해외 20여 개국 판매, 지속판매 중
뽀로로	2013	박영균	930,092	중국 개봉 및 지속판매 중

(Kobis 통계)

〈파이스토리〉 1, 2편의 경우, 해외에서 스토리, 보이스 녹음, 편집, 음악, 사운드 작업, 그리고 한국에서는 디자인, 스토리보드, 모든 메인 프로덕션을 제작하였던 경우이다. 핵심 창작이 해외에서 이뤄졌지만, 이를 통한 국내 제작진의 글로벌 프로젝트 경험 및 해외세일즈, 보증보험 등의 제작 노하우를 알게 된 큰 경험을 얻게 되었다.

이후 〈코알라키드〉의 경우, 한국에서 더 주도적으로 모든 감독과 제작 총괄을 하게 되었고, 〈뽀로로〉의 경우는 중국의 자본과 메인 제작 일부 이외에는 모든 제작을 한국에서 총괄하여 진행하게 되었다.

국제 공동합작의 필요성을 다시 강조하자면, 한국 시장만으로는 제작비 회수를 하기 힘든 한계점에 있다. 이는 단순히 한국만의 문제가 아니라, 세계 모든 시장의 공통적인 문제이다. 할리우드의 경우만 예외였지만, 이제 더 이상 할리우드도 자국 내 100% 제작만 고집하고 있지 않다. 특히 드림웍스의 경우 중국과 적극적인 합작제작을 통한 중국 시장 진출에 이미 큰 걸음을 내디딘 상태이다.

한국 애니메이션 제작자의 경우 정부 지원으로 해외 시장 참가를 열심히 하고 있고, 다각도로 공동제작을 시도하고 있다. 특히 TV 시리즈의 경우 해외 공동제작이 활발하게 시작되고 있는 단계이다. 이미 초기 시장을 지나, 활성화 단계로 들어선 것으로 판단된다.

장편 애니메이션의 경우는 아직 초기단계로 보이는데, 개별 프로덕션 및 제작자 차원에서 공동제작으로 만들어가기는 쉽지가 않다. 보통 해외 공동제작의 경우 영어권 국가 사이 또는 유럽연합 국가 사이에서 이뤄지고 있고, 비영어권 국가로는 그나마 인도를 선호하고 있으므로 문화적인 차이와 제작 시스템의 차이를 극복하는 한계가 크다.

3. 세계 시장 및 주요 공동제작 대상 국가 분석

3.1. 전 세계 애니메이션 시장 개괄

우선 애니메이션의 전체 시장을 대략적으로 살펴보고 세부적인 지역적 시장 규모와 구조를 살펴보자면, 가장 큰 시장은 TV 애니메이션 시장이 차지하고 있고, 비디오와 극장 시장이 큰 격차를 두고 시장을 형성하고 있다. 아직 온라인과 모바일의 실제 시장 규모는 크지 않지만, 미국, 중국 등을 중심으로 급성장 중이다.

세계 애니메이션 분야별 시장 규모 추이는 온라인과 모바일 시장의 성장세가 두드러지며, 홈비디오 시장은 일정 규모를 유지하면서 소폭 상승할 것으로 보인다.

극장용 애니메이션 시장과 방송용 애니메이션 시장은 각각 8.3%, 3.5%의 연평균 성장률을 보일 것으로 예상되며, 홈비디오 판매 시장과 대여 시장이 각각 1.4%와 3.7%로 전망된다. 온라인 시장과 모바일 시장은 각각 32.7%, 21.1%의 높은 성장률을 보여, 홈 엔터테인먼트 시장의 홀드백 시스템에 변화가 나타나고 있다. (자료인용)

세계 애니메이션 시장 분야별 시장규모 추이 (단위: 백만 달러)

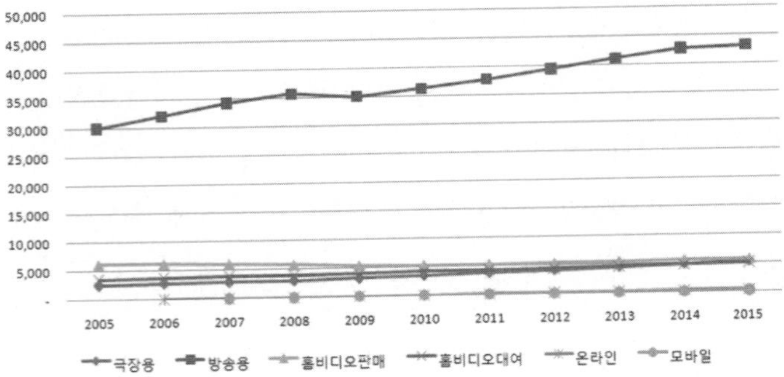

자료원: MPAA(2010); PWC(2010); 일본동화협회; 일본영상소프트협회; Digital Vector(2009); The Numbers; Boxoffice Mojo; FutureSource(2010); ZenithOptimedia(2010); Informa(2007); 삼정KPMG 재구성

향후 애니메이션 시장의 권역별 비중의 변화를 살펴보면, 2010년을 기준으로 39.8%의 가장 큰 비중을 차지하고 있는 북미권은 39.2%로 다소 감소할 것으로 보이며, 유럽권 역시 31.0% → 30.5%로, 22.3%를 차지하고 있던 아시아권은 21.8%로 감소할 것으로 보인다. 반면에 오세아니아권이 1.6% → 2.1% 로, 중남미권이 4.5% → 5.8%로 성장이 전망된다.

세계 애니메이션 시장 권역별 시장규모 추이

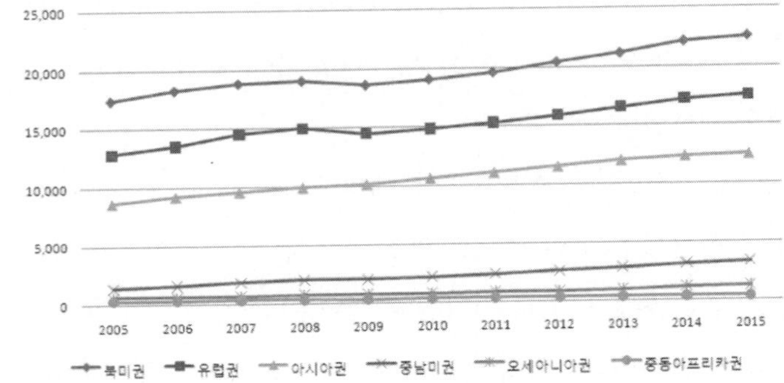

자료원: MPAA(2010); PWC(2010); 일본동화협회; 일본영상소프트협회; Digital Vector(2009); The Numbers; Boxoffice Mojo; FutureSource(2010); ZenithOptimedia(2010); Informa(2007); 삼정KPMG 재구성

3.2. 미국

아시아 시장의 확대로 세계 시장 점유 비율이 낮아지고 있지만 여전히 세계 시장에서 30% 이상의 시장 규모를 가진 가장 큰 시장이며, 할리우드에 개봉된 작품은 세계 시장으로 수출이 용이한 특별한 장점이 있다. 보통 할리우드 영화는 자국 시장에서 30~50% 수익과, 세계 시장에서 50~70% 수익을 목적으로 하는 구조를 가지고 있다. 할리우드 영화는 전세계 시장의 80%를 독점하고 있다고 판단해도 무리가 아니다.

프랑스의 경우, 자국 영화에 대한 전폭적인 지원에도 불구하고, 30%대의 국산 점유율을 넘지 못하고, 역시 자국 영화 지원이 강력한 독일의 경우는 20%대의 점유율을 기록하고 있다. 최근은 중국에서도 할리우드 영화의 강세가 보여져, 영화의 경우 할리우드 제작품을 아직 벗어나지 못하고 있다.

할리우드 영화 제작과 배급은 7개의 메이져 스튜디오를 중심으로 돌아가고 있고, 스튜디오와 연계된 배급체인, 독립영화 제작 스튜디오망은 아래와 같다. 단 미국의 독점을 방지한 법률에 따라 제작 스튜디오에서 극장 체인을 소유한 경우는 없다.

할리우드 메이저 스튜디오

Major studio unit	Arthouse/"indie"	Genre/B movie	Other divisions and brands
Columbia Pictures	Sony Pictures Classics	TriStar Pictures, Screen Gems	Sony Pictures Releasing, Sony Pictures Animation, Triumph Films
	SPWA:Destination Films	Stage 6 Films, Affirm Films	

Major studio unit	Arthouse/"indie"	Genre/B movie	Other divisions and brands
Warner Bros. Pictures		DC Entertainment	New Line Cinema, Castle Rock Entertainment, Turner Entertainment Co., Warner Bros. Animation, HBO Films
Walt Disney Pictures		Disneynature, Marvel Studios, Lucasfilm	Touchstone Pictures, Walt Disney Animation Studios, Pixar Animation Studios, DisneyToon Studios
Universal Pictures	Focus Features, WT2 Productions	Working Title Films	Universal Animation Studios, Illumination Entertainment
20th Century Fox	Fox Searchlight Pictures	Fox Faith	20th Century Fox Animation, Blue Sky Studios, New Regency Productions (20% equity), Fox Animation Studios
Paramount Pictures	Paramount Vantage	Insurge Pictures	Nickelodeon Movies, MTV Films, Paramount Animation

미국의 경우, 유럽에 이어 경기침체의 영향을 많이 받고 있어서, 미국 내 제작자의 자금확보가 큰 어려움을 겪고 있다. 이는 오히려 한국의 제작자에게 기회가 될 수 있다고 판단한다. 좋은 작품에 공동제작의 기회가 열리고, 이를 통해 미국 배급망을 통해 미국 내 극장 개봉 및 세계 시장 판매 활로를 열 수 있다고 판단한다.

여전히 큰 시장으로서 매력이 충분하고, 또 한 가지 가능성으로는 탤런트 풀이다. 수많은 할리우드 영화의 제작으로 글로벌콘텐츠 제작의 경험이 높은 작가, 보이스 액터, 편집자, 포스트 하우스들이 최근 한국 정도 또는 더 저가로 서비스에 나서고 있다. 이는 글로벌콘텐츠 제작에 필수적인 요소이므로 이 탤런트 풀을 얼마나 잘 활용하는가가 세계 시장 판매로 바로 연결되는 요소이다.

예를 들자면, 글로벌 시장 판매의 첫 번째 요소로는 언어로 볼 수 있다. 영어로 제작되지 않은 애니메이션은 인터내셔널로 구분된다. 영어로 제작되어야 세일즈가 가장 용이하다. 또 할리우드의 스타 탤런트 고용으로 세일즈가 확정되는 경우가 많다. 특히 프리세일즈의 경우는 필수적인 요소로 볼 수 있다.

한국의 감독을 활용하는 경우는 더욱이 할리우드의 스타 탤런트 이름을 활용하는 것이 반드시 필요하다고 보겠다.

3.2.1. 미국의 TV 애니메이션 시장

어린이 장르는 Disney, Cartoon Network(Time Warner 소유), Nickelodeon(Viacom 소유) 3개 회사가 시장을 지배하고 있다. 애니메이션 방송 3사는 애니메이션 프로덕션의 모든 부분에 참여하고 있으며 세계로 시장을 넓혀 나가고 있다. 현재 방송 3사의 어린이 프로그램에 대한 투자는 세계 애니메이션 제작의 47%를 차지하는 것으로 예측된다.

미국 메이져 애니메이션 전문채널

자료원: Nickelodeon; Cartoon Network; Disney Channel; 삼정KPMG

미국 TV시장은 위의 네트워크들이 대부분 마켓을 점유하고 있으므로, 위 방송국과의 방영계약여부가 성공의 척도로 판단된다. 하지만 미국네트워크에 작품을 판매하는 경우가 매우 어려우므로 초기 기획단계부터 네트워크과의 소통을 통해 그쪽에서 요구하는 작품의 컨셉을 지속적으로 타진하고 보완하여 제작을 하는 것이 필요하다. 가능하면 중간의 TV배급사/제작사와 공동제작을 통한 미국 네트워크 판매가 더 바람직 할 수 있다.

3.3. 중국

중국의 경우 정리된 자료가 분산되어 존재하는 상황이어서 다수의 Kocca 자료, Kofic 자료, 중국 EntGroup 자료를 참조하여 인용, 재정리한다. 중국의 경우, 한국 애니메이션 제작자로서 인지하여야 할 필요가 많은 것으로 판단하여 좀 더 많은 장을 할애하였다.

중국의 박스오피스 시장은 2012년 $2.7billion(약 3조 원; 지난해 대비 30.18% 성장)을 기록하면서 미국 다음의 제2위 규모의 시장이 되었다. 자국 시장의 폭발적 성장에 대비되어, 중국 영화의 해외수출은 $46million (약 500억)으로 오히려 줄어들고 있는 실정이다. 이에 국가 차원에서 할리우드 및 해외 스튜디오와 합작을 통한 해외수출이 가능한 작품 제작에 적극적이다.

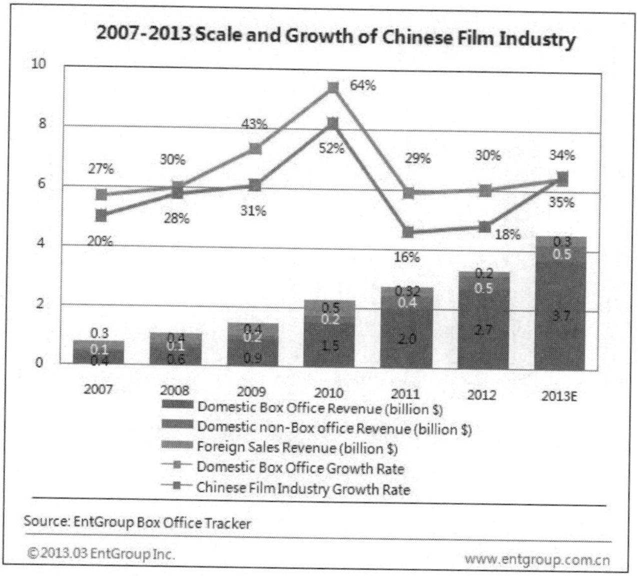

2007~2013 Scale and Growth of Chinese Film Industry

중국의 극장용 애니메이션 시장은 2012년 US$5.2billion을 기록하여 전체 시장의 7% 정도를 차지하고 있으며 점유율이 점차 커져가는 추세이다.

해외합작의 경우 아직 중화권이 홍콩과 대만과의 합작이 압도적으로 많고, 미국과의 전략적인 협력을 통한 합작도 강화하고 있다.

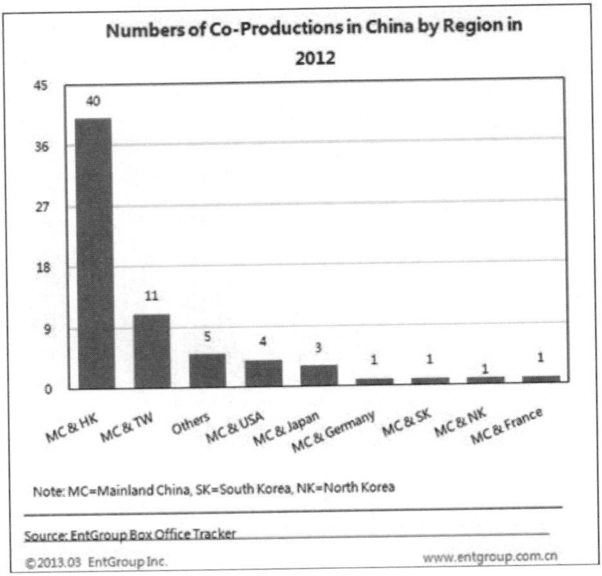

Numbers of Co-Productions in China by Region in 2012

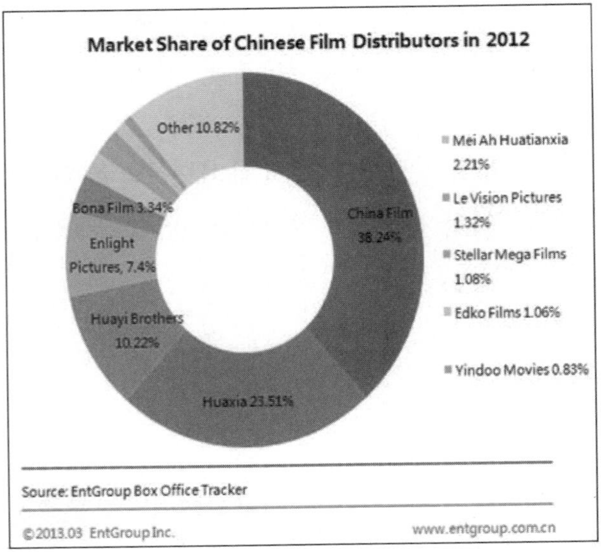

Market Share of Chinese Film Distributors in 2012

중국 내 영화배급사의 경우 10개 메이저 배급사에서 약 90% 시장점유를 보이고 있다. 국영기업 China Film이 38.2%, 역시 국영 및 민간 합작인 Huaxia가 23.5%로 독점적 위치를 차지하고 있으며, Huayi Brothers, Enlight Pictures, Bona Films가 뒤를 따르고 있고, Le Vision Pictures, Edko Films와 Sil-Metropole이 새롭게 10위 내에 진입한 것은 지금까지 국영 중심의 배급라인에서 민간 회사의 점유율이 높아지고 있다는 점을 주지할 필요가 있다.

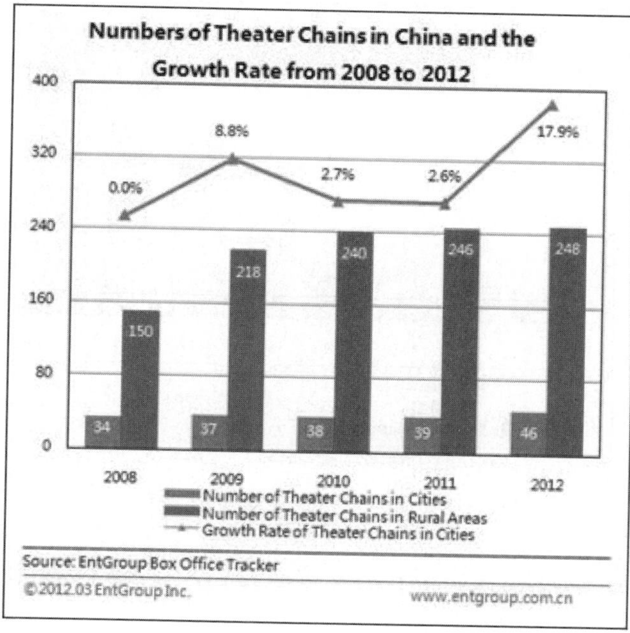

Numbers of Theater Chains in China and the Growth Rate from 2008 to 2012

2012년도 중국의 극장/스크린 수 증가는 급격히 이뤄지고 있다. 2012년 한 해 880개 컴플렉스 극장이 지어져, 총 극장 수는 3,680개, 스크린 수는 13,118개에 이르렀다.

2008년 이후에는 수입영화의 점유율이 점차 높아져가고 있다. 2012년 수입작품의 박스오피스는 8.8 billion 위안으로 지난해 대비 2.7billion 위안이 증가하여 51.5%로, 처음으로 50% 이상 점유를 기록하였다.

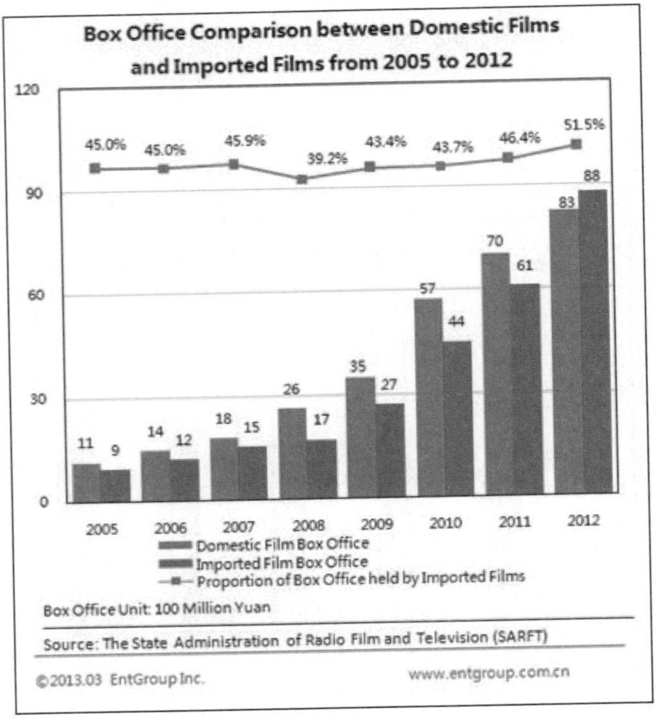

Box Office Comparison between Domestic Films and Imported Films from 2005 to 2012

3.3.1. 주요 배급사

중국의 주요 배급사 두 곳을 좀 더 살펴보자면,

China Film Group Corporation(CFGC or CFG)

차이나필름그룹(중영그룹, CFG)는 국영소유의 초대형 기업으로 수입작품의 모든 총 관리를 책임진다. 중국산 영화에 대해서도 중국 내 가장 큰 프로듀서이고, 배급사이다.

Huaxia Film Distribution Co.,Ltd

2003년에 설립된 화샤의 경우 CFG외 두번째로 큰 수입영화 배급사이다.

원선(院線)은 하나의 배급 주체와 몇 개의 극장들이 모여서 형성된 자본 및 영화 프로그램상의 공유체를 말한다.

2011년 흥행 수입으로 본 원선 순위

순위	원선	흥행수입(만위안)	관객수(만명)
1	베이징완다	178,475	4,086
2	중잉싱메이	137,701	3,843
3	상하이롄허	130,344	3,777
4	선전중잉난팡신간셴	108,598	2,865
5	광저우진이주장	85,082	2,249
6	베이징신잉롄	76,348	2,093
7	광동따디	67,670	2,352
8	저장스따이	55,665	1,553
9	쓰촨타이핑양	46,796	1,361
10	랴오닝베이팡	38,225	1,327

출처: 국가광전총국전영관리국

중국 내에서의 배급형태를 보자면,

수입분장제

수입분장제란 영화 배급을 위탁하여 흥행수익을 제작, 배급하고 상영 주체가 나누어 갖는 방식을 법적으로 허용하는 제도이다. 대부분 중국에서 상영되는 '대작' 할리우드 영화가 이에 속하며 간혹 한두 편의 제작 규모가 큰 다른 국가 영화가 포함되기도 한다. (인용)

수입매단제

수입매단제란 일반적으로 중국 배급 회사가 몇십만 위안에서 몇백만 위안으로 대륙 배급권을 사는 것으로 제작사는 박스 오피스의 분장에 참여하지 않는 제도이다. 최근 중미 FTA를 통해 분장제 수입 쿼터의 편수가 기존 20편에서 34편으로 늘어났다. 박스오피스 수익 배분율도 13%에서 25%로 상향조정될 예정이며, 독립 제작사들에 통상 2~3%로 책정됐던 라이선스 수수료율도 협상이 가능해진다. (인용)

중국 박스 오피스 분장 비율

	제작	배급	원선	영화관
중국 국내영화	38~43%	4~6%	3~7%	50~52%
수입매단제 영화	수십~수백만 위안	43%	3~7%	50~52%
수입분장제 영화	최대 25%	22~28%	3~7%	50~52%

출처: www.entgroup.co.cn

3.2.2. 중국 내 할리우드 메이저의 활동

– 디즈니, 파라마운트, 소니, 폭스, 유니버셜이 중국 내 자회사를 설립하였다. 워너 브라더스는 홍콩 자회사를 통해 중국 비즈니스를 진행 중이다.

– 디즈니는 상하이에 $16billion(약 17조) 테마파크를 설립 중이고, 드림웍스는 SMG(상하이 미디어 그룹)와 $3billion(약3.3조)의 스튜디오를 역시 상하이에 설립하기로 하였다.

– 보나필름은 할리우드 VFX스튜디오인 Digital Domain을 인수하였다.

– 완다그룹은 미국 2위의 극장체인인 AMC를 인수하였다.

2012~2013 중국 애니메이션 / 박스오피스 현황

타이틀	Producer	개봉년도	Gross Boxoffice (Million USD)
I Love Wolffy 2	Mr. Cartoon Pictures Co.,Ltd	2013	11.7
Kunta	Versatile Media	2013	2.3
Seer III	Beijing Enlight Pictures Co.,Ltd, Toonmax Media	2013	11.7
Happy Little Submarine 3 –Rainbow Treasure	Shenzhen GDC Entertainment Co.,Ltd	2013	8.8
Roco Kingdom: the Desire of Dragon	You Yang(Tian Jin) Dong Man Culture Media Co., LTD	2013	9.7
Pororo, The Racing Adventure	China Film Group Corporation & OCON Inc. [SouthKorea]	2013	1.7
The Mythical Ark: Adventures in Love & Happiness	Toonmax Media Co.,Ltd	2013	17
Yugo & Lala	Beijing Qi Cartoon Animation Co.,Ltd	2012	3.2
I Love Wolffy	Mr. Cartoon Pictures Co.,Ltd	2012	11.2
McDull · Pork of Music	Toonmax Media Co.,Ltd	2012	7.4
Legend Of The Moles	Beijing Huaying Xingqiu International Media Co.,Ltd	2012	3.8
SeerII	Mr. Cartoon Pictures Co.,Ltd	2012	5.1
Happy Little Submarine 2	Shenzhen GDC Entertainment Co.,Ltd	2012	2.7

2012~2013 수입애니메이션 중국박스오피스 현황

타이틀	Producer	개봉년도	Gross Boxoffice (Million USD)
Sammy' s Adventures2	nWave Pictures [Belgium]	2013	2.0
The Croods	DreamWorks Pictures	2013	36.4
Rise of the Guardians	DreamWorks Pictures	2012	4.2
Wreck–It Ralph	DreamWorks Pictures	2012	9.5
Sammy's Adventures: The Secret Passage	nWave Pictures [Belgium]	2012	3.6
Ice Age: Continental Drift	Blue Sky Studios	2012	57.3

3.4. 기타 국가의 시장 상황

3.4.1. 영국

– 영국 애니메이션 시장은 현재 재정 압박에 시달리고 있다.

– 거대 기업들이 지배하고 있던 영국 애니메이션 시장은 현재 재정 압박에 시달리고 있다. 세계적 기업이었던 Hit Entertainment는 다가올 8월에 모회사인 Apax Media의 결정에 따라 회사가 매각될 수도 있을 전망으로 Hit Entertainment의 인수를 원하는 회사들은 현재 회사 수익의 80%를 차지하고 있는 토마스〈Thomas the Tank Engine〉에 관심을 집중하고 있다.

– 현재 애니메이션 업계는 영국 애니메이션 시장의 경쟁력을 상승시키고 독립 제작자들이 우수한 스텝을 확보하고 양질의 애니메이션을 제작할 수 있도록 지속적으로 세금 혜택에 대한 로비를 하고 있다. 영국 정부는 현재 프랑스와 아일랜드, 캐나다 영화산업 등과 경쟁이 가능하도록 영화산업에 세금 혜택을 지원하고 있다. 세금 혜택이 애니메이션 산업에까지 확장되지 않을 경우 영국 애니메이션 산업의 생산 중단 가능성을 우려, 제작산업의 인수합병은 RDF Media Group과 Zoodiak Entertainment 인수 합병 및 De Agostini Group의 Zodiak Media Group인수로 거대한 공룡기업이 탄생했다.

– BBC의 어린이 부분의 소관이 명시하는 바로는 BBC 방영 프로그램의 대다수 콘텐츠들이 영국에서 만들어진 것이어야 하고, CBeebies의 경우 주로 영국에서 생산된 프로그램을 방영하고 특히 연간 4,500시간 이상의 방영 시간을 제공해야 하고 프로그램 중 적어도 투자의 75%가 자국 제작 프로그램이어야 한다. Pay-TV 시장에서는 디즈니 채널이 자사의 미취학 아동 및 2세에서 7세를 겨냥한 Disney Junior 브랜드를 런칭했다.

3.4.2. 프랑스

– 2010년 프랑스 애니메이션 제작비용 중 20% 이상이 해외 투자로 이루어졌다.

– 지상파 방송인 TF1, France2, France3, France5, Canal+와 M6는 지난 한 해 애니메이션을 4,005시간 방영, 만화(Cartoon)의 경우 전체 프로그램에서 2009년보다 5.5% 감소된 8.1%의 비율을 차지했다. M6는 지난 10년 동안 평균 303시간의 애니메이션을 방영하였고 지난해보다 2.6% 성장한 320시간 방영에도 불구하고 개인 소유의 무료 TV로 인해 수치상으로만 감소한 것으로 나타났다. 2010년 프랑스 애니메이션 제작비용 중 20% 이상이 해외 투자로, 공동제작 비율이 증가한 것으로 해석한다.

– 대부분의 프랑스 애니메이션이 아침 5시부터 8시 30분 사이에 방영되기 때문에 주시청자 연령층은 4세에서 10세 사이이다. 프랑스 자국 애니메이션이 대부분의 방영시간을 차지하고 있고 인기를 얻어가는 것과 동시에 미국 콘텐츠 비율 또한 30%를 차지하고 있으며 14.3%는 다른 유럽 국가들의 콘텐츠, 9.35%는 아시아나 호주 지역의 콘텐츠가 차지하고 있다. 2009년에 비해 2010년의 제작 투자는 약간 감소한 것으로 보이지만 2006년부터 2010년 사이의 평균 비용을 감안했을 때 건강한 재정 상태를 보여주고 있다.

3.4.3. 캐나다

– 미국과 접경한 국가로서 특히 콘텐츠 제작지원이 강한 캐나다는 평균 40~60%의 제작비를 텍스 크레디트, 텍스 리턴 등의 지원으로 산업육성을 한다.

– 캐나다 자체의 제작인력 확대뿐 아니라, 미국 및 해외국가가 캐나다 내 프로젝트 회사 및 펀드사를 설립하고 운영하는 경우도 많다.

– 이러한 지원을 통해 활성화된 제작 시장은 2008년에 382시간의 애니메이션을 제작했으며 이는 미국의 330시간, 프랑스 251시간, 영국 191시간, 이탈리아 112시간을 웃도는 수치이다.

4. 중국과 제작 시 유의사항

한국 애니메이션이 앞으로 어떻게 하여야 세계 시장에서 성장할 수 있을 것인가에 대한 소견으로, 미국의 탤런트를 활용하여 세계시장을 대상으로 작품 판매를 하는 한 축과 중국과의 합작을 통한 중국 시장 진출을 키워드로 뽑고자 한다.

미국과 글로벌 경기침체로 현재 할리우드에는 능력 있는 작가, 보이스 탤런트 등이 일감을 기다리고 있다. 프랑스나 호주와 달리 미국에는 특별한 텍스 인센티브가 없기 때문에, 비용 또한 경쟁력이 있다. 한국의 제작자가 중심을 가지고 이런 탤런트를 고용하면, 세계화된 작품 제작의 큰 기초가 될 것으로 판단한다.

중국의 경우 앞서 보았듯이 극장 시장의 규모가 폭발적인 성장을 하는 현재 전 세계의 유일한 나라이다. 세계의 모든 영화 프로듀서가 중국의 자본투자와 배급만 바라보고 있다고 해도 과언이 아닐 것이다.

중국과 근접한 지리적 특성과, 중국을 상대적으로 이해할 수 있는 나라 역시 세계 시장에서 많지 않다. 이를 기반으로 중국의 자본을 끌어들이는 것과 중국의 배급을 통한 수익 윈도우 창출로 영화 제작비 회수의 위험도를 줄이는 것이 앞으로 큰 기반이 될 것으로 믿는다. 전체 제작비의 약 30~50% 정도를 중국에서 조달하고 창작 및 연출권을 한국에서 유지함으로, 한국에서 제작의 주도권을 쥐고 세계시장으로 진출하는 기반이 될 것으로 기대한다.

하지만 아직 중국은 중국만의 비즈니스 스타일로 예측이 어렵고, 지적재산권의 보호 문제, 계약서의 실행 부분, 자금흐름의 관리, 수익 후 정산 부분에 대한 시스템이 초기 단계이다. 이에 대한 지속적인 연구와 노력이 필요하겠다.

몇 가지 핵심적인 체크사항을 정리하자면 아래와 같다.

1) 상대방 회사의 신용도 검증

상대방 회사가 상장사이거나, 국영업체라면 필요없겠지만, 사기업일 경우 내부 자금 사정이나, 경영상태를 알아내기란 쉽지 않은 일이다. 실제 현장 방문을 통한 검증과 여러 차례의 미팅을 통해 회사 사정을 파악하고 한국의 사업자등록번호와 같은 영업집조(营业执照)를 코트라나 신뢰조사 서비스를 통해 파악하는 것이 첫 걸음으로 필요할 것이다.

2) 완성보증보험의 활용 Completion Bond

완성보증보험은 국내 Kocca에서 지원하는 보증보험서 발급과 혼용되고 있는데, 보통 Film Finances와 같은 국제적 대형회사를 통한 영화의 완성을 보증하는 전문 관리 서비스이다.

보험이라고 불리기도 하지만, 단순히 보험의 기능을 넘어서, 작품의 제작 마일스톤에 따른 자금집행을 관리하는 역할을 매주, 매달 단위로 한다. 또한 투자자의 자금 확보를 확인하고, 캐쉬플로우 콘트롤을 직접 하여 강력한 관리사 역할을 하는데, 보통 전체 제작예산의 2.5%선의 비용을 받고 관리 역할을 하고 있다.

해외 공동제작의 경우 상대방 회사의 자금 흐름 및 진척 파악이 어려운 점을 고려할 때, 이 정도 비용을 리스트헤지 비용으로 생각하고, 완성보증보험을 활용하는 것을 추천한다.

국내는 아직 비슷한 회사가 없는 상태지만, 추후로는 국내에서 한중간의 전문관리가 가능한 회사가 생겨나길 기대한다.

3) 특허 등록

초기 협력 타진을 위해 다수의 회사와 개발된 디자인 및 스토리를 공유하는 동안 아이디어 유출의 우려가 따르지 않을 수 없다. 최소 컨셉의 이미지 및 작품 타이틀의 특허 등록이 선행될 필요가 있다.

4) 수퍼바이저 파견

작업 기간 동안, 한국의 수퍼바이저가 파견되어, 상주하면서 관리하는 것이 요구된다.

5. 활성화 정책 및 시스템 제시

지금까지 요약한 바와 같이 한국 애니메이션의 해외 진출방안은, 할리우드 인력의 적극적인 활용과 중국과의 공동제작으로 판단된다. 하지만 민간 부분에서만 진행하기에는 풀어야 할 과제가 너무 크고 무겁다.

정부와 민간이 협력해서 기반을 다져야 할 이슈를 정리하자면 아래와 같다.

1) 한중 FTA 중 영화 및 애니메이션 합작 시 자국산 인정안

현재 캐나다, 호주, 프랑스를 중심으로 자국산 콘텐츠의 해외 합작을 유도하는 시스템이 Co-production Treaty이다. 이는 양국간에 합작시 주요 배점 시스템(point system)을 양국간에서는 자국 포인트 시스템으로 인정 및 배려해주는 시스템으로, 이를 통해 자국의 텍스 크레디트와 지원을 받을 수 있다.

한국과 중국의 경우, 이와는 달리 텍스 크레디트 시스템은 없지만, 중국의 경우 극장 시장에서 국내산 보호법이 강력하다. 연간 약 40여 편의 수입영화만 배급이 될 수 있는 권리를 획득한다.

한중 공동제작 시 한국산 및 중국산의 공동 인정제가 생긴다면, 중국 내 직접 배급의 길이 열리므로, 한국 콘텐츠 제작자로서 큰 활력을 얻게 될 것이다. 예를 들자면, 중국 배급으로 발생될 수익을 추정하여 콘텐츠 투자자들의 투자가 더 적극적이 되고 활발해질 수 있고, 이를 통한 중국 내 라이센싱 및 브랜드 사업이 따라올 수 있게 되어, 단순 박스 오피스 수익뿐 아니라, 부대사업을 유발하는 효과가 생긴다.

2) 해외 공동제작 시 국내 인력 고용창출 지원안

역시 캐나다, 호주, 프랑스의 경우 해외 공동제작 시 창출된 고용인력에 대한 지원을 통해 해외 공동제작에 인센티브를 제공한다. 검증된 해외 파트너와 공동제작 시 참여한 인력에 대한 30~50%의 일괄적 인건비 지원책을 통해서 단순하고 예측가능한 제작비 조달 계획이 가능하고, 해외의 유수 프로듀서 및 스튜디오들이 한국과 합작을 더 요구하게 될 것이다. 이를 통해 국내 창작물과 해외 창작물의 구분 없이, 제작인력풀 유지 및 활성화를 위한 안으로 인건비 지원 시스템이 큰 기반이 될 것이다.

3) 중국 합작 및 수출 지원 서비스 라인

현재 코트라와 코카 등을 통해서 일부 지원되고 있지만, 중국 내 지적재산권 보호와 분쟁 시 지원 및, 자금 투자 시 계약과 집행 관리, 수익의 정산 및 송금 등의 예측 불가능한 부분을 중국 내 거주하는 한국 프로듀서의 개개인의 노하우에 의지하는 경우가 많다. 이를 일괄 관리/지원할 수 있게 시스템을 통합하고 확대할 필요가 있다. 특히 상호간 긍정적으로 시작한 프로젝트를 애매한 문화적/경험적 시각 차이로 분쟁이 확대될 수도 있으므로, 이를 초기단계부터 가이드라인을 만들고 실행해 갈 시스템이 필요하다.

4) 합작 펀드 및 관리사 구성

공동제작의 가장 큰 이유이자 위험 요소는 자금의 투자 및 관리라고 볼 수 있다. 상호간 약속된 시기에 자금이 적절히 집행되고 스케줄을 맞춰가지 않으면 제작비 초과, 납기 및 개봉 시기 연기 등 사업성 자체를 위협할 일들이 생길 수 있다.

현재 중국도 한국과의 합작의지가 높고, 한국 역시 그러하니, 초기 펀드 조성 시 합작 펀드를 조성하고, 완성보증보험의 역할까지 할 수 있는 콘텐츠 전문 관리사가 결정된다면 보다 시스템적인 지원이 가능할 것으로 판단한다.

6. 맺음말

한국의 애니메이션 제작자(프로듀서)로 해외시장을 다니다보면, 가장 많이 듣는 말이, 한국의 그래픽 제작능력이 출중하지만, 세계시장에 통할 스토리텔링이 아무래도 영어권이 아니므로 어렵다는 것이다. 한국의 제작능력은 미국 이외에 가장 좋다고 생각되지만, 인센티브가 없으므로 매력이 없다. 그러므로 인센티브가 있는 말레이시아나 캐나다로 가거나, 또는 가격이 저렴한 인도, 중국으로 가게 된다.

한국은 또한 내수 시장 규모가 아주 작지도 않지만, 애니메이션을 만들어 수익구조로 보기엔 너무 작으므로 해외에 판매할 수밖에 없다.

이런 상황에서 어떻게 해야 한국 애니메이션이 살아남고 성장할 수 있을 것인가? 한국의 영화는 내수 시장에서 큰 성공을 거두고 있지만, 애니메이션은 이를 따라만 가서도 안 된다. 보통 극장 시장의 10%가 애니메이션 시장이 되므로 국내 시장만 보기엔 너무 규모가 작은 것이다.

본인이 판단하고 나가려는 방향으로는 할리우드 인재를 고용하여 글로벌한 작품을 제작하는 것, 중국과의 공동제작을 통한 투자유치와 중국 내 직접배급을 목표로 하여 제작비 회수 기회를 높이는 것으로 다시 정리한다.

대중문화 속에서의 게이머와 게임의 경제

박 상 우

게임평론가

1. 들어가며
2. 게임에서의 도구적 합리성
3. 게임 시스템에 의한 합리성의 강화
4. 대중문화에서 도구적 합리성의 문제
5. 마치며

대중문화 속에서의 게이머와 게임의 경제

1. 들어가며

아이폰, 아이패드용 SNG(Social Network Game) 중 최대 성공작으로 평가 받는 〈위 룰(We Rule)〉(Ngmoco, 2010)이 제공하는 '알림(notification)' 서비스는 일정 시간마다 '아이폰(iPhone)' 디스플레이를 통해 추수 시기를 알려준다. 23레벨에 경작할 수 있는 밭이 14개. '매직 컬리플라워'는 〈위 룰〉이 제공하는 여러 경작물 중에서 가장 효율성이 높다고 평가되는 작물이다. 심어서 추수하는 데까지 12시간이 걸리지만, 제공하는 경험치는 350으로 다른 어떤 작물보다 훌륭하다. 시간 대비 경험치로 따져본다면 '밀'과 같은 작물이 앞서긴 하지만, 5분마다 추수하라고 울려대는 데에는 당해낼 재간이 없다. 게다가 작물 성장에 걸리는 시간의 1/2 이상의 시간 동안 추수를 하지 않고 방치하면 곡물은 썩어버린다. 그러니 경험치 획득이 아주 급한 순간이 아니라면, '매직 컬리플라워'가 게임에만 매달려 있을 수 없는 시간에 가장 적당한 작물이 된다.

경작이 끝난 후에는 지금까지 모은 돈으로 지을 수 있는 건물을 검토한다. 〈위 룰〉은 〈문명(Civilization)〉이나 〈심시티(Sim City)〉 시리즈처럼 주어진 자원을 가지고 문명 혹은 도시를 만들어 나가는 '건설 시뮬레이션' 장르에 속하는 게임이다. 다만 SNG의 특성에 맞게 게임의 기본적 시스템을 단순화하고, 대신에 다른 게이머들과의 상호작용을 유도하는 장치를 게임에 집어넣었다. 장르의 특성에 따라 '매직 컬리플라워'를 가꾸는 이유는 두 가지다. 하나는 경험치의 획득. 레벨에 따라 지을 수 있는 건물이 늘어나기 때문에 게이머는 보다 많은 건물을 짓기 위해서는 레벨을 높여야 한다. 다른 하나는 게임 내의 화폐 획득이다. 레벨에 따라 지을 수 있는 건물이 늘어나더라도, 화폐를 확보하지 않으면 건물을 구입할 수 없다. 이에 따라 지금까지 모은 돈과 지을 수 있는 건물을 확인하는 건 건설 시뮬레이션 장르에서 가장 기본적인 일이 된다.

잠시의 검토가 끝난 후 왕국에 짓기로 마음 먹은 건 '루비 나무(ruby grove)'다. 비록 하나를 짓는 데 10000이라는 돈이 들기는 하지만, 심을 때 경험치를 1000이나 주고, 이후에는 가만히 놔두어도 경험치를 80씩 준다는 점이 매력적이다. 이제 판단이 이뤄졌으면 남은 건 '루비 나무' 심기. 가지고 있는 돈을 모두 쏟아서 루비 나무를 심고 나자 왕국은 붉은 루비 밭으로 변한다. 핸드폰을 통해 추수 시간을 알게 된 순간부터 왕국을 루비 밭으로 만든 데까지 든 시간은 삼십 분 남짓. 이제 다음 번 추수 시간이 넉넉함을 확인하고 편하게 다시 잠에 든다.

2. 게임에서의 도구적 합리성

삼십 분의 플레이 시간 동안 게이머가 수행한 건 추수와 다시 경작할 작물의 선택, 그리고 그렇게 얻은 경험치와 화폐에 기반해, 자신의 왕국에 지을 건물들의 선택작업이다. 추수는 결과적인 행위라는 점에서 제외한다면, 작물의 선택과 건물의 선택이라는 선택작업이 중심적인 행동이다. 그런데 이 두 가지 게임행위에서 공통적으로 나타나는 건, '투입과 산출' 모델이다. 작물의 경우에는 게이머의 가장 큰 관심인 시간 대비 경험치의 크기이며, 건물의 경우에는 건설비 대비 수익의 크기가 된다. 각기 다르지만 모두 투입하는 자원의 숫자와 그렇게 해서 산출되는 숫자 간의 비례관계가 중요한 판단의 기준이 된다. 우리는 이처럼 투입되는 자원과 산출의 관계를 판단하는 사고의 방식을 도구적 합리성이라 부른다. 혹은 고르(A. Gorz)의 이야기처럼 '경제적 이성'[1]이라고 부를 수도 있을 것이다.

특히 최근 등장하는 웹 브라우저 게임이나 SNG의 경우에는 플레이의 중요 모형에 물리적 시간의 요소를 집어넣는다. 즉 게이머의 물리적 시간 자체를 하나의 자원으로 평가하여, 건물이나 어떤 특정한 게임 속 요소 혹은 행위를 이루기 위해서 몇 시간씩 시간이 걸리게 만들곤 한다. 가령 모르는 장소에 정찰병을 파견해서 정보를 획득하고 오는 데 '6시간'이 걸리는 등 시간 자원의 활용이 결정적인 게임 시스템이 된다. 고르는 봉건제 사회에 시간에 따른 노동의 계산이 경제적 이성을 발전시키고, 이후에 자본주의적인 도구적 합리성과 연결되었다고 지적한 바 있다. 게임의 경우, 물리적 시간을 자원의 단위로 사용하면서 자본주의 사회에서 우리에게 익숙한 합리성의 장치가 발휘된다.

하지만 〈위 룰〉이라는 게임이 지니는 목적이 무엇인가 생각해볼 필요가 있다. 〈위 룰〉은 많은 건설 시뮬레이션이 취하는 '모래 상자(sand box)' 놀이의 형태를 취한다. 게임에는 규칙이 들어 있고, 단기적인 목

1 Gorz, A., *Critique of Economic Reason*, Verso: London, 1990.

적, 흔히 게임에서 말하는 '퀘스트(quest)'라는 목적의 형태를 취하고 있지만, 장기적인 목적은 두지 않은 경우가 많다. 게이머는 자유롭게 자신의 기준과 목표에 따라 게임을 플레이할 수 있다. 이때 게임은 '도구'의 의미에 가까워진다. 〈문명〉 시리즈의 경우에는 역사에서 등장하는 다양한 정치적 입장이나 이데올로기를 선택하여 이를 실현할 수 있도록 게임을 디자인하였다.

〈위 룰〉 역시 정해진 목표의 제시가 없을 뿐만 아니라, 상이한 목표와 방향을 선택했을 때 생겨나는 스탠드 얼론 게임의 NPC 혹은 멀티플레이 게임에서의 다른 게이머와의 경쟁이나 갈등도 나타나지 않는다. 특히 후자의 시스템은 게이머의 플레이 스타일에 큰 영향을 준다. 가령 〈문명〉 시리즈의 경우 게이머가 아무리 다양한 이데올로기를 선택할 지라도, 전체 플레이의 최종단계에 이르러 기술문명을 경쟁하는 상황에서 먼저 '핵무기'를 개발한 정치체제나 이데올로기에 종속적 태도를 취하지 않으면 안되는 상황에 부딪히게 된다. 다른 이념을 선택하여, 먼저 핵무기를 개발한 국가를 플레이하는 NPC들이 혹은 네트워크를 통해서 대전을 하게 되는 다른 게이머가 핵무기 공격을 빌미로 계속되는 경제적 수탈을 자행하기 때문이다. 이를 피하려면 어떤 이념을 선택하든 핵무기를 개발해야만 게임을 수월하게 진행할 수 있다. 그래서 결과적으로 게이머는 '핵무기에 기반한 평화주의' 혹은 '핵무기에 기반한 에콜로지'와 같은 형용모순적인 발전 전략을 취하게 된다. 결과적으로 게임 디자이너가 선택의 자유를 게이머에게 넘겨주었으나, 게임을 진행하기 위한 전략적 행위를 통해서 게이머는 유사한 형태로 게임을 진행하게 된다.

〈위 룰〉에는 이런 경쟁과 갈등의 시스템이 들어 있지 않기 때문에 게이머는 게임 디자인에 의한 외부적 강제로부터 자유로울 수 있다. 하지만 이런 자유가 게임 플레이의 자유를 가져다 주지는 않는다. 만일 〈위

룰〉이 제공하는 자유가 게이머에게 주고자 하는 건 다양한 직업을 상징하는 건물들에서 알 수 있듯이, 자신이 원하는 방식의 세상을 구축하는 것이 될 것이다. 하지만 게임이 진행되면서 게이머들의 마을은 '주문 생산'에서 가장 많은 경험치를 제공하는 '의상실(tailor shop)'이 잔뜩 놓여져 있다. 마을을 돌아다니는 사람들은 지어진 건물에 따라 정해지는 법인데, 의상실보다 조금 효율이 떨어지기는 하지만 한 번에 많은 경험치를 지닌 '용의 굴(dragon's Lair)'을 선호해서 많이 지은 게이머의 마을에는 사람은 없고 온통 용만이 날아다닌다. 이도 저도 아니면 처음 이야기한 것처럼 나라 전체는 루비 밭이 되기도 한다.

결과적으로 〈위 룰〉의 자유가 게임의 목적을 자신이 만들고 싶은 왕국을 만드는 것으로 해주었다면, 실제로 게이머들은 이 자유를 도구적 합리성에 기반해 가장 효율적인 형태로 왕국을 구성하는 것으로 변화시킨 셈이다. 그런데 이렇게 되고 나면 게임의 목적은 무엇일까? 도구적 합리성은 언제나 특정한 목적을 이루기 위한 방법의 문제에서 작동을 한다. 그렇다면 불과 30여 분의 시간 동안임에도 계속해서 가장 효율적인 선택이 무엇인지를 확인하고 수행하는 목적은 무엇일까?

게임의 경우, 특히 모래 상자 형태의 게임에서 게임의 목적은 자신이 원하는 모습, 혹은 발전의 형태를 만들어내는 것이다. 하지만 이런 모습은 대개의 경우 추상적인 것이기에 게이머들 사이에 서로의 결과물을 비교하기 위한 기준은 존재하지 않는다. 모든 게이머는 자신의 만족을 위해 자신의 방식대로 플레이하면 될 뿐이다. 다만 그런 플레이에 딸린 부수적인 지표들이 존재한다. 자신이 만들어낸 국가나 도시의 경제 규모나 군사력 등은 플레이를 하면 결과적으로 발생하는 숫자들이다. 어떻게 숫자에 도달했는가에 상관없이 숫자 자체가 힘을 가지게 된다.

그것은 예를 들었던 〈위 룰〉의 경우에도 마찬가지다. 왕국을 어떻게 건설했는가 하는 도시의 외양이나 혹은 도시가 지닌 다양한 직종들의 생태계라는 추상적 가치는 게이머들 사이에 비교될 수 없다. 대신 친구로 추가된 게이머들의 성 옆에 써 있는 그들이 도달한 레벨만은 구체성을 띠고 비교될 수 있다. 그러나 게임 시스템으로 볼 때 〈위 룰〉의 게이머 레벨은 도달해야 할 목적이라기보다는, 특정 레벨을 이뤄야 왕국에 세울 수 있는 건물과 꾸밀 수 있는 장식물들에 대한 제한이 풀어진다는 점에서 과정적 목표일 뿐이다. 하지만 게이머들 사이에서는 이 과정적 목표가 '비교 가능한 척도'가 된다는 점에서 최종적 목표로 전환된다.

마치 화폐가 다른 것에 대한 가치를 표현할 수 있다는 점에서 물신화되어 화폐에 대한 물신 숭배가 발생하듯이, 게임에 등장하는 레벨과 같은 숫자적 표현은 그것이 다른 게이머와 비교 가능하다는 점에서 절대적 목표로 전환되는 셈이다.

3. 게임 시스템에 의한 합리성의 강화

이런 게임의 특징 때문에 게임 연구자 갤러웨이(A. Galloway)는 컴퓨터 게임이 자본주의적인 인간의 심상인 도구적 합리성을 강화한다는 점을 비판[2]하기도 한다. 그런데 어떻게 게임이 이런 도구적 합리성의 방식을 강화하게 된 것일까? 가장 기본적인 방식은 순수한 육체적 반응에만 기초한 게임을 제외한 대부분의 게임이 일종의 '효율성 퍼즐'로 구성되어 있기 때문이다. 주어진 다양한 자원들과 혹은 거기에 투여하는 시간들에 대해 가장 효율적인 지점을 찾아내야만, 주어진 과제 혹은 퀘스트를 해결할 수 있게 되는 퍼즐에 대해 '효율성 퍼즐'이라 이름 붙일 수 있

2 Galloway, A. R., *Gaming*, Minneapolis: University of Minnesota Press, 2006.

을 것이다.

아마도 이런 효율성 퍼즐을 가장 쉽게 이해할 수 있는 사례가 전 세계적으로 큰 성공을 거둔 〈스타크래프트(Starcraft)〉(Blizzard, 1998)일 것이다. 우선 싱글 플레이로 진행되는 스토리 모드의 경우 게이머는 각각의 스테이지를 해결해야만 이야기를 진행시켜 나갈 수 있다. 게임을 진행하는 동안 쏟아져 오는 적을 상대하기 위해서 게이머가 가장 중요하게 판단해야 할 것은, 각각의 건물과 건물에서 생산되는 유닛을 어떤 순서로 언제쯤 생산할까 하는 것이다. 테란의 경우 SCV를 움직여 미네랄을 생산하는 속도는 언제나 일정하다. 게이머가 이 속도에 맞춰서 적절하게 유닛이나 건물 생산을 결정하지 않는다면, 일정 시간 마우스에서 손을 떼고 진행 상황만 들여다 봐야 하는 상황에 부딪힌다. 이 얼마 안 되는 시간들이 쌓이면 결과적으로 상대편이 더 많은 유닛을 생산해 공격해오는 경우를 당하게 된다. 그렇기 때문에 가장 효율적인 방식이 무엇인지에 대해서 게이머는 생각하고, 이를 찾았을 때 게임을 추가적으로 진행해 나가는 것이 가능하게 된다. 게임의 난이도가 높아지면 높아질수록 승리가 가능해지는 효율성의 한계 역시 높아지게 된다. NPC가 아니라 다른 게이머와의 플레이 과정에서는 서로가 최적의 지점을 찾아 플레이를 하기 때문에 이 합리성의 추구는 극에 달하게 된다.

이런 성향은 많은 게이머들이 같이 플레이를 하고, 게임에 따라 서로 경쟁적 전투를 하게 되는 온라인 게임에서는 더 강화된다. 온라인 게임 특히 MMORPG의 경우, 게이머들은 게임 속 사냥터에서 주어진 몬스터를 사냥하고, 여기서 획득한 경험치를 기반으로 캐릭터를 성장시켜 나가게 된다. 사냥터에 등장하는 몬스터의 수는 대개의 경우 제한되어 있고, 몬스터가 모두 사라진 이후에는 다시 등장하기까지 시간이 걸리게 된다. 결국 몬스터의 숫자는 한정되어 있는 셈이며, 게이머들은 이

한정된 숫자의 몬스터를 놓고 서로 경쟁을 벌이게 된다. 이 경쟁이 게임 플레이에 있어 다양한 특징을 발생시킨다. 한국 게임 개발사인 웹젠(Webzen)의 MMORPG 〈뮤(Mu)〉(Webzen, 2002)는 당시 다른 MMORPG가 사용하는 사냥터 디자인과 다른 형태로 기획되었다. 다른 게임에서 사냥터가 게임 속 지형의 어느 특정 지역이 아니라 여러 곳에서 무작위적으로 발생되어, 게이머들을 분산시키도록 기획된 반면, 〈뮤〉는 특정한 장소에서만 몬스터가 등장하도록 기획되었다. 이렇게 사냥터가 디자인될 경우, 게이머들은 한 자리에 진을 치고 있으면서 몬스터를 사냥하게 된다. 하지만 앞서 이야기했듯 한정된 몬스터라는 조건에서 게이머들이 성장을 하기 위해선 다른 게이머의 사냥을 방해하고, 자신이 몬스터를 사냥하지 않으면 안 된다. 여기서 게이머 간의 전투가 자연스럽게 발생하고, 나아가 게이머들은 다양한 형태의 그룹을 구성해 서로 적대하게 된다.

게이머들이 사냥감을 놓고 경쟁을 하게 될 때, 게이머들은 두 가지 명백한 경쟁의 방식을 확인하게 된다. 하나는 직접적인 방식으로 플레이어간의 전투, 즉 PvP 상황에서 누가 이길 수 있는가 하는 것과 간접적인 방식으로는 동일한 시간 동안 어떤 캐릭터가 많은 사냥감을 사냥할 수 있는가 하는 점이다.

MMORPG는 용어에 이미 반영되어 있듯이 '역할 놀이(Role Play)'의 일종으로 시작된 놀이가 컴퓨터 게임으로 수용된 게임형태다. 역할 놀이에서 게이머는 자신이 현실에서는 이룰 수 없는 역할이나 성격을 만들어 그에 따라 게임 속 세계를 살아가게 된다. 그래서 게임의 가장 큰 즐거움은 어떻게 게임 속 캐릭터의 역할과 성격을 만들어 나가는가 하는 데 있다. 그래서 RPG의 명작인 〈폴아웃(Fallout)〉(Interplay, 1997)에선 게이머가 플레이를 하면서 선택할 수 있는 다양한 대사와 방법들을 제공함으로써 게이머가 자연스럽게 자신이 원하는 방향으로 캐릭터를 키워나갈 수 있도록 한다. 이런 RPG의 형식을 이어받은 MMORPG 역시 다른 세계에서 다른 삶을 살아간다는 것을 중요한 게임의 목적으로 이야기한다.

하지만 한국의 MMORPG에선 게이머들이 가장 꺼려하는 것이 '망캐'라는 평가다. '망캐'란 '망한 캐릭터'의 약어로 잘못 성장시킨 캐릭터라는 뜻이다. RPG가 게이머들이 원하는 방향으로 캐릭터를 성장시키는 것을 게임의 즐거움으로 한다면, '망캐'라는 용어는 성립될 수가 없다. 만일 누구나 자신이 원하는 방향으로 캐릭터를 성장시킬 수 있다면 어떤 캐릭터가 잘못 성장되었는지 어떻게 평가할 수 있을까? '망캐'는 동일한 레벨임에도 불구하고, 다른 게이머들의 캐릭터에 비해 사냥이나 전투 능력이 떨어지는 경우를 말한다. 결국 기준은 캐릭터가 어떻게 성장했느냐가 아니라, 사냥과 전투 즉 몬스터를 통한 경험치 획득의 효율성 문제로 환원된다는 것[3]이다. 심지어 이런 기준에 따라 자신이 키웠던 캐릭터를 전부 재구성하기도 한다. 한국 MMORPG의 부분 유료화 모델에서 가장 많이 팔리는 아이템 중의 하나가 '속성 초기화'인 것만을 봐도 이런 경향을 짐작할 수 있다.

4. 대중문화에서 도구적 합리성의 문제

컴퓨터 게임을 플레이하면서 자리잡은 도구적 합리성, 즉 시간에 따른 효율성이라는 관점은 단순하게 게임에만 머무르지 않는다. 여가의

3 이런 게임 시스템에 기반한 게이머의 효율성 중심의 관점에 대해서는 박상우 · 허준석, "Game Design, Trading Markets and Playing Practices"(2005) 참조.

시간은 직접적으로 노동의 시간과 비교되지는 않는다. 특히 여가가 지니는 사회적 재생산의 가치가 인정된 이후에, 여가는 노동의 시간이 줄 수 있는 경제적 생산의 가치와는 나뉘어 평가되곤 했다. 그리고 이런 여가의 시간이 대중문화 소비에 사용될 때에도 마찬가지다. 대중문화의 소비는 감성의 만족 혹은 정서적 환기 등의 효과를 가져오며, 이것은 직접적으로 경제적 가치로는 환원되지 않는다. 오히려 대중문화의 소비에 있어서는 비용의 측면에서 바라보게 된다. 즉 지출에 대한 만족의 정도에 따라 평가된다. 이때 만족은 주관적인 차원에서 평가될 수 있으며, 추상적 가치이기 때문에 엄밀한 비교 평가가 가능한 것은 아니다.

하지만 게임에선, 특히 MMORPG가 지배적인 한국의 게이머들에게 있어 여가에서 사용되는 시간은 비용이 아닌 생산의 관점에서 평가된다. 즉 얼마 정도의 시간이면 몬스터를 몇 마리 잡을 수 있고, 이것이 경험치의 관점에서 본다면 어떻게 될 수 있는지에 대해 평가하게 된다. 특히 이런 평가는 MMORPG에서 '현거래(real money trade)'가 활성화되면서 더욱 강화된다. 현거래의 동기[4]는 다양하겠지만, 현거래는 아이템을 현실의 화폐로, 그리고 다시 아이템은 그것을 획득하는 데 들어가는 게이머의 시간의 연쇄적인 평가의 틀을 만들어낸다. 이제 게이머는 자신이 여가를 즐기는 게임 소비를 아이템, 그리고 현실의 소득을 발생시키는 생산의 시간으로 전환하여 생각을 하게 된다. 이렇게 될 경우 앞서 살펴보았던 '망캐'의 개념은 소득 발생에서의 비효율성을 의미하는 것이 된다.

게다가 무엇보다도 비용의 측면에서만 평가받던 여가에 대한 태도를 변화시킨다. 청소년 혹은 때로는 성인에 있어서도 온라인 게임을 플레

4 허준석, "Economic Analysis on Online Game Service", 게임문화연구회(www.gamestudy.org)에서 검색, 2009.1.30.

이하는 정당성의 근거를 '놀면서 돈을 번다'는 데서 찾는다. 같은 문화 소비에 있어 기존의 대중문화 소비가 단순한 시간의 소비였다면, 게임은 시간을 소비하면서 그것을 소득으로 전환시킨다는 것이다. 물론 이런 관점의 전환이 실제로 게이머들의 소득 증가를 의미하는 것은 아니다. 하지만 아이템 현거래는 게이머에게 플레이를 통해 획득한 게임 내의 자산에 대한 경제적 가치의 환상을 만들어내는 효과[5]가 있고, 결과적으로 많은 게이머들은 자신들이 게임을 통해 상당한 부를 축적하고 있다고 여기게 된다.

컴퓨터 게임은 그런 의미에서 다른 대중문화의 소비와는 다른 모습을 지니게 된다. 유희이면서 생산이라는 환상을 만들어내고, 동시에 유희의 과정 자체를 통해 도구적 합리성을 학습, 심화해나가게 된다.

5. 마치며

대중문화의 각 장르 혹은 각 미디어들은 한 가지 전제 위에서 움직인다. 그것을 소비하는 우리에게는 언제나 24시간이 주어져 있다는 사실이다. 결국 이 주어진 24시간 위에서 미디어 혹은 대중문화의 장르들은 치열하게 경쟁을 하게 된다. 컴퓨터 게임은 이 치열한 경쟁의 장에 가장 뒤에 들어온 경쟁자다. 하지만 컴퓨터 게임은 이 경쟁에서 누구보다 강력한 도구를 갖추고 있다. 게임 자체가 우리의 도구적 합리성을 끊임 없이 발휘시킨다는 것이다. 그래서 어떤 게임 연구자들은 이런 특성에서 게임 세대가 새로운 자본주의를 만들고 이끌어나갈 것이라 자신 있게

5 박상우 외, 「MMORPG에 나타나는 경제 현상의 성격」, 『한국 온라인 게임 산업 연구』, 한국소프트웨어진흥원, 2008.

이야기[6]하기도 한다. 그리고 이런 합리성을 통해 여가를 소득 생산으로 전환할 수 있다는 환상을 제공하기도 한다. 나아가 시간을 증가시키는 방법도 찾아낸다. MMORPG에서 사용되는 다양한 '오토 사냥 툴'은 게이머가 다른 게임을 하는 순간에도, 혹은 잠을 자고 있는 순간에도 열심히 사냥을 하고 게이머의 경험치를 올리며 아이템을 획득해 부를 축적한다. 누구에게나 주어진 24시간이 게임 속에서는 그 이상으로 변하는 셈이다.

게임이 단순히 여가를 즐기거나 혹은 놀이경험을 제공한다는 가정은 매우 강력하며 오랫동안 유지되어온 믿음이다. 하지만 도구적 합리성이 작동하고, 숫자로 표현되는 생산의 효율성에 묶이고 나서도 이런 가정이 유지될 수 있는지는 확신할 수 없다. 마치 화폐에 대한 물신숭배가 끝없는 화폐 축장을 나았던 것처럼, 도구적 합리성과 이에 기반한 효율성이 게임에 작동한 이후에는 게이머는 끝없는 레벨 상승과 성장에 대한 충동에 사로잡히게 된다. 이 충동 속에서는 게임 디자이너가 꿈꿨던 게임의 원래 목적은 형체를 잃는다.

그리고 그 힘은 곧 다른 대중문화와의 경쟁 속에서 작동한다. '놀면서 돈을 번다'. 이 매력적인 게임의 슬로건은 단순히 여가를 즐길 뿐인 다른 대중문화의 소비를 비난한다. 소비에 들이는 시간이 무엇을 줄 수 있는지 게임은 분명하게 선언하며, 다른 대중문화에도 비견할 만한 무언가를 보이라 강요한다. 먼저 기준을 선점한 컴퓨터 게임은 이처럼 새로운 경쟁을 모든 문화에 강요하며, 동시에 게이머의 생활에 대한 기준을 제공하는 셈이다.

6 이에 대해서는 Beck & Wade, *Got Game*(2004), Beck & Wade, *The Kids Are Alright*(2006), 그리고 Edery & Mollick, *Changing the Game*(2009)을 참조.

• 참고문헌

박상우 · 송승근 · 윤웅기 · 허준석, 「MMORPG에 나타나는 경제 현상의 성격」, 『한국 온라인 게임 산업 연구』, 한국소프트웨어진흥원, 2008.

박상우 · 허준석, "Game Design. Trading Markets and Playing Practices", 게임문화연구회(http://gamestudy.org/eblog)에서 검색, 2005.

허준석. "Economic Analysis on Online Game Service", 게임문화연구회(www.gamestudy.org)에서 검색, 2009.1.30.

Beck, J. C. & Wade, M., *Got Game*, Boston: Harvard Business School Press, 2004.

Beck, J. C., & Wade, M., *The Kids Are Alright*, Boston: Harvard Business School Press, 2006.

Edery, D., & Mollick, E., *Changing the Game*, New Jersey: Pearson Education, 2009.

Galloway, A. R., *Gaming*, Minneapolis: University of Minnesota Press, 2006.

Gorz, A., *Critique of Economic Reason*, Verso: London, 1990.

가상의 시공을 채색하는 세 개의 탑

PC게임 〈Drawn〉의 시간성을 중심으로

김 혜 인

강원대학교 대학원 석사과정

가상의 시공을 채색하는 세 개의 탑

PC게임 〈Drawn〉의 시간성을 중심으로

1. 순간(瞬間)의 탑(塔)[1]

어떤 일이 일어나는 지금 이 '순간', 이미 지나간 과거의 아련한 '순간', 그리고 아직 오지 않은 미래의 알 수 없는 '순간'까지, 순간은 어떻게 정의되든지, 어떻게 채색되든지 사람을 끌어당기는 매력을 가진다. 때문에 사람들은 나름의 이유로 순간을 향한 욕망을 품은 채 살아간다. 그러한 욕망은 시간여행에 대한 SF적 상상력을 자극하면서 이와 관련된 이야기를 끊임없이 생산하게 만들기도 한다. 또한 타임머신이라는 상상의 기계가 언젠가는 발명이 될 수 있을 것인가에 대한 의문들도 줄을 잇고 있다. 물론 여전히 이러한 기계가 발명 가능한지, 가능하다면 그 시기는 언제인지, 모든 것은 미지수이다. 해답을 찾을 수 없는 근본적인 이유는 과거 혹은 미래로 가기 위해서는 시간의 물성(物性)을 전제해야

1 여기서 '탑(塔)'은 '건축물 혹은 공간'을 뜻한다.

하기 때문이다. 제아무리 물질만능주의 시대일지라도, 시간은 사람들의 기억 속에 흐르는 관념일 뿐 물성을 가진 존재로 규정하기 힘들다.

결국, 과거나 미래라는 관념적 상태를 오고 가려는 공간적 욕망은 분절된 순간에 대한 치환적 경험일 따름이다. 이렇게 시간의 물성에 대한 욕망을 대리 충족시키는 기제로서 '순간'이 존재한다. 정확하게는 순간의 존재를 경험하게 하는 예술의 형태로 존재한다. 바로 사진과 그림이다. 사진은 어떤 사람이 남기고자 하는 순간을 실제 모습에 거의 가깝게 남긴다. 그림 또한 순간을 포착하여 남긴다는 점은 사진과 비슷하지만, 그림이 남길 수 있는 순간은 사진보다 다채롭다. 사진의 경우 작가가 어느 부분을 프레임 속에 집어넣느냐에 대한 선택에 따른 세계관의 표현이다. 그러나 실물 그대로를 옮기는 것이 사진의 가장 큰 특성이기 때문에, 표현된 세계관은 객관성을 유지한다. 하지만 그림의 경우는 다르다. 그림은 작가의 의도에 따른 재창조가 가능하기 때문이다.

예를 들어보자. A가 어떠한 풍경에 매료되어 사진을 찍는다고 할 때, 그와 같이 있던 B는 직접 본 풍경과 A의 그림이 '같다'고 생각할 것이다. 하지만 A가 사진이 아닌 그림을 그린다면 이야기는 달라진다. A의 그림에는 객체가 되는 풍경과 A의 주체적 시점과 감상이 개입하게 된다. 때문에 B는 직접 본 풍경과 A의 그림이 적어도 '같지 않다'고 느낄 것이다. 또한, 그림은 보이지 않는 순간의 포착도 가능하다. 마음속에 떠오른 복잡한 심경을 그림으로 남긴다고 가정했을 때, 이 그림은 형이상학적 모습을 띨 수도 있고 다른 사물이나 풍경에 빗대어서 그릴 수도 있다. 즉, 결과물로서의 그림은 추상화가 될 수도 있으며, 구상화가 될 수도 있다.

그렇다면 그림은 그린 사람의 마음속에 흐르던 순간 중 포착된 특정한 지점이라고 할 수 있다. 논리적으로 연관성을 찾을 수도 없고, 형상적으로 해석이 안 될지라도 그 또한 '순간'이다. 이렇게 그림은 주관적인 순간을 담는다. 주관은 객관에 비해 문제적이지만, 그래서 인간적이며 예술적일 수 있다. 그림은 주관의 예술이며, 그래서 순간의 예술이다. 순간을 포착해내는 힘, 단절된 순간과 순간을 맥락화하는 상상의 힘, 그리하여 그림을 통해 각인되는 순간은 하나의 '점'이 아닌, 점과 점으로 이어진 '선분'으로서의 시간이 되고, 결국 영원으로 기억될 수 있다.

2. 시간(時間)의 탑(艜)[2]

사람들은 '순간'을 소유하고 싶은 욕망을 '예술'이라는 이름으로 치환한다. 예술은 시시각각 도약하고 비약하는 순간을 포획하여 영원과 불변의 것으로 존재하도록 만든다. 그러나 발본적으로 순간이란 결코 포획될 수도, 소유될 수도 없다. 다만 가장 인간적이며, 가장 자연스러운 일은 다음 순간으로 흘러가는 것이다. 사람들의 욕망과는 별개로, 순간은 영원한 존재가 되는 것을 바라지 않는다. 본의 아니게 갇혀버린 순간들은, 그리고 그 순간의 감성들은, 다음 순간으로 흐르기 위해서 잃어버린 시간을 찾아 끊임없이 헤맨다. 순간이 가진 욕망이란, 자연의 섭리를 따라 다음 순간으로 흘러가버리는 것이 전부이기 때문이다.

PC게임 〈Drawn〉은 영원히 존재하는 순간에 대한 욕망과 다음 순간으로 자연스럽게 그 모습을 변화시키며 흐르고자 하는 욕망 중, 어느 하나도 놓치지 않는다. 이것이 가능할 수 있는 까닭은 두 욕망의 첨예한 긴장 속에서 중심 추 역할을 하는, 순간을 영원의 것으로 멈추어놓은 한 소녀 때문이다. 그 소녀의 이름은 '아이리스(Iris)'. 아이리스는 단순한 호칭 이상의 의미를 가지는데, 그리스 신화 속에 등장하는 아이리스는 바

2 여기서 '탑(艜)'은 '큰 배'를 뜻한다.

다의 신 '폰토스'와 대지의 신 '가이아'의 아들인 '타우마스'와 바다의 님프 '엘렉트라' 사이에서 태어난 딸로, 무지개를 의인화한 존재이다. 무지개는 하늘과 땅에 걸려 있는 것처럼 보이기 때문에 신의 뜻을 인간에게 전달하는 사자(使者)로 여겨졌다고 한다.

그렇다면 '아이리스'라는 이름의 소녀가 영원으로 멈춰진 순간을 다시 흐르게 하는 경이로운 힘을 가질 수 있는 이유는 바로 그녀가 눈부시되 '찰나(刹那)'[3]의 지속력을 가진 무지개처럼 천상과 지상, 해저와 지하까지도 두루 다니며 신들의 뜻을 전하는 전령이기 때문이다. 즉 멈춰버렸던 순간들은 아이리스의 힘에 의해 다시 흐르기 시작하고, 아이리스를 통해 영롱한 무지갯빛 순간들을 선사한다. 이처럼 게임 속의 시간은 아이리스로 인해 예술적 순간으로 멈춰 있기도 하고, 물리적 순간으로 흐르기도 한다. 그런데 쉼 없이 흘러야 할 순간들이 알 수 없는 힘에 의해 멈춰져 그림 속에 갇히게 된다. 영문도 모르고 갇혀버린 순간은, 다시 흘러가기 위해서 사라진 무지개의 힘, 잃어버린 동력을 찾아야만 한다. 그렇다면 아이리스는 어디에 있으며, 왜 순간을 관장하지 않은 것인가.

여기 불길한 탑이 하나 있다. 되도록 빨리 지나치기 위해 발걸음을 재촉하고 싶을 만큼, 곁눈질조차 단속해야 할 만큼 어둡고 음산한 탑이다. 그럼에도 불구하고 도저히 뿌리칠 수 없는, 눈에 밟히는 절박한 수신호, 그것은 비에 젖은 우중충한 회색의 탑 꼭대기에서 휘날리는, 아니 구원을 바라며 절실하게 흔드는 붉은 스카프이다. 스카프는 마치 살아 있는 듯, 비바람에 펄럭이며 시선을 끌고, 절규하며, 애원한다. 여섯 가지 색

3 불교에서 최소단위의 시간을 뜻한다. 순간을 뜻하는 산스크리트의 '크샤나'의 음역으로, 『아비달마대비바사론(阿毘達磨大毘婆沙論)』 권136에 따르면, 1찰나는 75분의 1초(약 0.013초)에 해당한다.

을 잃고 혼자 남은 무지개의 고독한 적색(赤色) 혹은 적색(寂色). 아니 이것은 분명 마지막 기운을 모아 써내려간, 차마 완성되지 못한 미완의 혈획(血劃), 그만큼 스카프의 주인공은 절박하다. 발걸음을 재촉하려던 의지는 어느새 사라진다. 빗물에 젖어드는 붉은 스카프를 향해 천천히 손을 내미는 순간, 시간의 저편, 오랫동안 이 순간을 기다려온 스카프의 주인공이 절실하게 내민 손을 잡는다.

이제 아이리스를 만나야 한다, 이제 아이리스를 만나러 간다. 탑을 응시한다. 탑은 여전히 불길하게, 육중하게 눈앞에 버티고 서 있다. 탑으로 들어가는 문은 있되 문고리가 없다. 밀어도 보고, 두드려도 보지만 굳게 닫힌 문은 미동조차 없다. 문고리가 필요하다. 내면의 소리를 듣기라도 한 듯, 문 옆에 떨어져 있는 종이 한 장에 시선이 멈춰진다. 종이에는 천연덕스럽게 문고리가 그려져 있다. 그러나 필요한 것은 문고리의 '그림'이 아니라 '실체'다. 여전히 사고는 멈춰져 있고, 해법은 요원하다. 그렇다면 발상의 전환이 필요하다. 문고리가 있어야 할 자리에 문고리의 그림을 놓아본다. 마치 기다렸다는 듯, 빛과 함께 그림은 실체가 된다. 멈춰 있는 순간과 흐르는 순간 사이의 놀라운 규칙을 경험한다. 실마리를 찾았다.

열린 문 안으로 들어서면, 정지된 순간의 엄습에 숨이 막힌다. 군데군데 조각난 그림들과 돌이 되어버린 사람, 어두운 기억의 편린들, 그리고 위층으로 이어지는 계단을 가로막은 비 내리는 문이 있다. 그 무엇도 미동조차 하지 않는 이곳은, 시간은 물론 공기마저 멈춰 있는 것만 같다. 문고리를 통해 경험한 놀라운 규칙, 그 실마리를 따라 흩어진 그림 조각들을 주시한다. '그려진 문고리'의 기억은 작은 그림들에도 의미를 부여하게 한다. 함부로 찢어낸 듯한 스케치 그림은 아련하게 멈춰 있다. 금방이라도 살아 움직일 듯 생생하게 그려진 그림이지만, 실제 살아 있는 것은 아니다.

스케치 그림은 한 귀퉁이가 찢어진 채 미완의 상태로 버려져 있다. 문고리 없이 온전하지 못한 모습으로 서 있었던 문을 생각해낸다. 결핍을 채우고 싶은 자연스러운 욕망의 발로, 지금 무엇보다 필요한 것은, 문을 완성한 문고리의 그림처럼, 스케치를 온전하게 만들어줄 잃어버린 한 조각의 그림이다. 목표가 분명해진다. 수상한 상자의 간단한 수수께끼를 풀고, 마침내 나머지 한 조각을 찾아내는 순간, 그림은 비로소 그다음 순간으로 흐를 수 있는 의지를 되찾는다. 하지만 그림을 벗어나면 여전히 멈춰진 시간 속에서 부유하는 공간뿐이다. 이곳에선 방금 시간을 되찾은 스케치 그림만이 살아 있다. 때문에 탑 안은 여전히 갑갑하고, 길은 보이지 않는다.

이제 그림 속 허수아비가 선물해준 빨간 조각만이 다음 단계로 나아갈 유일한 단서이다. 모든 것은 단서에서 시작된다. 문고리가 그랬듯, 찢어진 그림 한 조각이 그랬듯, 이번에도 두 개의 빨간 조각에서 시작된다. 두 조각은 신기하게도 짝을 이룬다. 마치 정열의 불꽃을 피운 눈빛과 같다. 조각의 붉은빛에 주목한다. 강렬한 원색의 빛을 마치 불덩이를 연상시킨다. 그렇다면 이 회색빛 공간 속에서 붉은빛이 있어야 할 자리는 어디인가. 상상력이 필요하다.

텅 빈 눈의 차가운 화로에 주목한다. 언제부터 본연의 뜨거움을 잃고 차갑게 변해버렸는지는 알 수 없지만, 불을 잃은 화로의 시간은 멈춰 있다. 화로의 눈이 텅 비어버리기 전엔, 정열적인 눈빛을 가졌을 것이다. 그렇다면 이 또한 잃어버린 조각일까. 실체를 되찾은 문고리처럼, 혹은 숨결을 되찾은 그림처럼, 손안에 든 허수아비의 선물이 화로의 뜨거움을 되찾아 줄 수 있을지도 모른다. 조심스럽게 화로의 텅 비어버린 눈에 빨간 조각을 맞춰본다. 그러자 거짓말처럼 화로는 닫았던 입을 크게 벌리고 그 뜨거움을 자랑한다. 텅 비었던 눈은 본래의 강렬함을 되찾아서 뜨겁게 빛난다.

조금씩 탑의 시간이 움직인다. '그려진 문고리'로 인해 찾았던 실마리는 이제 확실한 규칙이 된다. 모든 멈춰진 것들은 처음의 완전한 순간을 기다린다. 귀퉁이의 조각이 찢어지기 전 누군가가 따뜻한 시선을 담은 벌판을 완성한 순간, 뜨거운 열정을 뿜으며 활활 지펴졌던 화로의 첫 순간. 신기하게도 이곳에서 흐르는 시간은 다른 미완의 순간을 향한다. 미완의 순간은 완성을 기다리고, 완성된 순간은 시간을 되찾아서 다음 순간으로 흐른다. 순간에 스며든 시간은 또 다른 미완의 순간으로 우리를 인도한다. 완성된 순간으로 인해 시간이 흐르고 시간의 흐름으로 다른 순간을 완성하게 하는 것이다. 이 커다란 흐름을 따라 흘러야 한다.

유유히 흐르는 물에 몸을 맡긴 커다란 배를 탄 기분으로 천천히 주변을 둘러본다. 조급하면 미완의 순간이 만들어내는 수수께끼를 발견할 수도, 풀어낼 수도 없다. 태양을 잃고 우는 '비 내리는 문'을 위해 뜨거운 태양을 찾아주어야 하고, 심장을 잃어버린 애처로운 소녀에게는 마음을 찾아주어야 한다. 예리한 도구에 날카롭게 찢긴 큰 나무는 상처를 봉합해줄 손길을 기다리고 있다. 상처 없이 크고 푸르른 나무의 순간을 되찾은 그림은 다음 순간으로 흘러간다. 그 속에 흐르는 시간은 미완의 순간에게로 향한다. 배는 천천히, 그렇지만 온전한 길을 찾아가고 있다. 이 탑의 구석구석 미완의 순간들은 시간의 흐름이 그들에게 닿기를 간절하게 기다리고 있다.

미완의 순간을 완성하고 다시 흐르게 하는 수수께끼는 어려울수록 흥미롭다. 그러나 아이리스가 무지갯빛 동력으로 한때는 흐르도록 허락했던 순간들을 왜, 또다시 영원의 시간에 붙잡아두었는지는 여전히 알 수 없다. 이곳에서 흐르는 시간의 연속은 흘러갈 뿐 해답을 가르쳐 주지는 않는다. 그렇다면 시간의 흐름을 따라 흘러 그 끝에 이르면 해답을 알 수 있을까. 아니, 어쩌면 어떤 발본적인 문제들이 해결되어야 할지도 모른다. 그것은 그림과 순간의 문제, 나아가 아이리스와 그림의 문제에 대한 고찰이다.

그림은 순간의 예술이지만, 단순히 '한순간'만을 담고 있지는 않다. 순간을 관철하는 작가의 시선과 감성, 그리고 해석을 담고 있는 것이다. 명화는 단순히 그림을 잘 그리는가의 문제가 아니라, 얼마나 뛰어난 감성을 가지고 그 순간에 많은 힘을 담았느냐에 의해서 결정된다. '스탕달 신드롬(Stendhal syndrome)'[4]은 순간을 뛰어넘는 작가와 그림의 교감이 가진 놀라운 힘을 증명한다. 작가가 실제를 모사하는 능력이 아무리 정교하다 해도, 사진을 뛰어넘지는 못한다. 그림이 가지는 아우라는 기술로는 모두 설명할 수 없는 것이다. 여기서 작가와 그림의 교감 능력이 얼마나 중요한가를 깨닫게 된다. 감성적으로 포착한 그 순간을 그림과 온전한 교감을 통해서 담았을 때, 진정한 아우라의 탄생이 있고, 과학적으로는 설명할 수 없는 스탕달 신드롬과 같은 현상을 불러일으키는 것이다.

아우라의 탄생은 감성을 담은 순간의 해석이라는 과제와, 이 과제를 얼마나 온전한 교감을 통해 담느냐는 문제를 해결했을 때 이루어진다. 즉 아이리스가 그림의 순간들을 흐르게 할 수 있는 동력을 지녔다는 사실은 그녀가 가진 포착과 해석의 능력에 비밀이 있음을 의미한다. 아이리스에게 포착된 순간이 찰나의 지점이 아닌 흐르는 선분이라면, 그녀의 그림은 흐르는 순간과 교감하게 되는 것이다. 그녀의 무지갯빛 동력

4 뛰어난 예술작품을 감상하면서 심장박동 증가, 의식 혼란, 어지럼증, 심하면 환각까지 경험하는 현상으로, 프랑스의 작가 스탕달이 1817년 이탈리아 산타크로체 성당에서 귀도 레니(Guido Reni)의 〈베아트리체 첸치〉를 감상한 후, 무릎에 힘이 빠지면서 황홀경을 경험했음을 일기에 기록한 데서 유래한다.

은 여기서부터 비롯된다. 동력이 온전한 힘을 지니기 위해서는 순간이 아닌 흐르는 선분을 포착하는 아이리스의 동기가 강력한 것이어야 했다. 오랜 시간 홀로 외로웠을 그녀를 설레게 하는 것은, 잊지 못할 순간을 영원히 멈추어 놓는 것보다, 자연스럽게 흐르는 순간과 친구가 되는 일이었다. 때문에 아이리스의 그림과 흐르는 순간의 교감은 온전한 동력을 이루어낼 수 있었다.

탑의 꼭대기에 갇힌 아이리스는 살아 있지만 멈춰 있다. 그녀의 모습은 처음의 순간을 잃어버린 채로 멈춰버린 탑 안의 많은 그림들과 같아서, 누군가의 손길이 미완의 그림을 완성하고 탑 안의 정지된 시간들을 하나씩 풀어갈 때마다 자유에 한 발 더 다가선다. 이 탑의 그림들이 정지된 시간 속에 갇혀버린 것은 아이리스의 뜻이 아니라, 그들의 흐르는 순간을 포착해낸 그녀의 순간이 멈춰버린 탓이다. 결국, 멈춰진 시간 속에 부유하던 회색빛 탑이 완성해야 했던 가장 중요한 순간은 아이리스의 몫이다. 아이리스에게 춥고 외로운 무채색의 공간은 어울리지 않는다. 영롱한 무지갯빛 동력의 완성은 가장 그녀다운 모습을 찾아주는 것, 미완의 순간에 서 있는 아이리스에게 필요한 것은 백마 탄 왕자도, 멋진 기사도 아닌 '책'이다.

3. 미간(未刊)의 탑(闒)[5]

일반적으로 게임 속 시간은 현실의 세계와 다른 구조로 되어 있다. 물론 게임의 세계 자체가 가상공간이기 때문에 환상적인 요소를 가지고

5 여기서 '탑(闒)'은 '다락문(다락에 마련한 출입문)'을 뜻한다.

있다는 이유도 있지만, 끝이 규정되지 않은 채로 같은 자리를 반복하는 경우가 대부분인 것은 단순히 '가상'이기 때문만은 아니다. 적극적인 개입자로서 가상의 시공에 뛰어든 사람을 오래 붙잡아두기 위해서는 '뫼비우스의 띠'처럼 끝없는 길을 계속 걷게 해야 한다. 가상공간은 현실과는 달라서, 끝을 알 수 없는 길 위에 선 사람들이 원하는 것은 출구를 찾는 것이 아니라, 다음 길이 어딘가를 알려주는 표지판을 보고 걷는 일이다. 물론 이런 행위에는 표지판을 따라 걷다보면 언젠가 출구를 만나게 될 것이라는 믿음이 전제된다.

그러나 〈Drawn〉의 마지막 표지판은 아이리스 앞에서 끝난다. 그녀의 순간이 완성되어 시간을 따라 흐르는 것을 목격하고 나면, 더이상 머무를 이유가 없어지는 세계인 것이다. 미아가 되어 〈Drawn〉의 시공간을 헤매기에는 그 세계의 표지판이 너무 친절하다. 그렇지만 〈Drawn〉이 '뫼비우스의 띠'를 포기한 것은 아니다. 마지막 표지판을 지나서 이제 출구 앞에 섰다고 생각하는 바로 그 지점에서, 상상할 수도 없는 '끝없는 이야기'를 만나게 된다.

탑에 처음 들어선 낯선 순간, 가장 먼저 마주치는 대상은 돌로 변한 '프랭클린'이다. 빨간 스카프에 '프랭클린에게 도움을 청하세요.'라고 적혀 있지 않았다면, 굳이 돌로 변한 그에게 말을 걸지 않았을 테지만, 간절한 그녀의 목소리는 그에게 말을 걸게 만든다. 돌로 변한 그는 아이리스를 구할 수 있는 것은 오직 당신, '이방인(stranger)'뿐이라고 말한다. 그 말을 듣는 순간, '나'의 존재가 규명된다. 단순히 게임을 즐기기 위해 로그인한 '20대'나 '대학생', '게이머'나 '사용자'가 아니라, 외부의 도움을 받지 않고서는 결코 풀리지 않는 거대한 수수께끼의 공간에 들어선 선택받은 '이방인'으로서 프랭클린의 당부에 따라 아이리스를 구출해야 한다.

이방인은 성별도, 나이도, 직업도 중요하지 않다. 그렇다면 이방인은 '아무나'이며 '누구나'인 동시에, 오직 '당신'일 수밖에 없다. 즉 미완의 순간을 채색하며, 그 순간이 되찾은 시간 속을 유영하다 보면 왜 '이방인'으로 규정될 수밖에 없는지 절감하게 된다. 낯선 탑을 들어온 이방인이 존재의 의미를 찾을 때는, 미완의 순간이 완성되어 본연의 시간을 찾아 흐르기 전까지다. 시간을 되찾은 순간이 다음 순간으로 흘러버린 이후에는 이방인이 존재하는 의미가 사라진다. 미완의 순간이 다시 흐르기까지의 틈은 탑 전체의 시간을 가늠해본다면 아주 작은 부분이기 때문에 이방인은 결코 주인공이 될 수 없다. 다행인 것은 이방인을 위한 틈이 연속적으로 존재한다는 것이다. 즉, 이방인은 이야기가 다시 흐르기 위해 반드시 필요한 존재이며, 미완의 순간과 흐르는 시간의 틈 사이에서만큼은 주인공일 수 있다.

이방인이 온전한 주인공일 수 없다면, 과연 주인공은 누구인가. 탑에는 건축물에 새겨진 조각들을 제외하면, 큰 흐름을 관장하는 여섯 점의 중요한 그림이 있다. 이 중 다섯 점은 모두 특별한 주인공이 존재하는 그림들이다. 아이리스를 구하기 위한 기이한 여정의 마지막 단계에 섰을 때 그림책 한 권을 만나게 되는데, 그 책에는 섬세한 손길로 완성단계까지 다듬어준 그림들 가운데 특별한 주인공이 존재하는 다섯 점의 그림이 등장한다. 그림들은 채색되지 않은 채, 간략하게 스케치만 이루어진 상태다. 그림책이 원하는 것은 '원본'이다. 계단 한가운데를 가로막고 있는 책은 '원본'을 찾아주어야만 다음 길을 열어준다. 올라온 길을 되돌아 맨 아래층까지 다시 내려가면, 가까스로 완성시킨 그림들이 의미를 알 수 없는 상태로 변해 있다.

완성된 순간이 되찾은 시간은 여전히 흐른다. 하지만 특별한 주인공들만 '멈춰진 순간'으로 그림 밖에 나와 있다. 영원히 '멈춰진 순간'으로 변해버린, 그림의 주인공들을 모아 의문의 그림책으로 달려온다. 주인공들이 있어야 할 자리가 이 그림책이라면, 이 속에서 시간을 되찾을지도 모른다는 기대감을 안고 한 장 한 장 그림을 맞춰보지만, 그들은 다음 순간으로 흐르지 않는다. 다만 아이리스에게 향하는 계단만을 내어줄 뿐이다. 미완의 순간을 완성하면 완성된 순간이 시간을 되찾고 다음 순간으로 흐른다는 큰 규칙은 변한 적이 없으므로, 여전히 멈춰 있는 그림들은 당혹스럽다.

예상치 못한 일은 그뿐만이 아니다. 드디어 무채색의 탑 꼭대기에서 그토록 찾아 헤맨 아이리스를 만나 그림책을 건네주는 순간, 주인공이 될 수 없음에도 구사일생 여기까지 위험을 무릅쓰고 모험을 감행한 '이방인'에게 아이리스는 고맙다는 인사 대신, 여기서 도망쳐야 한다고 절규한다. 이제 겨우 익숙해진 회색의 탑이 다시 낯설게 느껴지는 순간이다. 도대체 왜, 생각할 겨를도 없이 아이리스와 함께 달려 내려간다. 탑을 벗어나기 위해 돌아가는 길, 힘들게 흐르는 시간으로 채색해놓은 모든 곳이 스쳐 지나간다. 야속하게도 스쳐만 가버린다.

마침내 출구 앞에 선다. 이 문이 잃어버렸던 순간이 이곳으로 이끌었는데, 이 문을 통해 이 탑을 빠져나간다는 것은 아이러니하다. 하지만 문에 손을 대기도 전에 먼저 문이 열리고 낯선 그림자가 앞을 막아선다. 일촉즉발, 아이리스를 지켜야만 한다. 그러나 도대체 어떻게. 절망과 열패감이 교차하는 바로 그 순간, 아이리스는 그림책을 펼쳐 여백에 문을 그리고는, 망설임 없이 '그려진 문' 속으로 사라진다. 또다시 멈춰버린 시간 속으로 들어간 것이다.

순간을 멈춰놓았던 모든 매듭은 순간과 흐르는 시간 사이의 유예 속에서 풀리고, 시간의 흐름으로 이어졌다가 다시 멈춰놓은 매듭으로 돌아갔다. 길을 잃은 것은 아이리스만이 아니었다. 회색 탑과 어울리지 않는

빨간 스카프를 발견하고, 호기심에 탑의 문을 연 이방인도 길을 잃었다. 겨우 멈춰진 탑을 흐르는 시간으로 채색해놓았더니, 또다시 멈춰진 순간이 눈앞에 놓여 있다. 그림책은 사라졌다. 이야기는 아직 끝나지 않은 채 매듭지어졌으니, 이방인은 이제 완전히 길을 잃었다. 게임은 이미 끝이 났으나, 이방인은 게임 속 탑 안에서 한 걸음도 움직일 수 없다. 낯선 방문자들은 누구이며, 아이리스는 어디로 사라졌는가.

이야기는 아직 끝나지 않았으며, 풀어야 할 매듭이 남아 있다. 아이리스는 언제 다시 완성될 지 모르는, '이방인'만이 완성할 수 있는 미완의 순간에 홀로 서 있을지도 모른다. 만약 또다시 아이리스를 구하기 위한 모험에 동참한다면, 그는 아마도 더 이상 '이방인'이 아닐 것이다. 이미 그녀가 그를 부르고, 그에게 말하고, 그의 손을 잡고 저 높은 탑 꼭대기에서 이 깊은 탑의 바닥까지 닿았으니, 적어도 아이리스에게는 이방인이 아니다.

다시 문 앞에 멈춰 있다. 새로운 세계의 시작을 알렸던 문이 끝을 말하고 있고, 동시에 또 다른 시작을 알리고 있다. 다음 순간으로 향하는 길은 출구가 어디에 있을지도 모르는 막다른 골목. 〈Drawn〉은 끝을 알리는 지점에서 또 다른 멈춰진 순간으로 향하는 표지를 세워두었다. 출구 앞에 무심히 놓인 이 표지판은 수많은 이방인들을 가상의 시공으로 불러들여, 조각난 그림의 수수께끼를 풀고, 결코 끝나지 않을 이야기를 들려주는 〈Drawn〉의 방법이다. 결국, 그들은 또다시 현실의 시간을 들여, 가상의 순간을 채색함으로써 아이리스에게로 통하는 문을 찾게 될 것이다.

:: 찾아보기

ㄹ

ㅁ

ㅂ

ㅅ

ㅇ

ㅈ

ㅊ

ㅋ

ㅌ

필자소개

이호규

현재 남서울예술종합학교 연기예술학과 교수로, 한국전문기자협회 전문위원, 미스코리아 경북 심사위원, 한국연기예술학회 정회원, 로그인엔터테인먼트 상임고문, 예술집단 참 공연기획이사로 있다.

성동환

부산대학교 철학과를 졸업하고 서울대학교 대학원 지리학과에서 석사 학위, 대구가톨릭대학교 대학원 지리학과에서 박사 학위를 받았다. 2000년 이후부터 현재까지 대구한의대 사회개발대학원 풍수지리관광학과 교수로 재직하고 있다.

안유진

세종대학교 실용무용학과 교수로, 사단법인 한국실용무용연합회 회장 및 밸리댄스코리아 컴퍼니 대표이다. 국내 최초 벨리댄스 도입, 안무가이다.

김정은

고려대학교 응용언어문화학협동과정 문화콘텐츠학으로 석사 학위를 받았으며 현재 분트컴퍼니 전략기획팀에서 재직 중이다.

김헌식

문화콘텐츠학으로 박사 학위를 받았으며 한국지역문화컨텐츠연구원 연구위원 및 제40회 한국방송대상 심사위원, 제5회 푸른 미디어상 심사위원을 역임하였다. 부산대, 건국대, 국민대에서 강사로 재직 중이다.

김정우

현재 한성대학교 한국어문학부 교수로, 종합광고회사 LGAd(현 HSAd) 카피라이터 및 종합광고회사 NOCA커뮤니케이션 크리에이티브 디렉터를 역임하였다.

조은하

고려대학교에서 문학석사 및 박사학위를 받았다. 만화, 게임, 영화, 애니메이션, 연극, 무용 등 다양한 분야의 시나리오 작업에 참여하고 있으며, 현재 강원대학교 문화예술대학 교수로 재직 중이다. 저서로는 『시나리오작법』, 『디지털 리터러시』, 『애니메이션 시나리오쓰기』, 『게임 시나리오쓰기』, 『스토리텔링』(공저), 『애니메이션 스토리텔링』(공저), 『디지털 스토리텔링』(공저), 『응용인문학과 콘텐츠』(공저), 『게임포비아』(공저) 등이 있다.

이영기

애니메이션 프로듀서로 주요 작품으로 〈The Reef〉 1 & 2, 〈Jungle Shuffle〉, 〈Garfield gets Real〉, 〈Garfield Funfest〉, 〈Garfield Petforce〉 등이 있다.

박상우

연세대학교 경제학과를 졸업하고, 고려대학교에서 경제학 석사학위를 받았으며, 동대학원에서 영상문화학 박사과정을 수료했다. 『동아일보』, 『디지털타임즈』에서 게임과 IT산업에 관한 칼럼을 연재하고, 정통부 및 문화부 IT 정책 관련 자문위원을 역임했으며, 현재 IT 관련 컨설팅을 하고 있다. 저서로는 『게임, 세계를 혁명하는 힘』, 『게임이 말을 걸어올 때』, 『컴퓨터 게임의 일반문법』, 『미셸 푸꼬와 과학적 이성의 고고학』(공역), 『게임기획론』(공저), 『알고 누리는 영상문화』(공저), 『응용인문학과 콘텐츠』(공저), 『게임포비아』(공저) 등이 있다.

김혜인

강원대학교 문화예술대학 스토리텔링학과를 졸업했다. 다양한 장르의 창작 기법을 익히려 노력하며 시나리오를 습작하는 중이고, 여러 미디어의 다양한 속성들이 소비자의 이야기 경험에 관여하는 방법론으로서의 트랜스미디어 스토리텔링 분야에 관심이 많다. 현재 강원대학교 문화예술대학 스토리텔링학과 석사 과정에 있다. 작품으로는 〈다시 그 비가 내리면〉, 〈환지통〉 등이 있다.

콘텐츠 정책과 응용인문학

인쇄 · 2014년 7월 20일 | 발행 · 2014년 7월 25일

지은이 · 이호규 성동환 안유진 김정은 김헌식
김정우 조은하 이영기 박상우 김혜인
펴낸이 · 한봉숙
펴낸곳 · 푸른사상
주간 · 맹문재 | 편집, 교정 · 김선도, 김소영

등록 · 1999년 7월 8일 제2-2876호
주소 · 서울시 중구 충무로 29(초동) 아시아미디어타워 502호
대표전화 · 02) 2268-8706(7) | 팩시밀리 · 02) 2268-8708
이메일 · prun21c@hanmail.net / prunsasang@naver.com
홈페이지 · http://www.prun21c.com

ISBN 979-11-308-0230-5 93300

값 21,000원

이 도서의 국립중앙도서관 출판시도서목록(CIP)은 서지정보유통지원시스템 홈페이지(http://seoji.nl.go.kr)와 국가자료공동목록시스템(http://www.nl.go.kr/kolisnet)에서 이용하실 수 있습니다. (CIP제어번호 : CIP2014015518)